Somos todos Aprendizes

Pelo espírito
Irmão Ivo

Psicografia de
Sônia Tozzi

LÚMEN
EDITORIAL

Somos todos aprendizes
pelo espírito Irmão Ivo
psicografia de Sônia Tozzi

Copyright @ 2005 by
Lúmen Editorial Ltda.

5ª edição – setembro de 2012

Direção editorial: *Celso Maiellari*
Coordenação editorial: *Fernanda Rizzo Sanchez*
Preparação de originais: *Alessandra Miranda de Sá*
Revisão: *Camila Kintzel*
Capa e Projeto Gráfico: *SGuerra Design*
Impressão e acabamento: *Bartira Gráfica*

Dados Internacionais de Catalogação na Publicação (CIP)
(Câmara Brasileira do Livro, SP, Brasil)

Ivo (Espírito).
"Somos todos aprendizes / pelo espírito Irmão Ivo ;
psicografia de Sônia Tozzi. – São Paulo : Lúmen Editorial, 2005.

ISBN 978-85-86474-77-4

1. Espiritismo 2. Psicografia 3. Romance brasileiro
I. Tozzi, Sônia. II. Título.

05-4252   CDD-133.93

Índices para catálogo sistemático:
1. Romances mediúnicos : Espiritismo   133.93

Rua Javari, 668
São Paulo – SP
CEP 03112-100
Tel./Fax (0xx11) 3207-1353

visite nosso site: www.lumeneditorial.com.br
fale com a Lúmen: atendimento@lumeneditorial.com.br
departamento de vendas: comercial@lumeneditorial.com.br
contato editorial: editorial@lumeneditorial.com.br
siga-nos nas redes sociais:
twitter: @lumeneditorial / facebook.com/lumeneditorial1

2012
Proibida a reprodução total ou parcial desta
obra sem prévia autorização da editora
Impresso no Brasil – *Printed in Brazil*

Dedico este livro a todos aqueles que têm como proposta de vida a sua evolução espiritual, tendo a consciência de que evolução é um trabalho individual.

Agradeço a minha família a compreensão e o estímulo.

Sintam-se acariciados pelo amor que dedico ao meu marido, Antônio Claudino, que há 43 anos caminha comigo em direção a Deus.

Aos amigos espirituais que acompanham a minha caminhada, especialmente ao querido Irmão Ivo, pela confiança depositada em mim e pela paciência com as minhas imperfeições. Agradeço com o sentimento mais nobre do meu coração.

Busca

Disseram-me que encontraria o Senhor
No mais alto pico da montanha.
Armei-me de esperança... e saí em busca de meu Pai.

No caminho encontrei vozes que me falaram,
Mas meus ouvidos, fechados,
Fizeram-me seguir.

Luzes claras apareceram,
Mas meus olhos, cegos,
Empurraram-me para frente.

Mãos se estenderam em minha direção,
Mas não tive tempo de segurá-las,
Porque seguia em busca de meu Pai.

Ao chegar no mais alto pico da montanha,
Olhei ao meu redor... e, estranho,
Não consegui vê-Lo, Senhor!

Senti frio e medo,
Desamparo e solidão.

Vi-me só!

Entristecida, tomei o caminho de volta e,
Cansada, sentei-me à beira do caminho.

Olhando para o chão vi uma pequena flor
Que acabara de desabrochar.

Senti seu perfume impregnando o ar,
Mãos fraternas acariciaram-me aquecendo o coração.

Enxerguei então meu Pai ao meu lado!

Compreendi por que na minha busca
Não consegui encontrá-Lo.

Enquanto procurei-O no mais alto pico da montanha,
Deixei-O, Senhor, para trás...
Perdido nas vozes, nas luzes e nas mãos
Que cruzaram meu caminho!

Sônia Tozzi

Amados e queridos irmãos e irmãs

Por intermédio desta venho, em primeiro lugar, extravasar toda emoção de meu coração, agradecido pelo contentamento da oportunidade.

Perdoem-me tanta alegria, mas eu não seria capaz de, hoje, silenciar-me diante de momento tão importante: um livro!

Por mais que passem os anos, por mais que corra o tempo, a saudade para com os queridos me tolhe... O desejo do abraço fraterno...

Mas a bênção de poder estar entre vocês é uma dádiva, por me sentir integrado à "Causa" que se gerou pelo amoroso coração da mãe querida e dedicada, conselheira amiga que por quantas vezes não entendi, não atendi às caridosas orientações em meu benefício. Impossível não amá-la tanto com imensa saudade!

A cada dia a admiro e a agradeço.

Se hoje sou servidor em "nossa Causa" é por seu desvelo, que, em vez de entregar-se eternamente ao desespero da aflição extrema diante de nossa separação, reclamando ao Arquiteto do Universo que "ninguém deveria viver mais que o próprio filho", apesar das lágrimas, das dores que só uma mãe pode experimentar, reprimiu a tristeza, ergueu-se e, sem amedrontar-se, transformou a dor em tarefa.

Sua generosidade, nobreza e resistente perseverança seguiram realizando, em "meu nome", laboriosa caridade, levando ternura às mães que, com corações oprimidos, hesitam amedrontadas diante das provas em suas vidas.

Imaginando uma rosa a plasmar-se em minhas frágeis mãos, entendera que a doação, não oferecida como esmola que humilha, mas como a caridade que encoraja, fortalece e esclarece, levando luz às trevas, felicidade aos tristes, instrução aos que ignoram, amparo aos fracos, amor e esperança aos outros filhos do mundo.

Trabalho! Trabalho! Trabalho! Que eu, na forma de caridade, eventualmente descobri com o decorrer das causas conhecidas, imediatas, que é a forma de renascer, iluminar-se e crescer apesar da dor. E erguera contigo o filho que julgou perder, mas que, a seu lado, mesmo aturdido, encontrou luz na brandura de suas preces, força no exemplo delicado de sua dedicação, tarefa no trabalho caridoso que desenvolve, amparo dos irmãos que a sustentam, segurança na sua compaixão pelos desafortunados; em lágrimas que, antes de nobre atuação, afligiam-se inseguros por medo do frio, da fome e da insegurança.

O Divino a inspirou, e o seu generoso coração elevado renunciou às dores, às acomodações nas lamúrias por nossa separação inesperada para servir, amparar, trabalhando incansavelmente apesar dos obstáculos.

Eis, então, que lega ao mundo mais uma obra de ensinamento e coragem, ofertando esperança e orientação a tantos, transformando, assim como os outros, os recursos gerados por este literário em sustentação à complacência de amor que move a benevolência da doação, sempre.

Abençoada obreira da caridade que, sem queixumes, minimiza as necessidades de irmãos, sempre trazendo a alegria no semblante dócil e agilidade nas ações, que amorosamente ofertou-me mais do que uma oportunidade de vida terrena, deu-me o equilíbrio inabalável da vida eterna, excluindo-me da aflição ou da melancolia que tantos experimentam, pela reivindicação, queixas e protestos daqueles que ficaram.

Do "ramo" que lhe podaram fez brotar boas ações e esperança em incontáveis corações agradecidos... Ramo que, hoje, floresce e até frutifica um pouco, pois foi plantado na "terra fértil do canteiro Celeste".

Parabéns! Obrigado!

Isso é muito pouco para lhe dizer.

Intraduzíveis sentimentos sublimes são meus desejos à mãe querida, jóia fulgente...

Perdoe-me por algo sobre o terreno orbe. Amamo-nos na eternidade.

Prossiga com essa fraternidade, pois seus menores gestos me agasalham em seu amor.

Sem temores, ergamo-nos libertos do cárcere do orgulho, sequemos as lágrimas de júbilo e vamos trabalhar abraçados à fraternal família espiritual da qual, eternamente, sentir-me-ei devedor. Continuaremos a levar o pão de cada dia onde quer que seja, o pão maciço ou o pão às almas com os corações oprimidos que se aliviam em seus livros.

Eu a amo como é...

Benção, luz e paz.

Beijos.

Seu filho,

Ricardo Luiz.

(Mensagem do filho de Sônia Tozzi psicografada pela médium Eliana Machado Coelho em 23/02/2005, em São Paulo).

Somos todos aprendizes

Sumário

Prefácio	13
Capítulo 1 – Convicções implacáveis	17
Capítulo 2 – Solidariedade	26
Capítulo 3 – Primeiro gesto de generosidade	33
Capítulo 4 – Nasce o amor	41
Capítulo 5 – A viagem	49
Capítulo 6 – Passeio perigoso	57
Capítulo 7 – Em busca de respostas	67
Capítulo 8 – Conversa franca	80
Capítulo 9 – Visita fraterna	86
Capítulo 10 – Reflexões	98
Capítulo 11 – A volta	109
Capítulo 12 – Um grande susto	125
Capítulo 13 – Novas notícias	132
Capítulo 14 – Noivado	143
Capítulo 15 – Estranho sentimento	154
Capítulo 16 – Auxiliando um amigo	162
Capítulo 17 – Palavras de esclarecimento	170
Capítulo 18 – Angústia	180
Capítulo 19 – Orientação	190

Capítulo 20 – No dia do casamento — 196
Capítulo 21 – Tristeza sem fim — 206
Capítulo 22 – Influência negativa — 219
Capítulo 23 – Um novo caminho — 226
Capítulo 24 – Em recuperação — 235
Capítulo 25 – Descobertas espirituais — 244
Capítulo 26 – Geraldo e Regina — 253
Capítulo 27 – Bernadete sente ciúmes — 263
Capítulo 28 – Crescem as afinidades — 273
Capítulo 29 – A união de Tiago e Gracinha — 284
Capítulo 30 – Doença inesperada — 296
Capítulo 31 – Conhecendo o passado — 313
Capítulo 32 – Comemoração em dobro — 327
Capítulo 33 – Ainda o ciúme — 336
Capítulo 34 – Chance renovadora — 345
Palavras do autor espiritual — 355
Palavras da médium — 361

PREFÁCIO

por Rogério Ribeiro Cellino

Domingo à noite. Eu e minha querida esposa estávamos em nosso lar quando um telefonema repentino gerou, de certa forma, uma mudança em minha vida. Era a minha querida cunhada e amiga, que tanto estimo, Sônia Tozzi, entregando em minhas mãos uma jóia que acabara de lapidar, convidando-me a prefaciar esta maravilhosa obra, *Somos todos aprendizes*. O carinho e a admiração com que o convite me foi feito, fizeram-me elevar o pensamento ao alto e agradecer profundamente a rara oportunidade que me era concedida naquele momento. Emocionado com o sublime convite, com todo o meu amor e carinho aceitei o honroso mister, convicto de que muito tinha a aprender.

Assim, nesta rara ocasião, quero, em um primeiro momento, agradecer profundamente ao Grande Criador, nosso Mestre Orientador, por esta maravilhosa oportunidade, rogando sabedoria para desempenhar à altura da autora e de sua obra esse honroso mister. Não poderia, de igual forma, deixar de agradecer à minha querida amiga Sônia Tozzi, pessoa por quem tenho grande admiração e carinho, por ter-me propiciado esse aprendizado ímpar.

Diante desses acontecimentos, reflito: Será que aí não está a presença de Deus? Não tenho dúvidas de que sim.

Já na leitura do Capítulo I percebi que não se tratava de um simples romance espírita. Estava diante de uma das mais belas histórias de vida, tanto terrena como espiritual, e, sem medo de errar, não há como se olvidar que esta obra nasce grandiosa e se tornará um grande sucesso. É um verdadeiro guia de amor.

O leitor, desde o Capítulo I, ver-se-á envolvido com o enredo de tal maneira que não há como deixar de se identificar com os personagens, tanto que, no decorrer da leitura, pensei: "Aqui está um pouco da história da minha própria vida!", pois quem de nós já não foi Bernardete, que em tenra idade tem seus objetivos delineados de forma clara, buscando-os incessantemente, tendo todo o plano para atingi-los, como se fôssemos senhores das nossas vidas. Quem de nós, no ímpeto de atingir os objetivos traçados, já não se descuidou do dever de vigilância, muitas vezes colocando em segundo plano a caridade e a tolerância, elos da verdadeira fraternidade.

Por outro lado, quem de nós já não agiu como Geraldo, entendendo que Deus sempre está conosco e que tudo na vida tem uma razão de ser, pois nada acontece por acaso, sendo que, apesar da dor de certas provas que nos impusemos, podemos entender e a aceitar a vontade do Pai Maior. Quais de nós, tocados pela necessidade da caridade, já não proferimos palavras de equilíbrio e harmonia, tal como Tiago.

O leitor ver-se-á envolvido de tal forma que se identificará com os personagens desta história de vida e, desatento com o passar das horas, terá a sensação de ali estar a sua vida, ora como Bernardete, ora como Geraldo, ora como Cândida — enfim, poderá identificar os seus tropeços e a sua própria evolução.

Mas não importa. bernardetes, tiagos, cândidas, geraldos, reginas, fagundes e tantos outros desconhecidos somente nos fazem entender que cada um de nós tem suas próprias expiações, mas também passamos por momentos de alegria e felicidade. O que muda para cada pessoa é a intensidade de cada uma delas. Assim, compete a cada um de nós escolher, já que temos o livre-arbítrio, o que importa é a intensidade de cada uma, afinal, não se pode plantar cenouras e colher tomates. A colheita nada mais é do que o fruto de nossas atitudes.

Ao final da leitura, lágrimas de emoção hão de cair. Não há como deixar de se memorar a juventude em família, a estada nos bancos acadêmicos, o sentimento avassalador da certeza de que encontramos o amor, semente germinadora de uma nova família, os deslizes, os acertos, enfim, o ciclo da vida. Há de surgir, então, um grande sentimento de gratidão pelos pais, pela esposa, pela família, pelo amigos... na verdade, a gratidão pela vida. A gratidão pela presença de amigos espirituais, que sempre nos intuem o caminho a ser seguido. Seguir ou não é uma decisão de cada um.

A obra do Criador é perfeita e o Grande Pai Celestial é justo com todos os seus filhos, o ciclo da vida se renova a cada segundo, pois é nessa renovação cíclica que nos é dada a oportunidade de acertar, de se reajustar para viver em sintonia com o Universo. Essas oportunidades somente ocorrem porque há o perdão e também a verdadeira fonte da justiça, caracterizada pela oportunidade de resgate de nossas dívidas.

Deus pode ser definido como... Não, Deus não pode ser definido, Deus é para ser sentido. Olhe para dentro de si e sentirá a infinita presença de Deus.

Querida Sônia Tozzi, que Deus, em sua infinita sabedoria, derrame bênçãos de saúde, paz, harmonia e proteção a todos. Que esta obra, verdadeira jóia rara, torne-se fonte de luz, levando a todos acalento e força na seqüência da jornada que nos impusemos.

Fiquem com Deus.

ROGÉRIO RIBEIRO CELLINO é advogado em São Paulo. Pós-graduado em Direito Processual Civil. Professor de Direito Civil e Direito Processual Civil em Cursos Preparatórios para Exame de Ordem dos Advogados do Brasil. Co-Autor dos livros *Sumário de Direito Civil* e *Sumário de Direito Processual Civil*. Presidente do Tribunal de Conciliação e Arbitragem de São Paulo. Palestrante sobre temas de Direito em diversas Instituições, como Escola de Administração Fazendária – ESAF e Procuradoria da Receita Federal.

Somos todos aprendizes

CAPÍTULO I

Convicções implacáveis

Bernadete entrou eufórica na cozinha onde sua mãe, apressada, preparava a refeição. Dizendo um "olá" quase automático, abriu a geladeira e serviu-se de um refrescante copo de água. D. Aurora, sem dar muita importância aos movimentos da filha, continuou o preparo do almoço, direcionando sua atenção para o noticiário do rádio.

— Aonde vamos parar? A cidade está ficando cada vez mais violenta. Está se tornando quase impossível viver aqui.

— O que foi que disse, mãe?

— Nada! Falava comigo mesma — respondeu Aurora.

Bernadete deu de ombros, saiu da cozinha e foi para o seu quarto. "Mamãe não perde a mania de ficar ouvindo o noticiário, no qual só falam de problemas", pensava. "Com tantos programas bons, fica envolvida só com desgraça; depois fala sozinha, como se isso consertasse o mundo."

Bernadete era uma jovem de 23 anos, universitária, cursando o último ano de Direito, e convicta de que assim que se formasse consertaria o mundo. Tinha dentro de si a intenção de prestar concurso para a Magistratura e, por meio do cumprimento das leis, acreditava poder modificar o ser humano.

— Quero ser uma juíza rígida — dizia para si mesma. — Nada me fará desviar do meu propósito de cumprir a lei, custe o que custar.

— Bernadete! — ouviu a voz de sua mãe, chamando-a. — Seu pai e seu irmão chegaram, desça para o almoço.

— Já vou, mãe!

Passou rapidamente o pente pelos cabelos castanhos que emolduravam seu belo rosto de olhos claros. Todos consideravam-na uma garota bonita e atraente. Era popular na universidade e conhecida como uma jovem absolutamente racional. Nenhuma emoção mais forte sensibilizava seu coração, que se acostumara a ver tudo dentro da mais perfeita lógica.

— Você precisa ser mais sensível às fraquezas alheias — dizia-lhe seu pai constantemente. — Não se esqueça de que também poderá cometer erros e enganos, minha filha. Nem todos reagem satisfatoriamente às decepções, agressões e dificuldades da vida.

Sem nenhum constrangimento, respondia:

— Pai, quem não tem solução, tem um problema.

— Não, filha, nem sempre é assim.

Seus pensamentos foram interrompidos por sua mãe, que mais uma vez se fez ouvir, chamando-a para o almoço. Desceu rapidamente as escadas e em um segundo estava sentada junto aos seus.

— Oi, pai! Oi, Tiago! Tudo bem?

Tiago era seu irmão mais novo. Dezessete anos, alto, bonito; o que mais gostava de fazer era freqüentar com assiduidade a academia, onde malhava quase todos os dias. Ainda não se decidira a respeito de qual profissão seguir. Na realidade, o que mais prendia sua atenção eram seus encontros com Gracinha, sua namorada há um ano, e o trabalho social com o qual se envolvera junto à Mocidade que freqüentava no Centro Espírita "Caminhando com Jesus".

Ao contrário da irmã, possuía o coração sensível e estava

sempre pronto para compreender, perdoar e viver em sociedade, respeitando as limitações de seu próximo.

Assim que Bernadete sentou-se, Tiago lhe perguntou:

— No próximo domingo iremos até a periferia levar algumas roupas, alimentos e material escolar para os necessitados. Não gostaria de ir conosco?

— Não posso, Tiago. Tenho um compromisso importante.

— Qual compromisso é este, filha? — perguntou João.

— Vou com alguns colegas assistir a uma palestra sobre cidadania, direito ambiental e todas essas coisas que nos ensinam a ser verdadeiros cidadãos.

— Que bom, filha. Realmente é muito importante tomar conhecimento de todas essas coisas que nos fazem viver melhor em sociedade e respeitar a natureza, mas...

— Mas o quê, pai?

— Bem, filha, é que, com toda essa teoria que você aprende sem cessar, não seria adequado que aprendesse também a praticá-la? Não lhe acrescentaria mais sabedoria?

— O senhor está falando isso porque quer que eu vá até a periferia resolver problemas de pessoas que agem sem pensar, que enchem suas casas de filhos que não conseguem criar para depois vê-los passar fome? Ora, pai, esse é um problema que eles vão ter de resolver sozinhos; eles o criaram.

— Mas — disse Aurora — para que servem então tantas teorias e palestras a que você assiste se não a vemos fazer um ato sequer que possa beneficiar as pessoas mais carentes?

Bernadete, sem ter como responder, apenas disse:

— Mãe, não adianta tentar explicar, vocês não vão entender mesmo!

— Por que não tenta? — sugeriu João.

— Não adianta, pai!

— Bem, já que pensa assim, vamos almoçar em paz.

Somos todos aprendizes 19

Deliciaram-se com a refeição feita com carinho por Aurora. Assim que terminaram, João voltou ao trabalho, e Tiago e Bernadete subiram, cada um para seu quarto. Aurora, com a paciência que lhe era peculiar, retirou os utensílios da mesa, arrumou a copa e foi para a cozinha lavar a louça.

Fazia seu trabalho como de costume, sempre ouvindo o rádio que não dispensava, quando escutou a voz de sua vizinha, que a chamava com desespero.

— Aurora! Aurora!

— O que foi, Dirce?

— Preciso lhe falar com urgência. Posso entrar?

— Claro! Entre.

Dirce entrou. Sentou-se em frente da amiga e, chorando, lhe contou:

— Não sei o que fazer, amiga.

— Fale de uma vez, Dirce. O que aconteceu?

— É a Margarida!

— O que tem ela? Está doente?

— Não, está grávida!

— Grávida?!

— Sim. Soube há pouco. Não sei o que fazer, Aurora. Ela só tem quinze anos. É uma criança.

— Isso é verdade. Não passa de uma criança. E agora, o que pretende fazer?

— Ainda não sei. Estou atordoada. Não posso abandoná-la neste momento, contudo também tenho medo de apoiá-la e me tornar conivente com seu erro. O que faço, Aurora?

— Eu sei o que a senhora deve fazer, D. Dirce.

As duas amigas se voltaram e depararam-se com Bernadete encostada displicentemente na soleira da porta.

— Bernadete! — exclamou sua mãe, receosa com o que a filha poderia dizer.

— Eu sei o que a senhora deve fazer, D. Dirce — repetiu.

— O quê? Diga-me, o quê? Você faz faculdade, é inteligente, preparada, ajude-me a definir o que deve ser feito em um caso como este.

— É simples, D. Dirce.

— Simples?!

— Claro! Se ela se julgou capaz e preparada para ficar grávida e assumir uma criança, tem mais é que ir cuidar da própria vida. Tem de ser responsável pelo que fez.

— O que você quer dizer com isso, Bernadete?

— Ora, mãe, ela que saia de casa e vá cuidar de resolver o problema que ela mesma criou.

— Filha, não fale assim. Ela é uma criança. Não tem maturidade para assumir, sem apoio de ninguém, um filho, uma casa, enfim, uma família. Sem dizer que terá de abandonar seus estudos.

— Mas teve maturidade para fazer um filho! Ora, gente, o que é isso? Ela deveria ter pensado antes de cometer essa loucura. Se a senhora não for rígida agora, amanhã ela estará grávida de novo.

— No entanto, é minha única filha! Não é melhor e mais prudente ampará-la? Estando por perto poderei conversar com ela, orientá-la para que não cometa de novo a imprudência de uma gravidez na adolescência. Estando junto da família, a chance de ela se reerguer e continuar os estudos é maior.

— Eu penso como você, Dirce. Agiria dessa forma se fosse com a minha filha.

— Pode ficar tranqüila porque isso nunca vai acontecer comigo, mãe. Bem, a senhora é quem sabe, D. Dirce, afinal, a filha é sua. O mundo só não está melhor porque as pessoas são muito condescendentes com os erros dos outros. Eu penso diferente: errou, não importa o erro, se é grande ou pequeno, tem mais é de assumir.

— Filha, você é muito exigente e radical. As coisas não se resolvem assim. Jesus nos ensinou tão bem a solidariedade, o

Somos todos aprendizes 21

perdão das ofensas, a importância de se estender as mãos para os caídos.

— Mãe, religião agora! Religião é uma coisa abstrata, não preenche nem acrescenta nada. As leis e a ciência é que nos dão direção para caminhar.

— Nem sempre as leis dos homens são compatíveis com as leis de Deus, Bernadete.

— D. Dirce, as leis dos homens foram feitas por pessoas preparadas, juristas, pessoas que possuem profundo conhecimento de Sociologia, de comunidade, de Direito. Por isso, é algo palpável e coerente.

— É, filha, porém as leis de Deus foram feitas pelo Criador do Universo, Aquele que criou essas pessoas tão cultas que você acabou de mencionar. Ele lhes deu condição de aprender e usar a inteligência para o bem, o que nem sempre acontece, devido à ausência de Deus no coração de alguns deles.

— Ausência de Deus?!

— Sim, ausência de Deus. Aquele que abriga em seu coração o amor de Deus torna-se fraterno e digno de defender as leis dos homens, porque irá fazê-lo com sabedoria, bom senso e dignidade cristã.

Dirce estava meio atordoada. Olhou para Bernadete e para Aurora. Por fim, perguntou:

— Aurora, o que me aconselha?

— Faça o que seu coração está lhe pedindo, Dirce. Abrigue sua filha, dê-lhe o que ela está precisando neste momento, oriente-a para que saiba prosseguir com mais prudência, sem se deixar levar novamente pelos arroubos da paixão.

— Faça como quiser, D. Dirce. Cada um tem um ponto de vista.

Aurora aproximou-se ternamente de sua filha e, emocionada, lhe disse:

— Bernadete, você é uma boa menina, excelente filha e

ótima estudante, mas pense no que vou lhe dizer: procure Deus, é o que falta ao seu coração.

— Procurar Deus? O que é isso, mãe?

— Sim, filha, procure-o. E quando encontrá-Lo, irá se sentir mais feliz.

Bernadete afastou-se. As palavras de sua mãe ainda soavam em seus ouvidos. Lembrou-se de tempos atrás, quando Geraldo, seu colega de turma, dissera-lhe:

— Gosto muito de você, Bernadete, mas o que lhe falta é a presença de Deus. Por que não O procura?

"O que querem dizer com isso?", pensava. "Procurar Deus! Onde, como? Não sei o que pretendem me mostrar."

Dirce levantou-se e despediu-se de Aurora.

— Minha amiga, obrigada por me ouvir e me ajudar.

— Espero que tome a decisão certa, Dirce. Pense em Jesus, que perdoou Maria Madalena, aja em conformidade com o seu coração para que fique em paz. Não dê muita importância para o que disse Bernadete; ela também é muito jovem ainda e sabe muito pouco da vida.

— Já sei o que vou fazer, Aurora; não vou abandonar minha filha. Ela é uma criança e merece uma oportunidade de vida digna e feliz. Afinal, não é e nem será a única no mundo a dar um passo em falso. O rapaz não quer se casar, mas disse que reconhecerá o filho. O que importa agora é que meu neto terá um pai, um nome. É a felicidade do meu neto que está em jogo.

— Quando abraçar seu netinho, todas as mágoas desaparecerão, você verá.

— Tenho certeza disso.

— Temos oportunidade de consertar nossos erros por meio da reencarnação; por que não oferecer também uma oportunidade para Margarida que, afinal, não cometeu um erro tão grave assim.

— Você tem razão. Mais uma vez obrigada, minha amiga.

Somos todos aprendizes 23

— Não me agradeça. Agradeça ao seu coração e ao seu amor maternal, que falaram mais alto.

Despediram-se e Aurora retomou seus afazeres.

— Mãe?

— Fale, filha, o que foi?

— A senhora acredita mesmo que tenho ausência de Deus no meu coração?

Aurora enterneceu-se.

— Filha querida, como já expliquei, você é uma excelente pessoa, mas muito dura em suas convicções.

— Como assim?

— Vejamos: se Dirce colocar Margarida para fora de casa, a chance de ela cair de novo e enveredar por um caminho perigoso é muito grande, ao passo que, se ela receber compreensão, carinho e orientação, sua chance de felicidade aumenta muito. A presença de Deus em nosso coração nos faz enxergar isso. Você me entende?

— Mais ou menos.

— Preste atenção: ter Deus no coração nos faz mais sensíveis, amorosos e compreensivos porque sabemos que, ao errarmos, o que mais queremos e precisamos é que as pessoas nos compreendam e nos desculpem. Permitir a presença de Deus no coração nos torna maiores, não no sentido de ser melhor que o próximo, mas em relação às palavras que dizemos, ao amor que sentimos e ao bem que fazemos.

Bernadete permanecia pensativa.

— Está bem, mãe. Quem sabe um dia eu consiga entender realmente o que a senhora quer me dizer, aí poderei me encontrar com Deus, senti-Lo e colocá-Lo em meu coração da maneira que deve ser.

— Espero que esse dia chegue logo, Bernadete; você não imagina como anseio por isso.

Bernadete levantou-se e, como se nada tivesse sido dito, falou a sua mãe:

— Bem, agora vou para o meu quarto estudar. Quero me formar com as melhores notas da faculdade, D. Aurora, e ser a melhor juíza que esta cidade já viu.

— Espero que seja, filha; mas lembre-se de que deve buscar na sabedoria de Deus, a Sua justiça, para que possa julgar com amor e imparcialidade. Faça tudo para que sua trajetória possa caracterizá-la como a juíza que julga com cortesia, sabedoria e, acima de tudo, dignidade.

— Vou me lembrar disso, mãe.

Em seguida, subiu as escadas de dois em dois degraus e foi para seu quarto.

— Que furacão foi esse, mãe, que quase me derrubou? — perguntou Tiago, que vinha descendo.

— Quem podia ser, filho? Sua irmã!

Somos todos aprendizes   25

CAPÍTULO II

Solidariedade

Durante a visita de Tiago à periferia, este tomou conhecimento do problema vivido por Cândida. Enquanto distribuía o material escolar para as crianças que, ansiosas porém felizes, aguardavam em fila o momento de tocar com as mãos os lápis, borrachas, lápis de cor, de cera etc., percebeu a aproximação de uma senhora vestida humildemente; com mãos calejadas e grossas, de olhos tristes, sem brilho, e lábios cerrados, como se não possuísse mais palavras para pedir ou simplesmente dizer.

Tiago, notando a ansiedade que assaltava aquele coração sofrido, resolveu abordar aquela mulher que era o retrato da aflição. Teve o cuidado de agir com respeito e carinho, para não humilhá-la ainda mais. Apesar de ser um jovem comum, com as mesmas inquietações, impulsividade e sonhos que caracterizam os adolescentes, Tiago possuía dentro de si a certeza de que todos possuem os mesmos direitos, e, se ele estava em uma situação privilegiada, podendo auxiliar aqueles que realmente necessitavam, porque não fazê-lo?

"O que me impede de ser solidário?", indagava a si próprio. "Não irá me tirar nenhum pedaço ou prejudicar minha vida; ao contrário, a alegria do dever cumprido só poderá me acrescentar mais benefícios."

Esta era a grande diferença entre ele e Bernadete. Enquanto a irmã era só razão, ele conseguia pincelar com emoção e fraternidade a própria razão, agindo com coerência e prudência. Todos admiravam sua maneira de viver; apesar da fraternidade que exercia junto ao seu semelhante, nunca deixava de usufruir os prazeres que a juventude pedia e proporcionava.

— A senhora deseja alguma coisa?

Encabulada, Cândida respondeu:

— Meu nome é Cândida. Moro em um barraco de dois cômodos, com meu companheiro e cinco filhos. Trabalho como faxineira e ganho por dia de serviço. Meu marido é catador de papel e sai com seu carrinho todos os dias, faça sol ou chuva, a menos que chova muito forte. Tenho uma filha doente que precisa de muitos medicamentos e quem toma conta dela é minha filha mais velha, de nove anos. Não somos preguiçosos ou vagabundos, mas o que ganhamos mal dá para comermos.

Tiago interrompeu-a:

— A senhora está necessitando do que, D. Cândida?

— O dono do barraco quer que eu saia de lá porque não pagamos o aluguel há quatro meses. Não é malandragem. Como já contei, o que conseguimos tirar com o nosso trabalho mal dá para comer e muito menos comprar os remédios de que minha filha precisa. Não temos como pagar nem para aonde ir.

— E o que deseja realmente?

— Soube que a irmã do senhor forma-se este ano como advogada. Ela não poderia me orientar sobre meu caso? Não sei o que fazer. Nem eu nem Estácio somos malandros. Nunca roubamos ou fizemos alguma coisa ilegal. Não sabemos o que podemos fazer. Pensei que o senhor pudesse me ajudar.

O coração de Tiago se enterneceu.

— Quanto é o valor que deve?

Somos todos aprendizes   27

— São R$ 600,00. Pagamos R$ 150,00 por mês, em um barraco de quarto, cozinha e banheiro.

— D. Cândida, vou ver o que posso fazer para ajudá-la. Falarei com minha irmã. Vou me esforçar para conseguir resolver seu problema. Diga-me como poderei encontrá-la novamente.

Cândida, após explicar-lhe onde morava, despediu-se agradecida e levando a esperança em seu coração.

Tiago, junto com os outros voluntários, continuou seu trabalho.

No final da tarde, todos retornaram ao seus lares com o coração em paz, por conta da certeza de haver cumprido um dever cristão: fazer todo o bem que se pode.

Assim que chegou em casa, tomou um gostoso banho, refrescou-se e se preparou para encontrar sua namorada. Ao descer para lanchar, João lhe perguntou:

— Então, filho, como foi o trabalho de vocês?

— Excelente, pai! Hoje aconteceu um fato que me impressionou muito.

— O que foi?

Tiago relatou ao seu pai toda a história de Cândida.

— Será que a Bernadete se interessaria em ajudá-la, orientá-la?

— Não sei, Tiago; espero que sim.

— Vou me encontrar com Gracinha. Amanhã conversarei com ela e veremos o que se pode fazer. Poderemos tomar algumas providências para amenizar o problema no curto prazo, talvez. Depois a gente vê isso. Agora vou encontrar minha "gata" — disse sorrindo.

— Vá, filho. Vai se divertir; ajudarei no que puder.

— Obrigado, pai!

Saiu feliz ao encontro de Gracinha. No dia seguinte...

— Você está louco? — gritou Bernadete assim que ouviu o pedido do irmão.

— Louco por que, Bernadete?

— Você acha mesmo que vou me meter com esse tipo de gente? A verdade nunca é como eles dizem, Tiago. Mentem sem nenhum escrúpulo, só para conseguir o que desejam. Desculpe, Tiago, mas estou fora.

— Bernadete, pense melhor. O que lhe custa verificar o que se pode fazer para ajudar essa família?

— E de que adiantaria? Daqui a quatro meses eles estarão na mesma situação, ou seja, pedindo de novo. Não quero ser conivente com a preguiça ou a malandragem de ninguém.

Tiago estava decepcionado com a atitude da irmã.

— Você é muito dura, Bernadete. Mamãe tem razão, você precisa ir à procura de Deus. Seu coração é vazio, sem emoção, racional demais.

— Pare com isso! — gritou a irmã. — Já estou farta de escutar sempre a mesma coisa. O que querem de mim? Que me torne uma beata que vive batendo a mão no peito e fingindo ser santa? É isso que querem que eu faça?

— Não, filha, não é isso que queremos para você.

Os dois irmãos voltaram-se e viram João, em pé, perto da porta, deixando claro que tinha ouvido toda a conversa.

Abaixando o tom de sua voz, Bernadete perguntou:

— Então o que querem? Por que me criticam tanto?

— Não a estamos criticando. Nós a amamos e sabemos quanto bem existe dentro do seu coração. Você apenas ainda não descobriu que se pode fazer algo bom sem que com isso seja necessário deixar de lado a razão, a coerência e o bom senso. É apenas uma questão de solidariedade.

— Mas pai, não faço mal algum, não prejudico ninguém!

— É verdade, não prejudica ninguém, no entanto também não faz o bem, minha filha. Essa sua mania de querer ser a mais perfeita cumpridora da lei está impedindo-a de entender

Somos todos aprendizes 29

que amar e ser fraterno não implica deixar de cumprir a lei dos homens e a torna a mais perfeita cumpridora da lei divina. O sentimento e a emoção devem fazer parte da nossa essência. Eles não nos impedem de ser aquilo que queremos ser. Tudo é uma questão de equilíbrio.

— Não sei, pai. Para mim isso parece um pouco confuso. Acho essa coisa de religião um pouco irreal, meio fantasiosa.

— Não é uma questão de religião, Bernadete, é simplesmente uma questão de amor, de respeito e de solidariedade para com o nosso próximo.

— Se você não quiser auxiliar a D. Cândida, não o faça, mas diga que não faz porque não quer. Não venha com seus sermões de grande conhecedora da humanidade porque, na realidade, você não conhece nada; apenas se esconde atrás dessas leis que diz tanto conhecer.

— Escondo-me?!

— Sim! Se esconde, repito. Encontra nessas leis uma justificativa para não se preocupar, não auxiliar, não tomar conhecimento do sofrimento que existe além das paredes desta casa. E depois diz que quer ser a melhor juíza que a cidade já teve. Só se ficar conhecida como a juíza sem coração.

— Tiago! — ouviu-se a voz enérgica de Aurora.

— Não estou gostando nada do rumo da conversa de vocês.

— Mas mãe...

— Chega, Tiago. Não vou repetir novamente, já lhe disse que chega.

— Sua mãe tem razão, filho, você também não está respeitando o direito da sua irmã; está impondo sua maneira de pensar.

Aurora insistiu.

— É verdade, Tiago. Cada um pensa e age da maneira de que gosta. Essa é a liberdade que Deus deu a todos nós, a de ser quem queremos ser.

Bernadete, irritada, disse quase aos gritos:

— Vocês falam, falam e falam de Deus. Eu acredito em Deus, mas, para mim, Ele é algo tão inatingível que não pode ser encontrado ali na esquina, como sugerem.

— Filha, qualquer ato de caridade que fazemos para o próximo faz grande diferença na vida de quem o recebe. A verdadeira graça que recebemos de Deus é poder fazer diferença com o nosso trabalho e a nossa solidariedade, porque o segredo da felicidade não é só ganhar dinheiro. Este poderemos perder um dia, de uma forma ou de outra. O segredo é ter feito alguma diferença e ter proporcionado alegria e solucionado problemas na vida de alguém em um momento de necessidade.

— É que não tenho vontade de estudar teologia, ou sei lá o que, para conseguir entender e me aproximar de Deus.

— Você está enganada, filha. Mas por hoje chega.

Abraçou Bernadete e lhe disse:

— Nós a compreendemos, filha, e sabemos que um dia o seu encontro acontecerá naturalmente. Tudo no seu tempo e sem correria. Até lá, continue fazendo as coisas que julga estarem certas; Deus não tem pressa. Ele sabe que um dia suas criaturas O verão nos lugares onde Ele realmente está.

— Obrigada, pai. Se me derem licença vou para o meu quarto estudar.

Subiu sendo alvo do olhar carinhoso de seus pais.

Tiago voltou ao assunto.

— Pai, o que posso fazer para ajudar D. Cândida? Não tenho dinheiro suficiente para pagar seu aluguel e impedir o despejo. Gostaria de auxiliá-la, porém não sei o que fazer.

— Está disposto a trabalhar? — perguntou Aurora.

— Claro, mãe!

— Pois então está resolvido.

— Não estou entendendo.

— Eu explico: sei fazer pizzas muito boas. Por que não

fazer a noite da pizza lá no Centro, no sábado próximo? Levamos o videokê, cobramos por cada música que quiserem cantar e, com o dinheiro arrecadado, pagamos o aluguel do barraco da D. Cândida.

— Mãe, que grande idéia! — exclamou Tiago entusiasmado.

— Realmente é uma ótima saída para o caso, Aurora. Tiago, vá até a casa do Tomás, que é o presidente do Centro, conte-lhe sobre a D. Cândida e veja se ele concorda com esse projeto.

Tiago respondeu entusiasmado:

— Vou agora mesmo, papai.

Tudo deu certo. Com a aquiescência de Tomás e a ajuda de todos os jovens da Mocidade, o plano foi agilizado para que, no sábado seguinte, acontecesse a noite da pizza. Faixas foram espalhadas pelas redondezas.

Na noite do sábado, as senhoras trabalhavam com Aurora na produção das pizzas, os homens serviam as mesas e os jovens comandavam com alegria e entusiasmo as brincadeiras.

Foi um sucesso. Não só conseguiram o montante para pagar a dívida de Cândida como também deixaram pagos mais dois meses de aluguel. Tomás, sensibilizado, empregara Cândida para fazer limpeza no Centro, duas vezes por semana, completando, assim, para ela, a quantia necessária do pagamento mensal do aluguel.

Mais uma vez conseguiram fazer a diferença na vida de uma irmã. O que parecia sem solução, fora solucionado a contento, mostrando para os que quisessem ver que o trabalho fraterno abre as portas da esperança para os irmãos que estão desalentados. O mundo é maravilhoso porque nele existe o semelhante que, como nós, sonha, sofre, tem alegrias e tristezas, esperanças, ideais e objetivos, e a verdadeira felicidade está em poder estar presente e ser útil na realização de pelo menos um desses sonhos.

CAPÍTULO III

Primeiro gesto de generosidade

Bernadete subia as escadas da faculdade em direção à sala de aula quando sentiu o braço de Geraldo tocar seu ombro. Olhou quase instantaneamente e deparou-se com o sorriso franco e cativante do amigo.

— Geraldo! Que susto você me deu.

— Verdade? — exclamou o rapaz demonstrando em sua fisionomia todo o bom humor que lhe era peculiar.

— Estava distraída, com o pensamento longe.

— E posso saber em que pensava?

— Claro! Gostaria mesmo de conversar com você a respeito, se não se importar em me ouvir.

— Amigo é para essas coisas, Bernadete. Esqueceu?

— Obrigada. No final da aula a gente se encontra no pátio próximo à secretaria. Tudo bem?

— Ótimo. Podemos ir até a lanchonete tomar um suco, OK?

— OK! Até lá.

— Tchau!

Separaram-se e cada um tomou seu rumo.

Assim que Bernadete chegou, dirigiram-se até a lanchonete, onde ficaram à vontade para conversar.

— Então, amiga, qual o problema que a aflige?

— Não é bem um problema, Geraldo. É algo que me incomoda porque não consigo compreender, apesar de meus pais tentarem por várias vezes me explicar.

— Do que se trata?

— Tanto meus pais, meu irmão e inclusive você já me acusaram de ser muito dura, intransigente, enfim, de não sentir emoção ou coisa parecida. Falam como se eu não tivesse nada de bom ou especial em meu coração. Isso não é verdade. Qual o erro em querer ser fiel às leis, à justiça? Se pretendo ser uma advogada, e futuramente uma juíza, o mínimo que posso fazer é cumprir a lei. Concorda?

Geraldo fitava Bernadete com compaixão e um profundo sentimento de amizade.

— Bernadete, todos nós, e principalmente seus pais, sabemos de todas as suas boas qualidades e a admiramos por isso.

— E por que me falam essas coisas?

— Amiga, na realidade o que pretendemos lhe mostrar é que, para cumprir e ser fiel às leis e à justiça dos homens, não é necessário esquecer as leis divinas. Para que sejam seguidas e cumpridas, é preciso que o coração se enterneça, aprenda a se apiedar, sensibilize-se com as fraquezas humanas e, conseqüentemente, compreenda os erros alheios. É esse amor que nos leva a julgar com bom senso, sabedoria e justiça. As leis divinas são regidas pelo amor universal. Foram criadas por Deus para que os homens soubessem a direção que os levaria ao encontro do Pai que está no céu, para que com esse conhecimento aprendessem a se conhecer e a se amar uns aos outros. São perfeitas e imutáveis, ao passo que as leis dos homens foram criadas pelo ser encarnado e por isso são passíveis de erro. Elas se modificam, dependendo da cultura de cada povo; cada país possui as suas próprias leis, enquanto as leis de Deus são as mesmas para todos os povos do planeta porque a base delas é uma só: o amor.

Bernadete ouvia-o interessada.

— E eu, o que tenho a ver com tudo isso?

— A partir do princípio de que você faz parte deste universo criado por Deus, você tem tudo a ver com isso, sim.

Diante do olhar indagador de Bernadete, Geraldo deu um leve sorriso. Percebeu que sua amiga parecia mais uma menina iniciando sua alfabetização.

— Veja, Bernadete, quem ama educa, mas educar não é só castigar. Ao contrário, é, antes de tudo, ensinar. Se não agimos com amor, como poderemos ensiná-lo? Se não abrimos a mente para receber outros ensinamentos, ficando presos em um mundo pequeno, acadêmico, sem conhecer a vida além dos livros, nem sempre faremos justiça.

— Meu Deus, a única coisa a que aspiro é poder ajudar a construir um mundo de paz, sem guerras nem preconceitos, Geraldo. Isso é errado?

— Não, Bernadete. Isso não é errado; mas para isso temos de saber o que é, na realidade, a paz.

— Como assim? O que você está querendo dizer?

— Bernadete, paz não é ausência de guerra, mas a presença de Deus no coração. Se eu almejo a paz, ela deve começar comigo.

— Geraldo, você está me deixando confusa!

— Por que, amiga? Só tento lhe dizer que ser solidário, amigo e mais humano não quer dizer que não se vai cumprir a lei. A presença de Deus em nosso coração nos dará sustentação para agirmos de acordo com as leis divinas e, dessa forma, sermos mais justos. Quem tem Deus no coração não faz guerra, Bernadete, e nunca age com maldade. A paz só se fará presente no mundo quando existir e se enraizar no coração do homem.

Somos todos aprendizes 35

— Você acha que é por isso que a mamãe fala sempre para eu ir à procura de Deus?

— Com certeza. Quando Deus penetra de verdade em nosso coração, passamos a ver no erro do outro nosso próprio erro e, tomando essa consciência, agimos de maneira mais prudente e mais justa, com a mesma medida de justiça que gostaríamos de que nos aplicassem.

— Geraldo, você é demais! Acho que vou me apaixonar por você — disse brincando.

— Hum! Que bom — respondeu o rapaz.

A conversa prosseguiu e eles nem perceberam o passar das horas, tão interessados estavam no assunto que mantinham. Quando perceberam, já se fazia tarde. Levantaram-se para se despedir no momento em que Patrícia, ofegante, aproximou-se e lhes falou:

— Que bom encontrá-los aqui. Procurei-os por toda a faculdade.

— Que foi, Patrícia? O que aconteceu?

— Hoje tivemos uma reunião com a comissão de formatura. Como não os vi imaginei que ainda não soubessem o que está acontecendo com a Thaís.

— O que tem a Thaís? — perguntou Geraldo.

— Ela não pagou o restante da formatura, e a comissão não quer que ela participe do baile nem do churrasco que farão para os formandos e suas famílias.

Bernadete, como sempre impulsiva, logo deu sua opinião.

— Penso que eles estão certos. Todos nós pagamos, e ela não. Se for assim, ninguém precisa pagar e participa do mesmo jeito. Sou a favor da comissão, lei é lei, trato é trato; como se diz, combinado não é caro nem barato.

Bernadete não percebeu o olhar perplexo de Geraldo.

Patrícia continuou:

— Bernadete, não se pode olhar as coisas sob essa visão tão radical, nem fazer um prejulgamento das atitudes dos outros. Como julgar e emitir opiniões quando não se conhece as razões legítimas que obrigam a certas decisões?

— Ora, Patrícia, se ela não podia pagar, não entrasse na formatura. É uma questão de lógica. Cada um deve saber suas condições e suas limitações. Se não se cumprem regras, tudo se torna uma grande confusão.

Geraldo só observava a reação da amiga.

— É — respondeu Patrícia —, pode ser. Mas não gosto de radicalismo; é preciso primeiro saber os motivos e analisá-los. Afinal, uma formatura não é algo tão importante e fundamental que impeça a análise do caso e a possível solução. Isso pode acontecer com qualquer um de nós, e depois a Thaís sempre foi ótima aluna e amiga de todos. Isso não conta para você? Deve ter acontecido algo muito importante que a impediu de cumprir o compromisso.

— Ah! Não sei e também não quero saber. Cada um com seus problemas e suas soluções.

Geraldo, dirigindo-se a Patrícia, comentou:

— Você que sempre foi interessada e amiga de todos, Patrícia, tente saber o que está acontecendo com a Thaís. Posteriormente nos reuniremos e veremos o que se pode fazer.

— Claro, Geraldo, farei isso amanhã mesmo.

Despediram-se.

No dia seguinte, logo que chegou à faculdade Patrícia procurou por Thaís. Encontrou-a sentada no pátio, olhar perdido, como se estivesse ausente da vida à sua volta.

— Oi, Thaís!

— Oi, Patrícia!

— Posso me sentar a seu lado?

— Claro, claro que pode Patrícia, fique à vontade.

Somos todos aprendizes   37

— Thaís, perdoe-me a intromissão, mas noto que você anda muito pensativa, diria mesmo triste. O que está acontecendo, minha amiga? Posso ajudá-la?

Uma lágrima furtiva rolou pela face de Thaís.

— Não quero preocupá-la com os meus problemas.

— Deixe de bobagem, Thaís. Sou e sempre fui sua amiga; seus problemas me interessam e gostaria de poder ajudá-la. Confie em mim.

— Obrigada!

Como se estivesse criando coragem, Thaís respirou fundo e desabafou com a amiga.

— Minha família está cheia de problemas financeiros e de saúde, que acabaram por refletir na vida de todos nós, inclusive na minha formatura. Eu me sinto muito mal pelo julgamento que alguns colegas estão fazendo de mim.

— Você já levou ao conhecimento da comissão?

— Já!

— E o que lhe disseram?

— Que não podem fazer nada porque não seria justo com os outros alunos.

— Thaís, conte-me o que está acontecendo realmente.

— Meu pai está desempregado há seis meses. Ele havia guardado uma quantia para a minha formatura, pois sabia do meu sonho, que também era o dele e de minha mãe, de ver-me participando das festividades com os meus colegas. Ele não esperava que perderia o emprego. Como isso aconteceu, teve de lançar mão desse dinheiro para ir arcando com as necessidades urgentes da família. Para piorar a situação, minha avó, que mora conosco, sofreu um derrame cerebral e ficou presa a uma cama. Tivemos muitos gastos com ela, e ainda estamos tendo. Para que eu não ficasse devendo na faculdade, pelo fato de não termos como pagar, meu tio assumiu meus estudos e a quitou, mas daí a participar da formatura vai uma grande distância, Patrícia. Realmente não tenho como pagar.

— Quantas prestações faltam?

— Cinco! Veja, Patrícia, são cinco prestações; não tenho a menor possibilidade de pagar.

— Mas você gostaria de participar, Thaís?

— Claro! Meu sonho sempre foi dançar a valsa de formatura com o meu pai, que tanto se sacrificou para que eu estudasse e me formasse. Viver ao lado dos meus colegas a emoção de terminar meu curso com festa e alegria, comemorar o esforço de tantos anos de estudo; porém o que não tem remédio...

— Pode ser que tenha, Thaís.

— Como assim?

— Confie em mim, minha amiga; todos nós gostaríamos de tê-la conosco nesse dia tão importante. Tive uma idéia que pode dar certo.

— Qual, Patrícia?

— Depois você saberá. Vou correndo procurar o Geraldo e expor para ele. Vamos ver o que ele pensa.

Levantou-se apressada, apertando com carinho a mão da amiga como a dizer: "ânimo!". Saiu à procura de Geraldo.

— Então, o que acha da minha idéia?

— É ótima, Patrícia! — exclamou com entusiasmo. — Vamos convocar uma reunião, chamar o maior número possível de alunos, explicar a situação da Thaís e pedir a compreensão e a concordância em fazer um abaixo-assinado solicitando que Thaís continue a fazer parte da nossa formatura; temos de conseguir o maior número possível de assinaturas.

Geraldo e Patrícia não imaginaram que o apoio dos colegas seria quase unânime. Bernadete, ao assinar, questionara a validez de tal atitude.

— Assim é fácil — dissera. — Não sei se estão agindo certo.

— Mesmo que não concorde, assine, Bernadete — dissera-lhe Geraldo. — Faça seu primeiro gesto de generosidade.

Somos todos aprendizes   39

Como esperavam, a comissão fora sensível ao apelo da maioria dos formandos, e Thaís, feliz e radiante, fizera parte da tão sonhada formatura.

Seus pais, comovidos com o carinho dos colegas, daqueles jovens que dividiam com sua filha os sonhos e as expectativas de vida, assistiam a tudo com um doce sorriso nos lábios e grande agradecimento no coração.

CAPÍTULO IV

NASCE O AMOR

G eraldo e Bernadete passeavam cheios de alegria pelo parque da cidade.

O entusiasmo os dominava. Agiam como duas crianças que querem aproveitar tudo o que podem em algumas horas apenas. Comeram pipoca, tomaram sorvete e sentaram-se na grama em frente do lago para conversar, felizes. Nada naquele momento poderia quebrar a euforia que existia nos corações dos dois jovens.

Conheciam-se há vários anos; na verdade, desde o primeiro ano da faculdade. Consideravam-se amigos de verdade. Tão acostumados estavam um com o outro que Bernadete nem percebeu a intensidade do brilho dos olhos de Geraldo quando sentiu suas mãos tocarem as suas e apertá-las com força. Admirada, voltou-se para o amigo e lhe disse, tentando dar à sua voz um ar de brincadeira:

— Geraldo! Eu não entendo por que está fazendo isso!

Quando ia retirar suas mãos, Geraldo segurou-a e lhe respondeu sério:

— Por favor, Bernadete, não retire suas mãos nem diga nada. Ouça-me apenas: eu a amo!

Bernadete mal podia disfarçar sua enorme surpresa.

— Você o quê?

— Eu a amo — repetiu Geraldo pausadamente e visivelmente emocionado.

— Mas somos amigos, Geraldo.

— Minha amizade por você transformou-se em amor, Bernadete. Lentamente, sem que eu nada fizesse para que isso acontecesse. Foi tão natural que, ao me dar conta, não podia mais controlar meus sentimentos; meu coração já lhe pertencia.

— Por que não me disse antes?

— Porque não achei ser o momento adequado. Estávamos envolvidos com exames finais, formatura, preocupações, ansiedade; enfim, preferi esperar o momento propício, quando estivéssemos sozinhos, despreocupados e felizes. Acho que o momento é este.

Bernadete não sabia o que responder. Estava confusa. Nunca esperara ouvir de Geraldo uma declaração de amor. Olhava-o e não sabia o que dizer.

— Você não sente nada por mim?

— Geraldo, não vou dizer que você me é indiferente, porque não é. Tenho um sentimento muito forte por você, gosto de estar a seu lado, ouvi-lo me faz bem, me traz tranqüilidade e segurança, contudo, não sei se isso é amor. Acostumei a vê-lo como um amigo muito querido. Preciso de tempo para conhecer meus sentimentos.

Uma sombra de tristeza passou pelo olhar de Geraldo.

— Mas já é um bom começo — respondeu o rapaz. — É sinal de que posso ter esperanças. Posso?

Bernadete passou delicadamente as mãos no rosto de Geraldo fazendo-lhe um carinho.

— Pode, pode sim. Eu seria uma louca se não me apaixonasse por você.

— Posso considerá-la minha namorada?

— Claro que sim. Por que não?

O coração de Geraldo batia acelerado de tanta felicidade. Aproximou-se mais de Bernadete e delicadamente deu-lhe um beijo, completando em seguida:

— Seremos felizes. Tenho toda a paciência do mundo, esperarei o tempo que for necessário para ouvi-la dizer que me ama.

— Não será preciso esperar tanto tempo, Geraldo. Preciso apenas conhecer melhor a mim mesma para poder me entregar inteira ao amor que você merece e ao qual tem direito.

— Como assim, Bernadete? Não entendi.

— Geraldo, nesses três meses que estamos formados fui trabalhar no escritório de um amigo de meu pai, Dr. Joel. É um advogado muito bem conceituado, muitos clientes, enfim, com uma estrutura de muitos anos de trabalho. Como sua secretária trabalhava Lenice, uma moça de 24 anos, solteira e mãe de uma menina de cinco.

— Continuo não entendendo, Bernadete. O que tem isso a ver com você?

— Calma, você entenderá. Lenice deixa sua filha na escola em período integral pois não tem quem possa cuidar dela. A menina sai da escola às dezessete horas, e o horário de ela sair é às dezoito e trinta. Dificilmente o Dr. Joel está no escritório nesse horário. Lenice então sai, busca sua filha e volta trazendo a menina, que fica no escritório até a saída da mãe.

Geraldo não precisava ouvir mais nem uma palavra. Entendera o que Bernadete fizera.

— Por favor, querida, diga que o que estou pensando não é verdade!

— Sinto muito, Geraldo, mas é verdade. Não acho esse procedimento de Lenice certo nem justo com o Dr. Joel. Ela estava sendo paga para servir ao escritório e aos interesses do seu patrão, deveria respeitar o horário de trabalho e saber que

Somos todos aprendizes   43

escritório não é creche, é um lugar de trabalho onde se decidem questões importantes.

— Aí você foi até o advogado e contou o que Lenice fazia, não foi isso?

— Claro! Falei apenas a verdade; nada que não fosse a verdade. Que ela saía às dezesseis e quarenta e cinco e só retornava às dezessete e vinte, deixando a recepção sem ninguém e trazendo consigo a filha.

— Pelo amor de Deus, Bernadete, em que essa secretária prejudicava o escritório ou seu patrão?

— Geraldo, é uma questão de saber seus limites e respeitar a lei do trabalho.

— Você pode entender a lei do trabalho na concepção do homem, mas não na de Deus.

— Como assim?

— Na concepção de Deus, a lei do trabalho não anula a lei da caridade. Todas as leis divinas andam juntas; são coerentes entre si porque foram criadas pelo Ser Maior, que é o Criador do Universo. No entanto, diga-me: o que fez o Dr. Joel?

— Por incrível que possa parecer, nada. Conversou com ela, tomou conhecimento do seu problema e entrou em um acordo. Teria trinta minutos para sair e buscar sua filha e, para não deixar nenhum assunto pendente, passaria a sair às dezenove horas, compensando assim o tempo que se ausentava.

— Bernadete, você consegue entender o significado disso tudo, dessa generosidade do advogado? Ele foi coerente com as duas leis que acabei de mencionar: a do trabalho e a da caridade. Ele foi compreensivo com a necessidade de sua secretária e resolveu da forma mais sensata. Nem ele, nem o escritório, nem ela perderam coisa alguma porque tudo foi resolvido dentro do bom senso e da sensibilidade que levou à compreensão.

— Mas não é certo, Geraldo. As pessoas têm de assumir

os seus atos, pensar antes, avaliar as conseqüências. Se relevarmos tudo, jamais aprenderão.

— Você precisa avaliar os seus conceitos, Bernadete. Agir da maneira como pensa, ser tão enérgica com os erros dos outros, exige que não se erre nunca, não se vacile jamais, não se confunda em momento algum. Quem pode afirmar que nunca se equivocou? Nosso coração precisa se abrandar com o amor fraternal e isso só se consegue a partir do momento que colocamos Deus dentro dele.

Bernadete começou a chorar. Entre soluços, contou a Geraldo:

— Eu sei o que quer dizer, preciso procurar Deus. Você me disse isso várias vezes, assim como os meus pais. É por isso que lhe disse que só posso entregar meu coração a você quando aprender a conhecer a mim mesma.

— O que pretende fazer?

— Estive conversando com meus pais, disse-lhes que pretendo fazer uma viagem, ir em busca de mim e de Deus.

— Querida, não precisa ir longe para encontrá-Lo, Ele está aqui, agora, junto de você, junto de nós.

— Não consigo enxergá-Lo, não consigo entender o que vocês me dizem, não vejo mal algum em querer ser justa e certa.

— Justos devemos ser o tempo todo, mas certos em todas as ocasiões jamais estaremos, pelo simples fato de sermos ainda muito imperfeitos para nos considerarmos donos da verdade.

— Já me decidi. Vou viajar, sim, Geraldo, preciso desse tempo para mim mesma, preciso me conhecer, preciso conhecer Deus.

— E nós?

— Quando eu voltar, se ainda estiver disposto e se seu amor por mim ainda existir, estarei pronta para lhe dar um amor sincero, o amor que merece, porque de certa maneira estarei em paz comigo, sem esses conflitos que me perturbam tanto.

Somos todos aprendizes   45

— Não duvide do meu amor; estarei à sua espera. Sabe para onde vai e quanto tempo ficará fora?

— Não sei ainda, porém com certeza onde puder estar mais perto da natureza. Não é lá que Deus mora?

— Isso você vai ter de descobrir sozinha, Bernadete, e, acredite, irá se surpreender.

Dizendo isso, abraçou-a e deu-lhe um beijo ardente.

— Estarei à sua espera, sempre!

— Promete?

— Prometo!

Enquanto Bernadete fazia o desjejum, Aurora conversava com a filha, preocupada que estava com essa viagem que Bernadete teimava em realizar.

— Filha, você tem certeza do que pretende fazer?

— Claro, mãe!

— Acho tão perigoso você viajar sozinha. Por que não convida o Tiago para acompanhá-la? Seu pai e eu ficaríamos bem mais tranqüilos.

— Levar o Tiago? Nem me ocorreu essa possibilidade.

— Pois pense, minha filha. Terá companhia e se sentirá mais segura pelo fato de não estar sozinha.

— Mas e os estudos dele?

— Daqui a vinte dias terão início as férias; é só esperar mais um pouco.

— Pode ser que a senhora tenha razão. Falarei com ele.

— Faça isso!

Assim que Tiago retornou do colégio ela o procurou.

— Tiago, você já sabe que estou para fazer uma viagem, não é? Gostaria de saber se você não quer ir comigo.

— Viajar agora? E o colégio?

— Espero o início das férias e iremos juntos. O que acha?

— Acho legal, embora não tenha dinheiro.

— Eu e sua mãe daremos a vocês o necessário.

— Pai! — exclamaram os dois irmãos ao mesmo tempo.

— Sim. Se é importante para você, Bernadete, se julga mesmo necessário sair de casa para encontrar o seu eu, conhecer a si mesma, se ver como uma criatura de Deus e poder abrandar seu coração na benevolência, construindo uma vida mais feliz e harmoniosa, sua mãe e eu respeitaremos a sua vontade.

— Pai, pode parecer bobagem para você, mas para mim é, sim, muito importante. Não tenho a fé e a força de vocês, vejo tudo pelo lado palpável, objetivo, explicado pela ciência e pelas leis civis; tenho dificuldade em perceber o que para vocês é natural.

— Não se torture, minha filha. Vá com o Tiago, faça o que quiser, mas não anule nenhuma oportunidade de fazer seus olhos enxergarem e seu coração sentir. Dê uma potência mais profunda aos seus sentidos, veja e sinta o que eles, com certeza, irão lhe mostrar.

Tiago, que até então ficara fora da conversa, surpreendeu-se com o que ouvira.

— Espera aí, Bernadete, se entendi direito você está viajando para ir à procura de Deus?! É isso?

— Claro, Tiago. Se todos me dizem que tenho ausência de Deus no coração, e se eu não O encontro aqui, em algum lugar diferenciado Ele deve estar.

— Não acredito, minha irmã. Pensei que seria uma viagem de férias até que pegasse firme no trabalho, mas pelo visto me enganei, certo?

— Certíssimo. Então, vai me acompanhar?

— Vou! Mas enquanto você viaja para ir à procura de Deus, eu levo "Ele" comigo, OK?

— OK. Isso é um assunto seu.

— Para onde pretende ir? Já se decidiu?

— Não, pai, não me decidi ainda. Pensei em São Tomé

Somos todos aprendizes

das Letras, dizem que a cidade tem uma energia muito forte; ou então fazer o trajeto de Santiago de Compostela, a solidão poderá levar-me ao que aspiro. Dizem que quem faz esse caminho nunca mais volta a ser a mesma pessoa; ainda tem Machu Picchu, no Peru. O que me aconselha, pai?

— Para lhe dizer a verdade, não sei, filha. Nunca precisei ir tão longe para encontrar o meu Criador; procurei-O no lugar mais simples e mais perto e, acredite, consegui encontrá-Lo.

— Que lugar é esse, pai?

— O meu coração, filha, é exatamente no coração que devemos procurá-Lo.

Bernadete se irritou. Ia retrucar quando João aproximou-se mais da filha e abraçou-a ternamente, dizendo-lhe:

— Não se zangue nem fique irritada. Nem sempre todos tomam a mesma condução para ir ao mesmo destino; o que importa, de verdade, é chegar ao destino mais cedo ou mais tarde. O tempo do aprendizado não é igual para todos, cada um tem o seu tempo e deve se respeitar.

— Tá certo, pai.

— Muitas vezes o conflito que travamos entre coração e razão leva-nos a decisões pensadas, compreendidas e acertadas. Se o conflito existe é porque um ou outro está falando mais forte, e é importante definir, filha. O caminho está aqui, na vida, mas só deixa pegadas aquele que caminha. Vá, filha, Jesus irá protegê-la.

— Mais uma vez obrigada, pai.

Beijaram-se e cada um inundou seu próprio coração de esperanças.

CAPÍTULO V

A VIAGEM

O grande dia, esperado com muita ansiedade por Bernadete, finalmente chegou. Em meio a muitos abraços, beijos e recomendações, os dois irmãos despediram-se de seus pais e seguiram em direção ao sonho de Bernadete.

O destino na realidade era uma grande incógnita. Nem ela própria sabia para onde ir ou por onde começar. A única certeza que possuía era quanto ao seu objetivo: encontrar o Criador, vivenciar em seu coração o que todos diziam sentir e que ela desconhecia, ou seja, a presença de Deus.

O carro deslizava pela rodovia cortando a estrada. Bernadete optara por uma cidade pacata e interiorana na qual acreditava que encontraria a resposta para aquilo que a atormentava há tanto tempo.

O rádio do carro trazia-lhes companhia com a música barulhenta, a preferida de Tiago. Bernadete, irritada com o ritmo da canção, disse meio ríspida ao irmão:

— Tiago, você não poderia trocar de estação ou pelo menos baixar um pouco o volume?

— Calma, Bernadete, sem estresse. Afinal, estamos em férias. Música é alegria.

— Eu sei, meu irmão, eu sei! Mas se estamos viajando com um único propósito é imprescindível que a gente se prepare para isso.

— Ei, espere! Eu não comungo desse seu propósito; isso é coisa sua. Já disse e repito: o que tanto procura eu já encontrei e está aqui comigo, agora, sempre esteve e sempre estará, inclusive nos momentos em que ouço minhas músicas.

— Comigo é diferente. Preciso me preparar, me concentrar, e a sua música alta tira toda a minha concentração.

Tiago mal podia acreditar no que ouvia. Com paciência, disse à irmã:

— Bernadete, você não precisa se concentrar tanto; basta apenas sentir. Se continuar preocupada dessa maneira não conseguirá perceber quando seu coração for tocado por Ele. Você consegue entender?

— Mais ou menos! Bem, deixa para lá. Continue com sua música do jeito que gosta. Vou prestar atenção na estrada.

O silêncio se fez entre os irmãos. A alegria de Tiago não conseguia superar a rigidez de racionalidade de Bernadete. Todos os seus sentimentos eram alicerçados no que ela julgava ser lógica e prudência. Para ela não existia o pensamento popular de que o "coração tem razões que a própria razão desconhece". Por conta disso, somente valorizava a razão, e por ela brigava. Só aceitava o que era explicado pela ciência, o que era palpável, objetivo, e o que estava dentro dos padrões da sua lógica.

— Bernadete, vamos parar um pouco para tomar uma água e esticar as pernas.

— Tudo bem! No primeiro posto eu paro.

Assim que desceram do carro escutaram um vozerio que vinha de dentro do restaurante. Dirigiram-se ao local e notaram uma senhora pobremente vestida, rosto magro e pálido, segurando pelas mãos duas crianças que, pela fisionomia que ostentavam, mostravam claramente a desnutrição que sofriam. Sem piedade, o responsável pelo estabelecimento agredia-a com palavras duras, cruéis e desumanas. Por mais que a senhora tentasse se defender, sua voz não se fazia ouvir. As crianças, assustadas, choravam. Tocado pela generosidade que lhe era peculiar, Tiago aproximou-se e educadamente perguntou o que estava acontecendo.

— Esta senhora pediu dois copos de leite e dois pães e deu para estas crianças comerem. Quando apresentei a conta, disse-me simplesmente que não tinha dinheiro para pagar.

— Meus filhos estão com muita fome! — exclamou a mulher. — Não temos nada para comer. Como não tenho o costume de roubar, resolvi pedir para aliviar um pouco a fome deles. Porém não tenho dinheiro para pagar, senhor. Não tenho mesmo. Se eu dissesse que não tinha, com certeza ele não me daria o que pedi.

— Por que não vai trabalhar? — gritou o homem, já bastante irritado.

— É o que mais quero, mas não consigo arrumar serviço por estas bandas. Não posso mais suportar ver meus filhos chorando de fome. Se o senhor puder arranjar algum trabalho para mim, qualquer um, ficarei muito agradecida. Faço todo tipo de serviço.

— Além de tudo é atrevida! Acha mesmo que vou dar emprego para uma maltrapilha?

— Estou maltrapilha porque não consigo arrumar serviço e não tenho nada, nem o que comer, nem o que vestir. Não sou maltrapilha porque quero, mas porque ninguém me dá uma chance.

— Não é problema meu! — gritou mais alto ainda o homem, completamente alterado. — Quero apenas que me pague o que me deve e, se não pode pagar, por favor saia do meu restaurante.

Sem conter sua indignação, Tiago aproximou-se mais e respondeu:

Somos todos aprendizes   51

— Por favor, senhor, quanto a senhora lhe deve? Eu pago.

Bernadete puxou o irmão pelo braço, dizendo:

— Não faça isso, Tiago, ela está errada. Se não tinha como pagar não devia ter pedido nada.

— E deixaria seus filhos à míngua, Bernadete? Ela não roubou, só pediu, e basta olhar para estas crianças para ver que estão famintas.

Sem dar maior importância à irmã e ao espanto do dono do restaurante, continuou:

— Minha senhora, sente-se em uma destas mesas e almoce com seus filhos. Sua despesa fica por minha conta.

— Eu agradeço, mas não podemos sentar nestas mesas. Veja nosso estado.

— Não me importa o seu estado, mas a sua necessidade, a fome que sente e o sofrimento de ver seus filhos nessa situação. E depois este restaurante não está tão limpo assim que não possa recebê-la. Por favor, aceite!

Bernadete continuava perplexa.

— Não acredito no que você fez, Tiago. Passou por cima da autoridade do dono do restaurante e usou o dinheiro que papai nos deu com uma desconhecida que não tem onde cair morta. É dar força para que ela continue assim, fazendo esse tipo de coisa.

— Quanto ao dono deste restaurante, ele necessita aprender a tratar as pessoas com mais humanidade; em relação ao dinheiro que nosso pai nos deu, tenho a plena certeza que tanto ele quanto nossa mãe agiriam da maneira como agi; quanto a dar força para ela, acredite, ninguém consegue raciocinar com o estômago vazio e faminto, sabe-se lá há quantos dias. Minha irmã, está tão perto do que procura e não consegue enxergar. Como se comportaria se estivesse no lugar dela? Pediria ou roubaria? Talvez você roubasse. Não sabemos nossa reação diante do infortúnio, da dor, da fome ou da miséria. Por tal razão, não é certo julgar.

O mais prudente é compreender, e dentro dessa compreensão ajudar e orientar na medida do possível, sem humilhar mais aquele que já se sente humilhado. Quem possui um trabalho, por mais humilde que seja, deve agradecer a Deus porque sempre terá um feijão para comer.

— Falando assim, até parece ter razão.

Tiago sorriu. Ao saírem, a pobre mulher se aproximou e lhe disse:

— Obrigada. Jamais o esquecerei. Que Deus o ajude.

Continuaram a viagem. Após mais duas horas de estrada entraram na cidade. O coração de Bernadete bateu mais forte. Na sua ingenuidade ou ignorância espiritual imaginava encontrar o que queria na primeira esquina. Acomodaram-se em uma pequena pousada. Refrescaram-se, comeram algo e saíram para conhecer o lugar, aliviando assim a tensão de Bernadete.

Enquanto Tiago se distraía, olhando tudo à sua volta com uma despreocupação invejável, Bernadete olhava as pessoas e as lojas com o coração tenso, como se estivesse esperando que algo fantástico acontecesse na próxima esquina. Mal conseguia dominar sua expectativa.

Chegaram a uma praça graciosamente florida. Sentaram-se em um banco e cada um admirava o local da sua maneira. Tiago agradecia ao Criador toda a beleza que podia desfrutar e Bernadete olhava, analisando tudo como se esperasse encontrar um sinal que despertasse em si a crença de que de fato existia algo muito maior, algo que sua razão relutava em aceitar.

— E aí, minha irmã, como se sente? Parece-me cansada.

— Ah, não sei, Tiago. Pergunto-me se o que estou fazendo vale mesmo a pena. Estou mesmo cansada, a viagem, a expectativa, sei lá. Vamos ver o que acontece.

— Quer tomar um sorvete?

— Boa idéia. Vamos.

Dirigiram-se a uma sorveteria bem no centro da pracinha.

Somos todos aprendizes 53

Acomodaram-se em uma mesa bem próxima a um grupo de rapazes e moças que conversavam animadamente.

— Então, vamos amanhã com a turma — falou um deles.

— Vocês vão gostar. Não foi para isso que vieram?

— Claro — respondeu uma garota aparentando mais ou menos dezoito anos.

— É verdade — considerou o rapaz que estava a seu lado.

— Então está bem — disse Carlos animado. — Estejam aqui pontualmente às nove horas; o chefe do grupo não gosta de atrasos.

Dizendo isso, Carlos, que já tinha notado a presença de Tiago e Bernadete, aproximou-se deles e, comportando-se como se os conhecesse há muito tempo, perguntou:

— Olá! Vocês não querem se juntar a nós e ir também?

Tanto Tiago como Bernadete admiraram-se com a naturalidade com que Carlos os interpelava.

— Ir aonde com vocês, pode-se saber?

— Ora, mocinha, no lugar que, imagino, você estão a fim de ir.

— Que lugar é esse e o que se faz lá?

— Todos falam isso no início. Fica fria, não tem perigo, todos estão a fim da mesma coisa. Sacou?

— Não, não saquei. Poderia explicar melhor, ser mais claro?

— Amanhã vamos nos encontrar com a turma aqui do pedaço. Está vendo aquelas montanhas?

— Estou.

— É lá, bem no topo, que iremos. A paisagem é linda! — exclamou ironicamente Carlos.

— E fazer o quê? —perguntou Tiago.

— Navegar! Fazer o que todos que vêm pra cá pretendem fazer: navegar!

— Navegar?!

— Sim! Entrar em contato com os seres de outra dimensão, de outro planeta, enfim, sentir a grande energia do Universo.

Bernadete ficou boquiaberta.

— É isso que procuro — pensou.

Olhou para o irmão, demonstrando com os seus olhos ansiosos o desejo de experimentar essa emoção. Tiago sentiu toda a vontade da irmã. Aproximou-se mais do seu rosto e disse-lhe quase em um sussurro:

— Não acha perigoso, Bernadete?

— Temos de tentar, Tiago. Se fiz esta viagem para isso, não posso ter medo de nada. Quero conhecer tudo. Pode ser que esteja aí a minha resposta.

— Está bem, você é quem sabe. Sou apenas seu acompanhante. Vamos tentar.

Objetivamente perguntou:

— Quanto fica?

— Eles cobram 50 reais cada um. Como vocês são em dois, eles deixam por 70 reais.

— Tudo bem — respondeu rapidamente Bernadete, sem dar chance a Tiago de questionar.

— Estejam aqui amanhã neste mesmo lugar, às nove horas em ponto. Vamos nos encontrar com o grupo que promove essa reunião para os turistas. Como já disse para os outros, não se atrasem.

— Estaremos aqui.

Afastaram-se. Tiago, sem esconder seu descontentamento, falou à irmã:

— Não estou gostando nada disso.

— Por quê?

— Não sei explicar. Alguma coisa me incomoda e não sei direito o que é. Parece-me que tudo isso não faz muito sentido.

— Relaxa, Tiago. Se a gente não gostar, iremos embora.

Somos todos aprendizes 55

— É, pode ser. Não acredito nesses encontros, nessas práticas, enfim, tenho receio de que isso não passe de um tremendo embuste.

— Amanhã a gente fica sabendo. Se acharmos melhor, nos separamos deles e voltamos.

— Tudo bem. Você é maluca mesmo, minha irmã. Gastar tanto dinheiro para algo que, sou capaz de apostar, não irá trazer benefício algum.

— Por que tem tanta certeza disso, Tiago?

— Porque as coisas que nos trazem felicidade real não vêm de fora, nós as encontramos no interior, sozinhos, aprendendo a conhecer a palavra de Jesus e trazendo virtudes para nossa alma.

— Tenha dó, Tiago, você é muito novo para ficar falando como um fanático que coloca religião em tudo o que faz.

— Não sou nem quero ser um fanático. Quero apenas seguir meu caminho da maneira mais equilibrada e sensata possível. Isso só eu posso fazer por mim. No entanto, não quero me indispor com você, mana. Vim para lhe fazer companhia e é exatamente o que pretendo fazer, estar com você em todos os momentos.

Bernadete se emocionou. Aconchegou-se junto ao irmão e disse-lhe com carinho:

— Obrigada, Tiago. Em alguns momentos você parece ser mais velho do que eu, acho mesmo que parece mais sábio. Eu lhe quero muito bem, meu irmão.

Foi a vez de Tiago se emocionar. Beijou Bernadete com real carinho.

Retornaram à pousada para descansar e se preparar para o dia seguinte.

CAPÍTULO VI

Passeio perigoso

Na hora combinada, lá estavam Tiago e Bernadete. Ao contrário do irmão, que não se deixava impressionar com coisas que para ele não tinham a menor importância, Bernadete mal podia controlar a ansiedade que dominava seu coração.

Em pouco tempo todo o grupo estava reunido.

Os dois irmãos estranharam a maneira como se vestiam — com total desleixo. Cada um portava uma mochila que trazia nas costas. Falavam tanta gíria que Tiago, em tom de chacota, perguntou à irmã se eles estavam falando português.

— Não caçoe, Tiago. Isso é coisa séria e não devemos levar na brincadeira. É necessário que a gente se concentre para que possamos entrar na mesma sintonia que eles.

Tiago, mal acreditando no que acabara de ouvir, perguntou à irmã:

— Por favor, Bernadete, você não está mesmo acreditando que estas pessoas vão conseguir contatar ou ensinar alguém a se comunicar com uma espiritualidade superior, está?

— E por que não, Tiago?

— Minha irmã, não seja tão ingênua, tão crédula a ponto

57

de não questionar. Ainda mais você, que é sempre tão severa com essas questões, ou, melhor dizendo, com todas as questões. Sempre certa, adepta do julgamento precipitado e mesmo preconceituoso. Não posso crer que esteja realmente envolvida com a *performance* dessas pessoas, que é, no mínimo, ridícula.

— Tiago — Bernadete falou calmamente —, qual o motivo pelo qual estou fazendo esta viagem? Não foi para tentar resolver meus problemas internos? Preciso estar atenta a tudo o que acontece em redor.

— Está certo, minha irmã, faça como quiser.

Subiram em um microônibus que os levaria até o pé da serra, de onde prosseguiriam o restante da caminhada a pé. Um rapaz, cuja aparência não causava boa impressão, aproximou-se e perguntou-lhe:

— Vocês não trouxeram nada?

Tiago e Bernadete trocaram um olhar indagador e Tiago respondeu-lhe de pronto:

— Não. Não trouxemos nada. Era preciso trazer alguma coisa?

— Mas nem o necessário?

— Não! — repetiu.

O rapaz, de nome Plínio, estranhou um pouco; porém, dando de ombros, exclamou:

— Tudo bem. A gente arruma para vocês e na próxima vez vocês devolvem.

Após vinte minutos deixaram o ônibus e iniciaram a subida da serra.

No decorrer do caminho encontraram vestígios de outros grupos que ali tinham estado. Tiago não gostava nem um pouco do que via. Começava a ficar preocupado, muito mais com a irmã do que com ele próprio, mas sabia que nada que falasse tiraria Bernadete do propósito de ir até o fim.

O caminho era de difícil acesso devido às grandes pedras

existentes em uma trilha estreita e perigosa. Em contrapartida, a beleza da natureza encantava a todos que ali passavam. Depois de uma caminhada de mais ou menos uma hora, chegaram ao topo da serra. De onde estavam podiam avistar um panorama realmente maravilhoso. A cidade vista do alto era encantadora.

Tiago, admirando toda aquela majestosa paisagem, pensou consigo: "Meu Deus, por que minha irmã sente tanta dificuldade em encontrá-Lo? Por que não consegue percebê-Lo no maior e no menor canto do Universo? Por que é tão difícil para ela aceitar que na realidade respiramos porque o Senhor assim deseja? Eu sei que onde houver o amor e a dor o Senhor ali estará, porque é o Pai da vida e do Universo infinito e, sendo Pai e Criador, não deixa nenhum de seus filhos desamparados".

— Tiago, em que está pensando? — perguntou Bernadete. — Você está ausente e nem escuta as orientações de Plínio.

— Desculpem-me, entreguei-me a observar esta fantástica paisagem que não me dei conta de mais nada.

— Tudo bem — disse Plínio. — Agora vamos ao que realmente interessa.

Seguindo as instruções de Plínio todos se acomodaram, sentando-se em forma de círculo.

— Esvaziem as mochilas colocando tudo que trouxeram no centro. Você, Carlos, fique no centro e arrume tudo como de costume, de modo a facilitar o manuseio na hora adequada.

Assim foi feito.

Tiago de imediato percebeu o que realmente aconteceria ali e, preocupado, disse baixinho à irmã:

— Vamos embora, minha irmã, enquanto é tempo. Isso aqui é muito perigoso.

— Fique quieto, Tiago. Vamos ver primeiro o que acontece.

— Por favor, fiquem quietos e se concentrem — ouviu-se a voz de Plínio. — Fechem os olhos e prestem atenção em tudo o

Somos todos aprendizes 59

que eu disser sem se preocupar uns com os outros. Façam tudo o que pedir; vamos iniciar o contato com os extraterrestres, é importante que sigam minhas instruções se quiserem encontrar dentro de vocês a divindade que vieram procurar. Repitam as palavras da oração que direi e logo após iniciaremos a grande viagem rumo ao Cosmo.

Plínio começou a dizer palavras que, para Bernadete, soavam desconexas. Evocou espíritos para que os levassem para a grande viagem e dizia estarem todos preparados para o esperado encontro. Pedia ao grupo que fizesse gestos e dissesse palavras bizarras, sem nenhuma conotação de seriedade.

Tiago prestava atenção a tudo. Preocupava-se com sua irmã.

Em determinado momento, aproximadamente trinta minutos após o início do ritual, Plínio colocou nas mãos de cada integrante do grupo um comprimido de droga. Tiago, ágil, retirou das mãos de sua irmã o comprimido e, junto com o seu, atirou-o longe. Apertou a mão de Bernadete e sussurrou-lhe:

— Fique quieta!

Bernadete sentiu medo. Obedecendo ao irmão permaneceu quieta e em silêncio. Não ousava dizer uma única palavra.

Tiago estava horrorizado, assustado e sem saber como faria para saírem dali. Após o primeiro comprimido veio outro. Sabia que dentro de muito pouco tempo todos estariam drogados, fora de controle e cometendo as maiores loucuras em nome de uma viagem ilusória e de uma prática escabrosa. Não demorou muito e todos se levantaram, dançando loucamente, gesticulando alucinados e completamente fora da própria realidade. Alguns não suportavam e jaziam caídos no chão, outros se despiam com os olhos esbugalhados e rosto contorcido.

Bernadete estava paralisada com o que presenciava. Tiago entrou em prece e pediu ajuda aos amigos espirituais que trabalhavam no Centro que freqüentava com assiduidade. Não largava a mão de sua irmã que, atônita, não conseguia apresentar reação alguma.

Jacob aproximou-se de Tiago e amorosamente inspirou-lhe dizendo:

— Filho, preste atenção e poderá visualizar os espíritos aqui presentes. Conseqüentemente, perceberá o que irá acontecer dentro de poucos minutos.

Tiago registrou o pensamento de Jacob. Elevou o pensamento a Jesus, pediu amparo e permissão para que pudesse perceber a espiritualidade ali presente.

Não demorou e pôde observar espíritos dementados colados naquelas pessoas imprudentes. Homens e mulheres que se entregavam aos desvarios das drogas. Entidades femininas instigavam as mulheres, por meio de sugestões dominadoras, a se despirem e se entregarem aos homens, prostituindo-se no afã incontrolável de "viajar" e satisfazer desejos vis. O ar tornara-se pesado, cinzento, contrastando com a beleza material do lugar. Quem pudesse, veria e escutaria as gargalhadas sinistras e cruéis de espíritos afins àqueles jovens inconseqüentes e levianos, que se entregavam ao consumo da droga sem sequer imaginar o mal que faziam a si próprios, danificando seu corpo físico e perispiritual.

Tiago estava perplexo.

— Irmão Jacob — pensou —, oriente-me a respeito do que devo fazer. Precisamos sair daqui, mas tenho receio de represálias. Ajude-nos.

Amorosamente Jacob respondeu-lhe:

— Permaneça com o seu pensamento em Jesus. Confie na misericórdia divina e afaste-se deste lugar levando sua irmã. Não olhe para trás; mantenha-se em oração e não desvie seu pensamento do Divino Amigo. Irei acompanhá-los até um lugar seguro.

— Obrigado, querido amigo — pensou Tiago. — Proteja minha irmã.

— Converse com ela e mostre-lhe a inutilidade dessa

Somos todos aprendizes 61

busca sem propósito ou justificativa. Deus está em toda parte, principalmente em nosso coração.

Obedecendo a inspiração de Jacob, Tiago pegou Bernadete pela mão, pediu-lhe silêncio e calma, e discretamente foi se afastando do grupo, o qual nenhuma importância deu a eles devido às alucinações que sofriam.

Desceram a serra com cuidado para evitar acidentes, pois perceberam o quanto era difícil a descida. Iam em total silêncio. Não se atreviam a dizer uma única palavra, como se isso pudesse prejudicá-los, agravando a situação estressante que viviam. Tiago, consciente do benefício recebido, continuava com o pensamento voltado para o Pai Maior. Registrava ainda a presença do querido Jacob e, por conta disso, sentia-se mais seguro.

Bernadete, ao contrário do irmão, experimentava a decepção e, imprudentemente, abrigava em seu coração a descrença. Falava consigo: "É, acho que tenho mesmo razão. Esse negócio de sentir a presença de Deus dentro de nós não procede. Isso é realmente uma crença e, na verdade, ninguém pode dizer onde ela começou. Se fosse verdade, ninguém precisaria se drogar, chegando mesmo a se prostituir para conseguir encontrá-Lo. Se é mesmo assim que isso acontece, prefiro ser como sou, prática, objetiva e absolutamente racional. Esse negócio de religião é fantasia. Talvez seja melhor retornar a minha casa e esquecer o assunto".

Decorrido muito tempo de caminhada chegaram ao pé da serra. Sentaram-se para descansar. Tiago agradeceu a Jacob a proteção recebida, e Bernadete, não suportando mais a tensão, cobriu o rosto com as mãos e chorou.

— O que foi, Bernadete, por que chora?

— Você ainda pergunta? Acabei de presenciar cenas as mais grotescas. Vi chegar ao fim o meu sonho, logo no início, no meu primeiro dia de viagem, e você me pergunta por que choro? Ninguém poderá dizer que não tentei!

— Por que seu objetivo chegou ao fim? Isso não faz sentido, minha irmã!

— Ora, por quê? Se esta é a maneira de se chegar a Ele, prefiro voltar para casa e continuar minha vida como sempre foi.

— Bernadete, você está fazendo juízo precipitado. Não se pode avaliar nada sem antes compreender a lição que nos é apresentada. Isso que aconteceu foi uma lição da qual devemos tirar proveito e aprendizado.

— Ora, Tiago, você é um sonhador. Que lição é essa? O que você está inventando agora?

— Não estou inventando nada! Por que caímos nesta armadilha? Por causa da imprudência. Por querer ir com muita sede ao pote, sem questionar. Deixamo-nos levar pela precipitação. Chegamos em um lugar que não conhecemos, agrupando-nos com pessoas que nunca vimos e aceitamos sugestões sem sequer checar a fonte de onde vinham, se eram verdadeiras ou falsas. A culpa foi nossa. Nós fomos os imprudentes. Pagamos sem questionar, não nos informamos sobre a credibilidade de Plínio.

Bernadete ficou pensativa.

— É, você tem razão. Não sei como fui cair neste engodo. Sempre questiono tudo e, no entanto...

— No entanto, se for inteligente, irá perceber que não se pode ser muito duro nem radical com os erros e as fraquezas alheias. Todos somos passíveis de erros e fraquezas. Você possui cultura, inteligência e discernimento; entretanto, enganou-se igual a tantas outras pessoas.

Bernadete lembrou de D. Dirce e sua filha Margarida. Como tinha sido dura e incompreensiva. Julgara com precipitação e severidade o erro da menina, uma adolescente ainda, e agora era ela quem se enganara, apesar de todo seu conhecimento e controle. Timidamente perguntou ao irmão:

— Por que Deus permite esses desvarios? Não posso entender.

Somos todos aprendizes 63

— Minha irmã, Deus respeita as leis que Ele mesmo criou. Deu-nos o livre- arbítrio. Fazemos tudo que queremos, mas pagaremos caro por todos os nossos erros, enganos e maldades. Tudo será cobrado na mesma proporção do estrago que provocamos no próximo e em nós mesmos.

Bernadete permaneceu pensativa. Refletia sobre si mesma, suas atitudes que todos questionavam. Lembrou-se de seus pais e do quanto eles a amavam. Seu coração inundou-se de saudade. Sem esforço lembrou-se de Geraldo e sentiu saudade também do querido amigo. "Amigo...", falou a si própria. "Acho que ele é muito mais que um amigo para mim, ou melhor, agora tenho certeza que o amo. Espero que ele não tenha desistido de mim."

Voltando à realidade que vivia, dirigiu-se a Tiago.

— Tiago, esclareça-me uma coisa: vocês vivem me dizendo que preciso aprender a amar tudo, ser mais compreensiva, enfim, todas essas coisas que você já sabe. Agora eu questiono: para quê? Para viver a decepção que vivo, é isso?

— Minha irmã, Deus nos deu um coração com capacidade para amar a tudo e a todos; quando descobrimos isso conquistamos a felicidade, nossa e do nosso próximo. Contudo é importante que tenhamos também capacidade para discernir, separar o bem do mal. Para que se possa conseguir isso é necessário ter cautela no julgamento, avaliar as conseqüências, se são boas ou más; se as atitudes e as práticas que nos apresentam são coerentes, equilibradas, e se estão dentro das leis divinas. Como já disse, entramos nesta prática sem nenhuma cautela, precipitadamente, e nos machucamos.

— Vendo-o falar assim até parece que é mais velho do que eu — exclamou Bernadete.

— Minha irmã, a diferença que existe entre nós dois é apenas esta: eu creio mais nas leis divinas, e você, nas leis dos homens.

— E o que o faz ter tanta certeza de que as leis divinas são as mais certas?

— A justiça, a coerência, a lógica, o amor e principalmente a fonte da qual elas vieram: de Deus!

— Mas...

— Preste atenção, Bernadete: as leis humanas são muito importantes e devemos respeitá-las, mas elas não transformam o íntimo das pessoas porque na maioria das vezes as respeitamos conscientes de que se não o fizermos teremos de responder por isso, e nem sempre da maneira correta, adequada e justa. Ao contrário, as leis divinas julgam sempre com imparcialidade, justiça e fraternidade, porque para nosso Criador todos os seus filhos são iguais e merecem a mesma chance. Deus não vê a aparência, mas a essência de cada um. As leis divinas transformam os homens em seres mais justos, bons e fraternos. Aquele que as segue torna-se discípulo de Jesus e, sem esforço algum, respeita as leis dos homens.

— Preciso pensar nisso tudo que você diz, Tiago. Quero entender como você consegue acreditar tanto em Deus sem nenhuma prova ou evidência concreta.

Tiago ficou perplexo. Nunca pensara que sua irmã vivesse com tantos conflitos em relação ao Criador.

— Você quer provas, evidências? Pois vou lhe dizer quando acredito no Pai Maior: creio em Deus quando respiro e sinto a vida dentro de mim; quando sorrio ou choro porque percebo que possuo sentimento; quando vejo a chuva caindo e as flores nascendo para perfumar o ar; ou mesmo quando o inverno chega com sua paisagem nostálgica, proporcionando-me reflexão; ao olhar para o céu e perceber a grandiosidade do Universo com suas estrelas e astros; ao notar o equilíbrio com que tudo é feito na natureza, um equilíbrio que o homem, com sua imprudência, agride e destrói sem cessar, mas mesmo assim o amor divino continua no ar, esperando que a humanidade perceba e se entregue a Ele para construir um mundo melhor e mais feliz.

Bernadete estava emocionada. Sentia profundo respeito

Somos todos aprendizes 65

pelo irmão mais novo que ela, porém com tanta coisa a ensinar. Com os olhos ainda cheios de lágrimas encostou sua cabeça no peito de Tiago e lhe disse:

— E por que Deus aceita todos os erros dos homens?

— Porque Ele nos ama; é paciente e sabe que um dia os homens irão encontrá-Lo de verdade. A partir desse momento, cada um iniciará seu caminho de evolução.

— Você pode me ajudar, Tiago?

— Claro, minha irmã! Só quero que entenda que a busca é sua e o encontro é individual. Quando acontecer, o mérito será seu e a felicidade também. Agora vamos embora; já se faz tarde e temos muito que andar até a cidade. Estamos cansados, precisamos nos alimentar. Estou faminto. Amanhã é outro dia.

Levantaram-se e, abraçados, seguiram rumo à cidade. O sol já se escondia no horizonte quando finalmente chegaram à pousada.

CAPÍTULO VII

Em busca de respostas

Os primeiros raios de sol entravam timidamente no quarto através da graciosa janela florida da pousada. Bernadete relutava em abrir os olhos. Sentia-se ainda cansada e abrigava no coração o peso da decepção do dia anterior. Olhou para a cama do irmão e viu que ele já se levantara. "Possivelmente está no jardim esperando por mim", pensou. Espreguiçou-se demoradamente. Levantou-se e foi direto para o banheiro tomar uma ducha que, com certeza, a animaria.

Enquanto a água morna caía gostosamente sobre seus cabelos, Bernadete deixou que seu pensamento fosse em busca de Geraldo. Sentiu uma saudade forte em seu peito. "Geraldo, que falta você me faz!", exclamou para si mesma. "Se estivesse aqui, possivelmente me sentiria mais segura. O que procuro não é fácil, diria mesmo bastante complicado. Não encontrei até agora nada de palpável ou concreto, sinais que poderiam me revelar a presença de Deus entre os homens. Isso, se Ele existir realmente. Vou tornar a questionar o Tiago; ele tem de ter uma resposta que me convença de uma vez por todas."

Seus pensamentos foram interrompidos com o som de uma batida na porta.

— Bernadete, ande logo. Iremos perder a hora do café.

— Estou indo, Tiago. Só mais cinco minutos.

— Está bem. Vou esperá-la lá embaixo, certo?

— Tudo bem — respondeu a irmã.

Enquanto se deliciavam com os deliciosos quitutes daquele lugar acolhedor, Tiago, observando o semblante preocupado e distante da irmã, disse:

— Por que está distante e preocupada assim, Bernadete? Em que pensa?

— Em tantas coisas, que nem sei por onde começar a organizar minhas idéias.

— Posso ajudá-la?

— Creio que sim.

— Assim que terminarmos vamos até a praça e lá conversaremos mais à vontade.

— Tudo bem!

Sentados em meio a tantos canteiros floridos, os dois irmãos a tudo observavam. Bernadete, incomodada que estava com seus próprios pensamentos, perguntou ao irmão, mal contendo sua impaciência:

— Tiago, seja o mais sincero comigo e me responda. O que o faz ter tanta certeza da existência de Deus se não existe nenhuma prova concreta? A ciência...

— Bernadete, deixe a ciência explicar as coisas da matéria. Ela ainda não conhece tudo, apesar de todo o progresso. Vou lhe responder e gostaria que notasse a lógica do que lhe direi.

"Nós, encarnados, somos a prova concreta da existência de Deus, senão vejamos: o que é um corpo de carne sem a presença de um espírito? Absolutamente nada! O corpo é matéria. Matéria acaba, minha irmã, mais cedo ou mais tarde. Em compensação, o espírito sobrevive, independente dela, porque foi criado antes dela e, sendo criação divina, é eterno. O homem está evoluindo na sua inteligência e capacidade de construir e trazer o progresso em todas as áreas, porém jamais terá condições de criar um espírito, porque somente Deus poderá fazê-lo, pois só Ele é o Senhor da vida. Ele é o criador e nós somos a criatura. Nenhum cientista do mundo conseguirá chegar ao início da vida porque o início pertence ao Ser Supremo, que é Deus. Se é Deus, não está subordinado a ninguém. Isso sem falar do Universo perfeito e harmonioso. Veja bem, minha irmã, você me perguntou por que creio tão firmemente em Deus e eu lhe dei várias respostas. Ainda posso lhe dar outras: creio Nele quando vejo a chuva caindo e o solo se transformando em berço de alimentos para animais racionais e irracionais, quando admiro as estrelas e a Lua clareando as noites escuras enquanto o Sol presenteia com o dia o outro lado do planeta. Creio porque sofro e sorrio, e isso me faz ver que possuo sentimento e um coração com capacidade para amar. Enfim, creio devido ao oxigênio que respiro e que me proporciona a vida no planeta por meio do corpo físico que adquiri no útero da nossa mãe, permitindo que outros possam me ver. Creio ao ver as florestas e mares e todos os seres vivos convivendo em equilíbrio uns com os outros. E tudo que enumerei nos é dado de graça, no total desinteresse e na plenitude do amor incondicional e infinito. Você ouviu falar em algum homem que fosse capaz de criar tudo isso? Finalizando, Bernadete, creio mais ainda porque O sinto dentro de mim cada vez que me dedico à prática do bem.

Bernadete estava atônita.

— Puxa, Tiago, você me confunde. Se para você é tão fácil senti-Lo, por que para mim é tão difícil?

— Porque você se recusa a enxergar e a sentir, minha irmã. Porque impede seu coração de se projetar livremente em direção ao sentimento maior do amor fraternal. Mas não se torture, tudo a seu tempo. Todos temos muito que aprender, e você aprenderá no momento certo.

— Tudo bem, Tiago!

Quebrando o silêncio que se fizera, questionou:

Somos todos aprendizes

— O que faremos hoje?

— Você é quem sabe, afinal, a viagem é sua.

Levantaram-se. Mal haviam dado alguns passos, esbarraram em Plínio. Este logo os reconheceu.

— E aí, camaradas, vocês deram mancada, hein?

Tiago adiantou-se à irmã.

— É, não deu tempo de nos despedirmos. Pedimos desculpas.

Plínio olhou-os desconfiado.

Bernadete, sempre impulsiva, não se conteve e imprimindo à voz um tom ríspido completou:

— Não viemos aqui para nos drogarmos nem nos violentar. Você nos enganou.

— Eu?! — exclamou Plínio. — Não era o que vocês queriam? Não é o que querem todos que aqui chegam? Viajar?! Nós apenas satisfazemos a vontade dos nossos turistas.

— Não é esta a viagem que nos interessa. E, agora, se nos der licença...

— Calma aí, mocinha. Veja como fala comigo. Você foi porque quis, ninguém a obrigou a nada, certo? Se você não gosta, tem muitas pessoas que pensam diferente.

— Você devia ser preso, e é o que eu deveria fazer. Mandar prendê-lo.

O rosto de Plínio ficou lívido. Aproximou-se mais de Bernadete e, dando à própria voz uma entonação ameaçadora, retrucou:

— Escute bem o que vou lhe dizer: cale a sua boca porque se fizer alguma coisa que me desagrade quem irá silenciá-la sou eu. Entendeu ou prefere que eu seja mais claro?

Tiago contemporizou:

— Entendemos. Agora, se nos der licença...

Afastou-se levando consigo Bernadete e sem dar tempo a Plínio de questionar qualquer coisa.

— Você não deveria tê-lo enfrentado, Bernadete. Mamãe tinha razão, foi bom eu vir com você. Sozinha só teria se metido em encrenca.

— Tiago, ele é um safado, você não percebe? Deveríamos denunciá-lo à polícia.

— Sei tanto ou mais que você o quanto ele é safado e perigoso. Não devemos nos meter com esse tipo de gente, minha irmã. São capazes de fazer qualquer coisa contra quem os desafia.

— Está certo, mais uma vez está com a razão.

— Tenho, sim. Vamos embora. Já estou ficando com receio desta cidade.

Apressaram mais o passo. Estavam tão preocupados em sumir dali que nem repararam em um senhor, aparentando mais ou menos sessenta anos, que os seguia.

— Tiago, vamos parar um pouco. Estou cansada.

— Vamos sim. Também estou cansado. Venha, vamos nos sentar na escadaria da igreja.

Assim que se sentaram, perceberam a presença de Fagundes, que vinha seguindo-os. Olharam-no espantados e temerosos.

— Não se assustem. Segui-os porque presenciei e ouvi o que conversaram com o Plínio. Por esse motivo gostaria de falar-lhes. Não se assustem.

— O senhor conhece aquele rapaz?

— E quem aqui na cidade não o conhece? — exclamou.

Tiago e Bernadete entreolharam-se.

— Fique à vontade, senhor...

— Fagundes!

— Senhor Fagundes, sente-se. Estamos em uma escadaria de igreja e ela é pública.

— Obrigado.

— Diga-nos o que deseja.

— Bem, gostaria apenas de dar-lhes um conselho. Vão embora da cidade enquanto ainda é tempo e nada de ruim aconteceu.

Somos todos aprendizes   71

— Mas por quê? Como ir embora se mal chegamos? — comentou Bernadete.

— Calma, minha irmã. Vamos ouvi-lo.

E voltando para Fagundes:

— Qual a razão para deixarmos a cidade?

— Porque ninguém enfrenta o Plínio e sai ileso.

— Como assim, o que quer dizer com "sai ileso"?

— Com certeza ele irá revidar. Sempre o faz, e de maneira agressiva.

— Não estou entendendo, senhor Fagundes! — exclamou Bernadete.

— Desculpe-me... Qual é o nome da senhorita?

— Bernadete. Este é meu irmão, Tiago.

Com um olhar amigo, Fagundes respondeu:

— Tenho muito prazer em conhecê-los. Sinto que são dois jovens de bem.

— Obrigado — responderam quase ao mesmo tempo.

— Mas, por favor, diga-nos o porquê da sua preocupação conosco e quem é esse Plínio que o assusta tanto.

— Senhorita Bernadete, Plínio é o maior traficante desta cidade e comanda uma quadrilha tão grande que nem a polícia consegue dar um fim ao seu reinado. Deve ter gente poderosa envolvida para que ele consiga continuar impune dessa maneira.

— Mas quem nos convidou para irmos não foi ele, mas um rapaz de nome Carlos, que me pareceu fazer parte do grupo.

Calmamente e parecendo saber muito bem do que falava, Fagundes prosseguiu:

— Carlos é o braço direito do Plínio. Ele é quem tem a tarefa de conquistar o grupo de jovens desavisados e levá-los para a montanha.

— No entanto, ele queria nos fornecer de graça.

— Claro, senhorita. O começo é sempre assim, depois perde-se até a própria alma.

— Bernadete, não queira parecer ingênua porque não é. Eu desconfiei do que iria acontecer, mas você teimou em não me ouvir.

Bernadete abaixou timidamente a cabeça.

— Eu não lhe disse, Tiago? É difícil, muito difícil encontrar o que vocês tanto falam. Só encontramos gente safada, que tudo faz para tirar vantagem, abusando da boa-fé dos outros.

Tiago olhou para a irmã e sentiu carinho por ela. Não conseguia entender direito por que tanta dificuldade em perceber o óbvio. Principalmente em se tratando de pessoa inteligente e culta como era.

Fagundes, sem compreender o que a moça queria dizer, perguntou:

— Perdoem-me se for indiscreto, mas o que a senhorita acha tão difícil que a deixa assim confusa?

Tiago se antecipou:

— O senhor não irá acreditar. Minha irmã não consegue aceitar plenamente a existência de Deus. Fizemos esta viagem porque ela acredita que irá encontrá-Lo em algum lugar, sentir algo que prove Sua existência.

— E a senhorita não sentiu?

— Não! — exclamou Bernadete com lágrimas nos olhos. — Não senti nada, aliás, não sinto nada. Para falar a verdade, a mim ficou claro que isso é uma ilusão realmente.

— Por que, minha irmã?

— Ora, Tiago, se Ele realmente existisse não permitiria que nós caíssemos nessa armadilha. Veria nosso bom propósito. Que mal fizemos para passar por essa situação de risco? Responda! Nunca fiz mal algum a ninguém e você vive fazendo caridade.

Tiago e Fagundes se olharam. Sensibilizaram-se diante da insensatez de Bernadete.

— Minha irmã, preste atenção no que vou lhe dizer mais uma vez. Realmente você não faz mal nenhum para ninguém, a

Somos todos aprendizes   73

não ser a si própria, impedindo seu coração e sua mente de se abrirem para a verdade.

— Como assim?

— Permita que eu responda?

— Claro, senhor Fagundes, fique à vontade. Quem sabe ela não irá aceitar melhor vindo de uma pessoa que não a conhece.

— Senhorita, perdoe-me; contudo, devo lhe dizer que o erro quem cometeu foram vocês mesmos, assim como tantos outros jovens que aqui chegam. Deus não os levou para lá, mas com certeza os retirou de lá. Deus respeitou o livre-arbítrio de vocês. Não impedindo de agir como agiram, entretanto, protegeu-os o suficiente para que saíssem de lá sem que tivessem agredido sua integridade física. O direito de agir de acordo com nossa vontade quem nos concedeu foi Deus, e Ele respeita as leis que criou. Quando agimos de maneira imprudente, leviana, impulsiva, sem avaliar as conseqüências, teremos de arcar com os resultados, sejam eles quais forem.

— Eu já disse tudo isso a ela, senhor Fagundes, mas ela não perde a mania de querer encontrá-Lo e O procura nos lugares errados, sem se esforçar para olhar para dentro de si mesma.

Novamente Fagundes tomou a palavra.

— Entendo o que seu irmão quer dizer, senhorita, e se agir com boa vontade irá entender também.

— Explique-se melhor, por favor.

— A coerência nos diz que é prudente procurá-Lo no lugar mais próximo de nós, e Deus nos ensina que a Ele se chega seguindo Jesus.

— E como se segue Jesus?

— Prestando atenção nas palavras do Evangelho e fazendo todo o bem que se pode fazer. Jesus ensinou o amor e a caridade na essência mais pura desses dois sentimentos. Jesus está na simplicidade do amor exercitado, e não em rituais que foram criados pelos homens. Quando se compreende isso, começa-se a perceber que não existe um só ponto do Universo em que Deus não esteja.

— Mas quero saber que lugar é este que vocês tanto falam e que eu não consigo descobrir!

— No coração, senhorita. Onde quer que Deus esteja, Ele está dentro de nós, na nossa essência, porque todo homem traz dentro de si latente a certeza da existência do Criador. É essa presença que faz o homem ser melhor, e senti-Lo em todos os momentos da vida aqui na Terra, ou seja, na alegria e na dor, nas lágrimas e no sorriso, nos acertos que nos deixam felizes, e também nos erros que nos fazem crescer. Nos encontros e nos desencontros, enfim, senhorita Bernadete, não existe local onde Ele não esteja.

— Então por que não consigo percebê-Lo em mim?

— Talvez pelo fato de ter se tornado uma pessoa radical em seus propósitos, em sua crença, não dando a si mesma a oportunidade de compreender as atitudes alheias.

— E por que deveria compreender quando percebo que estão erradas?

— Porque com toda certeza a senhorita também já errou e irá errar ainda numerosas vezes. É característica do ser humano, visto sermos ainda espíritos imperfeitos, porém com a possibilidade de avançarmos para Deus e promovermos nossa evolução até que em algum tempo do futuro infinito possamos atingir a perfeição.

Bernadete ficou pensativa. Como se tivesse chegado a alguma conclusão, disse:

— Vocês querem dizer que tenho de aceitar as atitudes das pessoas, mesmo sabendo que estão erradas, é isto?

— Não, minha irmã, não é isto. Queremos dizer que devemos ser pacientes com os enganos alheios porque todos somos frágeis e, por conta disso, passíveis de erro. Certas atitudes que condenamos no próximo tão veementemente talvez fossem nossas próprias, se estivéssemos vivendo a mesma situação.

Somos todos aprendizes   75

— E quando percebemos isto — disse Fagundes —, é prudente agirmos como verdadeiros cristãos e esclarecê-los, não só com palavras, mas com exemplos de verdadeira fraternidade, ensinando-lhes sem humilhar e permitindo que por nossos atos dignos e cristãos possam perceber o caminho.

— E os criminosos? Devemos aceitar seus crimes, mesmo que tenham destruído famílias inteiras?

Tiago dirigiu-se a Fagundes após perceber no recente amigo dificuldade para responder a pergunta.

— Deixe-me responder, amigo. Não, Bernadete, não devemos aceitar nem ser coniventes com seus crimes, embora também não se deva aplicar uma lei de castigo que não seja justa e apropriada para o tamanho do crime. Essa punição deve estar alicerçada no conceito do dever e da justiça, e não no da vingança nascida do ódio tresloucado. O criminoso já promoveu sua própria condenação e sofrerá as conseqüências naturais de sua moral deformada, leviana e maldosa, senão pelas leis dos homens, com certeza pelas leis de Deus.

— No capítulo VI do Livro dos Espíritos — Lei de Destruição, item V, pergunta 752 e seguintes — encontramos:

A crueldade é o próprio instinto de destruição no que ele tem de pior, porque, se a destruição é às vezes necessária, a crueldade jamais o é. Ela é sempre a conseqüência de uma natureza má. Na crueldade o senso moral não está desenvolvido, mas não está ausente; porque ele existe, em princípio, em todos os homens; é esse senso moral que os transforma mais tarde em seres bons e humanos. Esses homens, dominados pelo instinto do mal, que se encontram deslocados entre os homens de bem, desaparecerão pouco a pouco como o mau grão é separado do bom quando joeirado. Mas renascerão com outro invólucro. Então, com mais experiência, compreenderão melhor o bem e o mal. Tens um exemplo nas plantas e nos animais que o homem aprendeu como aperfeiçoar, desenvolvendo-lhes qualidades novas. Pois bem: é só depois de muitas gerações que o aperfeiçoamento se torna completo. Esta é a imagem das diversas existências do homem.

Bernadete mantinha-se pensativa e, ao mesmo tempo, aflita. Tanto Tiago quanto Fagundes notaram a inquietação da moça.

— O que sente, minha irmã?

— Não sei dizer, Tiago! Ansiedade, medo, não sei. Para vocês tudo é tão simples... Ao contrário de mim, que vejo tudo com olhos críticos e coração duvidoso.

— É natural, minha irmã. Ninguém modifica seus conceitos de um dia para o outro. Tudo necessita ser assimilado, compreendido para depois ser aceito. Não fique aflita nem desanimada, porque tudo se resolve quando a gente menos espera.

— Os conflitos são bons porque nos fazem refletir.

— Mas eu gostaria de ver alguma coisa forte que balançasse meu coração e eu pudesse sentir uma diferença muito grande em relação à maneira com que certas pessoas enfrentam a vida, as dificuldades e os problemas que sempre aparecem. O que vejo diariamente são pessoas que mentem, enganam e querem tirar vantagem usando a ingenuidade de outras que praticam o bem. Querem ganhar a qualquer preço, sem se importar com o que deixam para trás.

Fagundes pensou e depois de um certo tempo perguntou aos jovens:

— Gostariam de ir conhecer um lugar onde existem pessoas que se anulam em favor do bem-estar do próximo?

— Existe este lugar? — perguntou Bernadete.

— Posso lhe assegurar que sim. Gostariam de ir? — perguntou novamente Fagundes.

Somos todos aprendizes   77

Os irmãos se olharam e foi Bernadete quem respondeu:

— Claro! Gostaríamos muito de ir, não é, Tiago?

— Amanhã então. Encontraremo-nos às nove horas aqui mesmo na escadaria da igreja.

— Quanto nos custará?

Fagundes enrubesceu.

— Nada, senhorita. Para estar com essas pessoas o que menos conta é o dinheiro, que só tem valor para suprir as necessidades prioritárias e de sobrevivência do ser humano.

Bernadete insistiu:

— E o que devemos levar?

— O coração limpo e a mente sadia. Leve seu amor, senhorita, amor que deve distribuir para as pessoas que ali residem.

— E Plínio? O senhor não disse que era para irmos embora o quanto antes porque corríamos perigo?

— Confirmo o que disse. Passaremos o dia neste lugar, que é mais ou menos afastado, e à tarde retornaremos. Lá estarão seguros. Não é um lugar que o Plínio goste de freqüentar. No dia seguinte, pela manhã, se acharem por bem, irão embora.

A indecisão tomou conta de Tiago e Bernadete. Por fim resolveram que iriam. Decisão tomada, despediram-se de Fagundes e voltaram para a pousada.

Assim que chegaram fizeram uma ligação para seus pais e demonstraram-lhes a saudade que sentiam, após tranqüilizarem os corações aflitos e saudosos.

— Você não vai ligar para o Geraldo?

— Você acha que devo?

— E por que não deveria? Não está com saudade dele?

— Estou! É mesmo... por que não deveria?

Sentou-se novamente e fez a ligação. Assim que ouviu a voz amiga e carinhosa de Geraldo, Bernadete sentiu um tremor em seu peito e percebeu que a felicidade que sentia ao ouvi-lo era maior do que podia supor.

Em um ímpeto de emoção disse-lhe timidamente:

— Geraldo, não se esqueça de mim. Eu amo você!

O silêncio se fez do outro lado da linha. Bernadete ficou inquieta. Com voz trêmula, insistiu:

— Geraldo, você está aí?

— Claro, Bernadete, claro que estou!

— Levei um susto... Você não me respondeu. Não gostou do que ouviu?

— Se eu não gostei? Por favor, Bernadete, fiquei tão feliz que não consegui dizer nada.

— Puxa! Que alívio!

— Sou o homem mais feliz deste mundo!

— Você continua gostando de mim?

— Não, gostando não. Continuo amando você loucamente!

— Eu também amo você e agora tenho certeza de que quando voltar vou amá-lo com o amor que você merece. Lembra que eu lhe disse isso?

— Lembro. Nada do que você me diz eu esqueço, meu amor.

— Por favor, diga de novo.

— Meu amor!

Com o coração palpitando de felicidade, Bernadete desligou o telefone.

Tiago, que a tudo observara, pensou: "Agora tenho certeza de que ela começará a perceber a vida na sua essência. O amor modifica tudo e transforma o coração de quem o sente".

Somos todos aprendizes

CAPÍTULO VIII

CONVERSA FRANCA

O som estridente do telefone fez com que Aurora levantasse preguiçosamente do sofá onde descansava do seu trabalho diário.

— Quem será? — perguntou ao marido enquanto caminhava em direção ao aparelho arrastando seu chinelo.

— Se não atender não saberemos. Ande logo, podem ser os meninos.

— Alô!

— D. Aurora?

— Sim! Quem fala?

— Aqui é Geraldo, amigo de Bernadete.

— Como vai, Geraldo?

— Bem, D. Aurora, muito bem, e a senhora?

— Bem!

— O senhor João, como está?

— Tudo bem, Geraldo, estamos todos bem, com a graça de Deus.

— Fico contente em saber.

— Mas a que devo o seu telefonema?

— D. Aurora, peço desculpas por incomodá-la, mas preciso muito falar com a senhora e o senhor João.

— Diga, sou toda ouvidos.

— Desculpe-me, mas gostaria de ter uma conversa com os senhores, pessoalmente, se não for incômodo. Permitiria que eu fosse até a sua casa?

— Quando?

— Hoje. Agora.

— Agora?

— Sim, agora, se for possível.

— Um momento, por favor.

Depositou o aparelho sobre a mesinha e dirigiu-se ao marido.

— João, é aquele amigo da Bernadete.

— Que amigo?

— O Geraldo! Lembra-se dele? Estudou junto com nossa filha, são amigos há anos.

— E o que ele quer?

— Disse que precisa conversar conosco e se podia vir até aqui agora.

— Conversar agora? O que ele quer, Aurora?

— Não sei, João, ele não disse. O que respondo?

João coçou a cabeça, em um gesto característico.

— Vamos, homem, o que digo ao rapaz?

— Tudo bem. Diga que estamos aguardando.

— Geraldo, pode vir. Teremos satisfação em recebê-lo.

— Em trinta minutos estarei aí. Muito obrigado, D. Aurora.

Aurora retornou à sala e, sentando ao lado do marido, disse-lhe:

— Acho este rapaz bem simpático. Ele sempre foi muito amigo de nossa filha. Bernadete sempre fala bem dele. Elogia muito seu caráter e a amizade com que trata seus colegas.

— O que será que ele quer? Você faz alguma idéia?

— Nenhuma! Temos de esperar para saber.

Somos todos aprendizes   81

— Bom, enquanto aguardamos deixe-me ver o noticiário.

Decorridos menos de trinta minutos a campainha da casa tocou. Aurora apressou-se a abrir a porta.

— Boa noite, D. Aurora.

— Boa noite, Geraldo. Entre. É uma satisfação recebê-lo. Se é amigo da nossa filha, então é bem-vindo.

— Com licença.

Após as saudações, Aurora pediu a Geraldo que se acomodasse, indicando uma poltrona, o que ele fez com desenvoltura, demonstrando estar bem à vontade. Enquanto Aurora era toda cordialidade com o rapaz, João, mais reservado, apenas observava. Em dado momento, disse ao rapaz:

— Então, o que o traz a nossa casa, meu rapaz?

— Senhor João, imagino que devem estar estranhando minha visita, mas achei por bem colocá-los cientes do que está acontecendo entre mim e sua filha.

— Entre você e Bernadete? — repetiu João. — E o que está acontecendo entre vocês, se minha filha está viajando?

— Se tiverem paciência de me ouvir, contarei tudo desde o início.

— Por favor!

Completamente à vontade, Geraldo relatou toda a sua amizade com Bernadete até a descoberta do seu amor por ela.

— Assim — continuou —, ela me pediu que esperasse o seu retorno desta viagem porque achava que estaria mais livre e aberta para iniciarmos um relacionamento afetivo. Confesso que fiquei um pouco desanimado, mas nada lhe disse. Prometi que esperaria o tempo que fosse necessário. No entanto, ontem tive uma surpresa. Conversamos pelo telefone e definimos nossa situação. Bernadete disse me amar e sentir saudades. Ela já sabe o quanto eu a amo e que o meu desejo é fazê-la feliz. A partir deste momento, D. Aurora, Senhor João, sinto dentro de mim uma felicidade tão grande que achei por bem vir vê-los, compartilhar da minha alegria e pedir-lhes permissão para namorar a sua filha. Quero que saibam que o meu sentimento por ela é verdadeiro e absolutamente sincero.

Aurora e João estavam surpresos. Nunca imaginariam que nos dias de hoje ainda existisse um jovem capaz de dar satisfação aos pais da moça que ama e pedir consentimento para namorá-la. "É uma situação inusitada", pensou João.

Aurora sentiu nascer em seu coração a admiração por aquele jovem que, a bem da verdade, fugia dos padrões da juventude atual.

— Meu rapaz — falou João —, devo confessar que me causa certo estranhamento essa sua atitude, mas também deixo registrado que me agrada a sua postura e o respeito com que se referiu a minha filha todo o tempo.

— É verdade — completou Aurora. — Estamos felizes por Bernadete e por você, que nos parece um rapaz de muito caráter. Esta casa estará sempre aberta para você, Geraldo. Venha quando quiser, mesmo na ausência de Bernadete.

— Até nos ajudará a suportar a saudade que sentimos de nossos filhos, não é, Aurora?

— Muito obrigado, Senhor João. Nada farei que possa decepcioná-los ou trair a confiança que depositam em mim.

Após concordar com o marido, Aurora ficou pensativa por alguns minutos. Encorajando-se disse a Geraldo:

— Não sei se tem conhecimento, mas Bernadete é uma pessoa um pouco difícil em função da racionalidade com que dirige sua vida. É excelente filha, determinada e muito convicta nas suas crenças que, na realidade, fazem dela um pouco intolerante, diria mesmo inflexível.

Senhor João interveio.

— É apenas um pouco confusa quanto à religiosidade. Acha tudo muito abstrato, fruto da imaginação fértil do homem. Ela é muito nova ainda!

Somos todos aprendizes 83

— Ora, João, ela já é uma advogada. Tem idade para saber o que quer. Às vezes age como uma criança.

— Não seja tão severa, Aurora!

— Desculpem-me!

— Não se preocupem quanto a isso — falou Geraldo. — Conheço Bernadete há anos, fizemos todo o curso juntos, somos colegas desde o primeiro ano de faculdade. Posso garantir aos senhores que a conheço muito bem, e sei da sua dificuldade em aceitar as questões da espiritualidade, o que para mim é absolutamente natural. No entanto, mesmo assim me apaixonei por ela e a amo do jeito que é. Acredito que no momento certo ela irá compreender essas questões e, a partir desse instante, seu coração se tornará mais sensível para entender o que hoje sente dificuldade em aceitar. É apenas uma questão de tempo, D. Aurora. O tempo lhe mostrará o caminho, tenho convicção disso.

Aurora encantou-se com a simplicidade com que Geraldo falava.

— Você me parece ser um rapaz especial, Geraldo. Lembra meu filho Tiago. Seria indelicadeza lhe perguntar qual a sua religião?

— Nem um pouco, D. Aurora. Sou espírita, apesar de meus pais não se interessarem muito pelo assunto. Mas eu sigo a Doutrina Espírita e gosto dos seus ensinamentos.

João e Aurora ficaram felizes em ouvir o que Geraldo dissera.

— Nós também somos espíritas. Tiago faz parte da Mocidade do Centro Espírita, o qual freqüenta regularmente. Apenas Bernadete não compartilha da nossa fé.

— Não devem se preocupar com isso nem se entristecerem. Tudo segue um curso, para tudo existe um tempo. Bernadete descobrirá e chegará a Jesus por si só. Vamos respeitar e aguardar o momento da sua descoberta. Ele chegará, com certeza.

Uma alegria enorme tomou conta do coração de João e

Aurora. Abrigavam o mesmo pensamento: Bernadete acertara na escolha. Geraldo era um bom moço.

— Seja bem-vindo a nossa casa, Geraldo — exclamou João, visivelmente emocionado.

— Faço das palavras do meu marido as minhas. Saiba que realmente é muito bem-vindo à família. Você e Bernadete fazem um lindo par.

— Obrigado, D. Aurora e Senhor João. Sentiria-me muito feliz se um dia desses fossem conhecer meus pais.

— A alegria será nossa. Quando Bernadete retornar nós iremos com muito gosto.

Geraldo despediu-se.

Assim que entraram, Aurora dirigiu-se ao marido.

— João, gostei muito deste rapaz. Parece-me uma boa pessoa. Achei a sua atitude de vir falar conosco muito digna.

— Concordo, Aurora. É tão difícil encontrar nos dias de hoje rapazes como ele. Os jovens hoje em dia só pensam em si mesmos; encontrar um rapaz que tem a coragem de tomar uma atitude digna e gentil como esta é um pouco complicado. Realmente parece ser um bom rapaz.

— É, se for para o bem de ambos, que tudo dê certo. São jovens e têm uma vida pela frente. Merecem ser felizes.

— Tem razão — concordou João.

Somos todos aprendizes   85

CAPÍTULO IX

Visita fraterna

Tiago e Bernadete já estavam impacientes com a demora de Fagundes.

— Não vou me surpreender se tudo isso for outra cilada, Tiago.

— Não vamos generalizar. Tenha um pouco mais de paciência, minha irmã. Fagundes passou-me uma energia muito boa. Deve ter acontecido alguma coisa para que tenha se atrasado. Logo estará aqui. Vamos aguardar com paciência.

— Está certo — respondeu Bernadete.

Passados dez minutos, Fagundes chegou ofegante.

— Desculpem-me o atraso. Não é meu costume fazer alguém me esperar, mas realmente algo muito urgente prendeu-me em casa. Perdoem-me.

— Calma, amigo. Você não está tão atrasado assim. Acho que fomos nós que chegamos antes da hora.

— O que é isso, Tiago? Nada disso. Chegamos na hora combinada. Foi ele quem se atrasou, aliás, não respeitou o que combinamos, mas tudo bem.

Tiago e Fagundes se olharam e perceberam que pensaram a mesma coisa. Fagundes disse para si mesmo: "Que diferença do irmão. Enquanto o rapaz tenta com gentileza tirar-me a culpa do atraso, a irmã faz questão de acentuá-la. Ela realmente tem muito que aprender nesta vida".

Desviando seu pensamento, continuou:

— Vamos, então?

— Vamos! — responderam ao mesmo tempo Tiago e Bernadete.

— O lugar para o qual iremos fica afastado da cidade. Podemos ir de ônibus até certo ponto, depois teremos de andar mais ou menos uns quatro quilômetros.

— Tudo isso?

— Senhorita, falando assim parece longe, mas o caminho é bonito, agradável. Iremos conversando e nem nos daremos conta da distância.

Tiago interferiu, dizendo à irmã:

— Bernadete, nas suas caminhadas diárias, você percorre muito mais que isso.

— Tem razão, Tiago. Sabe, senhor Fagundes, ando aproximadamente seis quilômetros, todos os dias.

— Que bom, senhorita. Caminhar faz muito bem à saúde.

Assim que o ônibus parou no lugar apropriado, desceram e iniciaram a caminhada por uma estrada de terra. Foram animados, conversando, rindo e admirando a paisagem nativa de exuberante beleza.

Fagundes ia observando Bernadete sem que ela percebesse.

— Que lugar encantador, senhor Fagundes!

— Tem razão, Tiago. É realmente muito bonito este local. Esta região toda é muito bela; é uma pena que nem todos que aqui moram ou os que aqui vêm para passear se dão conta da exuberância da natureza privilegiada. Vêm em busca de fenômenos e deixam escapar tanta beleza concedida de graça pelo Criador.

Na metade do caminho depararam com uma estonteante queda d'água que se formava ao seu pé um lago de águas cristalinas.

Somos todos aprendizes   87

— Que beleza de cachoeira, senhor Fagundes, nunca vi nada igual — exclamou Bernadete visivelmente encantada.

— Quer ir até ela?

— Poderia?

— Claro! — respondeu Fagundes. — Vamos descer por aqui — sugeriu apontando uma estreita trilha. — Ela termina lá embaixo, junto ao lago. A senhorita verá águas tão límpidas como, imagino, nunca viu antes.

— Vamos, então! — exclamou Bernadete animada.

Desceram com cuidado.

Ao molhar suas mãos naquelas águas geladas, Bernadete sentiu um prazer muito grande, até então desconhecido para ela. Sem pensar mergulhou seu rosto, molhando seus cabelos e se deliciando com o frio que percorria todo o seu corpo, contrastando com o intenso calor de verão.

Tiago e Fagundes apenas observavam a alegria quase infantil de Bernadete.

Passados alguns momentos retomaram o caminho de volta. Bernadete olhava tudo com tanta atenção, como se tivesse medo de deixar escapar alguma coisa daquele universo de cores, vida e beleza. Admirou os pássaros, a vegetação, o cheiro de terra fértil. Assim que chegaram novamente na estrada, Bernadete avistou um ônibus que vinha lotado, com passageiros em pé. Presumiu que ia na mesma direção que eles. Pensou um pouco e, parando onde estava, disse a Fagundes:

— Senhor Fagundes, não estou entendendo o senhor.

— Que foi, senhorita?

— O senhor nos disse que teríamos de andar um tanto a pé em virtude de o ônibus ir somente até certo ponto. Entretanto, este outro passa por nós e tudo me faz crer que irá até o lugar que iremos. Por que nos fez andar a pé se podíamos ir de ônibus até o destino?

Fagundes sorriu.

— Senhorita Bernadete, realmente poderíamos ir de ônibus até o fim do caminho, contudo peço-lhe desculpas e lhe pergunto: se estivéssemos dentro de um ônibus a senhorita teria reparado na beleza deste lugar? Teria sentido a água gelada em seu rosto e admirado a grandiosidade da vegetação nativa? E o canto dos pássaros, teria escutado o som do canto das aves coloridas que aqui habitam?

— Claro que não, senhor Fagundes. Mas com certeza chegaríamos mais rápido.

— Às vezes é mais útil e proveitoso chegar mais tarde e nos darmos a oportunidade de conhecer a vida que pulsa em todos os lugares, em toda a sua intensidade. É nesse momento que percebemos que fazemos parte do todo, da criação divina. Ao percebermos isso nos encontramos com o Criador. Observando o fantástico mundo de Deus nos damos conta de que pertencemos a esta estupenda criação divina. Descobrimos então que somos a criação mais perfeita porque recebemos a bênção do livre-arbítrio; poder escolher, descobrir nossos sentimentos e nos darmos conta de que podemos amar a tudo e a todos como nosso Pai espera que façamos. A única viagem que vale a pena fazer é a do encontro com Deus por meio do burilamento dos nossos sentimentos, pensamentos e comportamentos. Deus nos fala incessantemente no coração, mas, se não calarmos a nossa voz, jamais escutaremos a Dele. Quando caminhamos rápidos demais, não conseguimos perceber a presença de Deus dentro de nós. Cruzamos com Ele e não O percebemos.

— Percebe, senhorita, que o que veio buscar está aqui, ali, em todo lugar, basta ter olhos para ver?

Bernadete e Tiago estavam boquiabertos. Nunca tinham visto tanta sabedoria em uma pessoa tão simples.

— Continue, senhor Fagundes, por favor! — exclamou Bernadete esperançosa.

Animado e percebendo que poderia atingir seu objetivo, Fagundes continuou:

Somos todos aprendizes

— Senhorita, quem só anda de "ônibus" perde parte da história, do espetáculo da vida. Para enxergar a vida na sua intensidade e perceber a presença de Deus em todos os cantos do Universo é necessário colocar os pés no chão para poder sentir. A senhorita entende o que quero dizer com essa colocação do "ônibus"?

— Entendo, ou melhor, acho que entendo.

— Jesus caminha entre nós. Muitas vezes Ele está mais perto do que podemos supor. O que Ele deseja? Que possamos reconhecê-Lo e estender a mão. Quando não agimos de acordo com as leis da fraternidade e da caridade, exemplificada por Ele, não O reconhecemos, e geralmente O deixamos para trás quando Ele cruza o nosso caminho por intermédio do próximo.

— Será que já aconteceu isso comigo? Será que Ele esteve tão perto e eu não O reconheci?

Tiago olhou para Fagundes, que o encorajou.

— Mostre-lhe, Tiago!

— Minha irmã, Jesus se aproximou de você várias vezes.

— Quando?

— No coração desesperado de D. Dirce quando ela chegou em casa desejando apenas ouvir palavras que aliviassem o seu temor pelo futuro de sua filha; nos olhos sem esperança de Cândida pelo medo de ir para a rua com seus filhos; no sonho desfeito de Thaís acalentado durante anos e na manobra de Lenice que tentava manter seu emprego. Em todas essas situações Jesus estava presente, esperando que a solidariedade se fizesse presente, aliviando os conflitos entre pessoas. Jesus bateu à porta de seu coração e você não o abriu. Mas a palavra de conforto e o gesto de verdadeira fraternidade mudam tudo, Bernadete. O coração de D. Dirce se acalmou porque se sentiu confortado com o ombro amigo que nossa mãe lhe ofereceu, com palavras de amizade e do apoio; o brilho e a esperança reacenderam nos olhos de D. Cândida ao saber que seus filhos não iriam mais para a rua e ela, por meio do trabalho conseguido, poderia mantê-los abrigados em casa, que é o lugar onde todos deveriam estar, e não nas ruas. O sonho de Thaís transformado em realidade trouxe-lhe confiança nas pessoas, dando-lhe mais expectativa para o futuro, e finalmente Lenice pôde continuar com seu trabalho graças ao coração generoso de seu patrão. Você veio em busca de Deus e no entanto deixou-O para trás ao fechar seu coração em todos esses momentos que cruzou com Jesus.

Bernadete lembrou-se da cena do restaurante.

— Não precisa me dizer mais nada. Já entendi. Deixei-O mais uma vez para trás quando critiquei você por aliviar a fome daquela mulher e suas crianças no restaurante da estrada, não é isso?

— Sim, minha irmã, é isso.

— A senhorita quis encontrá-Lo no mais alto pico da montanha por meio de fenômenos e no entanto deixou-O para trás em todos os momentos de amor e caridade que cruzaram seu caminho, esquecendo-se de que Deus está na simplicidade do amor praticado.

Bernadete, ofegante, sentou-se em uma pedra que estava no caminho e, cobrindo o rosto com as mãos, chorou.

Tiago e Fagundes não ousaram interromper esse momento de descoberta, que pertencia unicamente a ela. Bernadete permaneceu assim por algum tempo e só se deu conta quando escutou uma voz de criança lhe dizer:

— Não chore, moça. Eu lhe dou esta flor!

Bernadete abriu os olhos. À sua frente estava uma menina de aproximadamente seis anos. Pobremente vestida, cabelos em desalinho e rostinho sujo. Com suas mãozinhas magras segurava uma flor do campo que lhe oferecia. Ante os olhos indagadores de Bernadete, a menina repetiu:

— Não chora, moça, eu lhe dou esta flor. Ela é do campo, mas seu perfume é muito gostoso.

Somos todos aprendizes   91

Bernadete segurou a flor. Olhou para Tiago e Fagundes que a tudo observavam indagando:

— É Jesus?

— Sim! É Jesus — responderam ao mesmo tempo.

Em um impulso abriu os braços e enlaçou a menina sem se importar com mais nada que não fosse Jesus penetrando em sua vida e abrandando seu coração.

Ainda abraçada a ela, com uma humildade que causou surpresa até a seu próprio irmão, Bernadete dirigiu-se a Fagundes:

— Senhor Fagundes, sobre a questão do ônibus que o senhor mencionou, gostaria que me explicasse: tenho o hábito de caminhar todos os dias, como já disse, mais ou menos seis quilômetros. Eu ando a pé. Por que nunca reparei em tudo isso que o senhor falou?

— Senhorita, o ônibus e o andar a pé têm sentido figurado. Na realidade quis lhe dizer da atenção que devemos dar a tudo que nos cerca, à vida. A senhorita caminha seis quilômetros todos os dias, sempre fazendo o mesmo itinerário. Se eu lhe perguntar o que existe em todo este trajeto, a senhorita saberia me dizer?

— Claro que não! Fico prestando atenção no meu ritmo.

— A senhorita fica todo esse percurso prestando atenção em seu ritmo, isto é, em si mesma. Com certeza, se prestasse mais atenção nas coisas a sua volta, nas pessoas que cruzaram com a senhorita, teria percebido em algum momento que Jesus caminha entre a humanidade procurando tarefeiros, verdadeiros doadores de suor. Mesmo a pé a senhorita age como se estivesse andando de ônibus, isto é, passando tão rápido pela estrada da vida que não há tempo de observar nada e deixando de aprender muito. Compreendeu, senhorita Bernadete?

— Sim, senhor Fagundes, compreendi.

— É melhor irmos andando — falou Fagundes.

— Antes de irmos, posso lhe dizer somente mais uma coisa?

— Sim, claro!

— Depois de ouvi-lo falar sobre tudo isso, acho que fui muito injusta com o senhor quando lhe disse levianamente que não respeitou o combinado e chegou atrasado ao nosso encontro. Peço desculpas.

— Nem me lembrava mais, senhorita. Para ser franco, eu não aceitei a provocação, isto é, não a coloquei em meu coração. Mas vou dizer-lhe a causa do meu atraso.

— Não precisa, senhor Fagundes, o senhor não me deve explicações.

— Faço questão de me explicar. Ontem não falaria, porém agora, vendo-a abraçada a esta criança malcuidada com tanta singeleza, sinto vontade de me explicar. Acredito ser um momento favorável.

Tiago interveio:

— Não há necessidade, por favor. Como minha irmã disse, o senhor não nos deve explicações.

— Deixe-me explicar, Tiago. Irá me fazer bem desabafar.

Fagundes sentou-se bem próximo a Bernadete, como se temesse que mais alguém o escutasse. Tiago, acompanhando o gesto do amigo, fez o mesmo. O olhar de Fagundes divagou por entre as copas verdes e frondosas das árvores em redor, como procurando incentivar sua coragem para falar de si próprio. Tiago, Bernadete e a pequena Luana, que se aconchegara no colo de Bernadete, entregando-se ao carinho que até então desconhecia por ser órfã de mãe e viver com seu pai e sua madrasta, que não ligava nem um pouco para ela, relegando-a ao completo descaso, olhavam atentos. Situando-se na sua própria realidade, Fagundes iniciou sua história.

— Há dois anos e meio, mais ou menos, meu filho Felipe, que na época completara dezoito anos, envolveu-se com o Plínio. Este, para ele, passou a representar o modelo de tudo que ele, em sua inconseqüência juvenil, gostaria de ser. Por mais que eu

Somos todos aprendizes   93

e sua mãe o alertássemos sobre o perigo desta amizade, Felipe não nos deu ouvidos. Depois de certo tempo passou a ser, como Carlos é hoje, o braço direito de Plínio. A tudo obedecia. Certa feita apareceu por aqui um jovem casal em viagem de núpcias. Como todos que aqui chegam, logo conheceram Plínio e foram com um grupo até o topo da serra, pois queriam ver tudo que tinham ouvido falar a respeito do que lá acontecia. Resumindo: em pouco tempo todos estavam drogados, alucinados, do mesmo jeito que vocês presenciaram. Mas a jovem moça não teve tanta sorte e, como nunca havia experimentado drogas, quis ver como era. Imprudentemente, começou a consumir até que seu corpo tombou no chão, morto por *overdose*. O rapaz que também estava alterado, mas não tanto como sua esposa, ao vê-la caída, sem vida, sacou de um revólver que trazia em sua cintura e, apontando a arma, deu dois tiros certeiros em Felipe, matando-o na hora. Culpou-o pela tragédia por ter sido ele o agenciador de Plínio, como fez Carlos com vocês. Posteriormente soube-se que o rapaz era um investigador e possuía porte de arma. A tragédia estava feita. Duas pessoas mortas por conta do desvario, da inconseqüência e da maldade que existe no coração de Plínio. Para ele só importa o dinheiro que ganha, não interessa a maneira pela qual foi ganho.

— E ele, Plínio? — perguntou Bernadete.

— Ele mais uma vez saiu ileso. Provou, ninguém sabe como, que estava ali da mesma maneira que os outros, um usuário. Afirmou que quem era o traficante, o mandante, era meu filho, Felipe.

Tiago e Bernadete, apesar de estarem emocionados e solidários com o drama de Fagundes, não conseguiram compreender o que toda essa história tinha a ver com o seu atraso. Fagundes, perdido em suas próprias recordações e emoções, continuou:

— Logo depois da morte de Felipe, nosso único filho, minha esposa Sara, não suportando mais a dor da separação, começou a beber e hoje é uma alcoólatra. O meu atraso foi justamente pelo fato de ter de socorrê-la mais uma vez.

Os dois irmãos não ousavam dizer nada, visto estarem completamente envolvidos com a dor daquele homem simples, que sufocava seu sofrimento para tentar amenizar as dificuldades de sua vida. Convivia com a perda e com o alcoolismo; nem por isso se entregava à descrença.

Bernadete foi a primeira a quebrar o silêncio.

— Senhor Fagundes, diga-nos por que o senhor se aproximou de nós.

— Porque quando os vi conversando com o Plínio, lembrei-me do casal que aqui chegou no auge da felicidade e que acabou se tornando personagem de uma triste tragédia. Quis alertá-los quanto a Plínio para que não fossem feridos na sua integridade física e moral. Em virtude disso, aconselhei para que fossem embora daqui o quanto antes. Plínio é perigoso e até hoje ninguém entende como ainda não está atrás das grades.

— Só mais uma coisa, senhor Fagundes. Por que se empenhou tanto em me ajudar a enxergar a verdade de Deus, a Sua existência como Criador e Pai de todos nós?

— Veja bem, senhorita Bernadete, minha esposa é exatamente como a senhorita. Só acredita e valoriza as coisas que a ciência explica. É racional, analítica, enfim, religião para ela é coisa de gente ignorante. Quando a tragédia se abateu sobre nossas cabeças, ela não tinha em que se segurar, em quem confiar, não sabia onde buscar auxílio e misericórdia. Perdeu a coragem e a esperança. Sua vida passou a não ter sentido nem valor. A alternativa que encontrou foi tentar esquecer, e o fez, equivocadamente, na bebida. Por essa razão quis mostrar-lhe, senhorita, que Deus está dentro de nós, no nosso coração, não em lugares fantasiosos que os incautos imaginam. Quis mostrar-

Somos todos aprendizes   95

lhe a única alternativa de encontrar um chão, caso a dor visite seu coração: Jesus.

— E o senhor, como conseguiu superar?

— Entreguei-me a Deus. Busquei Nele a esperança e a coragem. Fortaleci minha fé e não abriguei o desejo de vingança. Compreendi como o Felipe tinha sido imprudente ao se colocar em situações de risco. Hoje eu sofro por ele, por minha esposa e pela saudade que machuca; mas consigo encontrar Jesus dentro de mim em cada lágrima que derramo. Aprendi a vê-Lo em todos os momentos e a acreditar que as respostas só as terei quando daqui eu me for.

— Senhor Fagundes, que felicidade ter encontrado uma pessoa como o senhor. Mostrou-nos claramente que aquele que abriga no coração a paz do Mestre Jesus consegue ter paz mesmo quando os pés sangram por entre espinhos. Muito lhe agradeço pela lição de vida que nos deu.

Bernadete olhou a pequena Luana, que confiante adormecera em seu colo. Sentiu uma forte sensação de felicidade e essa emoção encheu seu coração de paz. Lembrou-se de seus pais e de Geraldo.

— Quanta felicidade deixei para trás, meu Deus, para vir em busca da Sua presença, sem perceber que o tempo todo o Senhor estava tão próximo de mim.

Fagundes furtivamente enxugou uma lágrima que caiu de seus olhos. Levantando-se, disse aos amigos:

— Vamos! Temos ainda um bom caminho pela frente.

Bernadete acordou Luana e, beijando-lhe o rosto, disse-lhe:

— Vá para casa, Luana. Não fique triste porque Jesus estará sempre com você.

Luana esticou os bracinhos, espreguiçando-se, deu um beijo no rosto de Bernadete e saiu correndo em direção à sua casa.

Tiago aproximou-se de Fagundes e enlaçou-o em um forte abraço.

— Obrigado por nos ensinar. O senhor é um grande homem, diria mesmo especial.

Fagundes agradeceu com um tímido sorriso nos lábios, mostrando mais uma vez a sua cativante simplicidade.

CAPÍTULO X

Reflexões

Caminhando lado a lado com Tiago e Fagundes, Bernadete ia entregue aos seus próprios pensamentos. Refletia sobre tudo que o recente amigo lhe dissera com tanta propriedade.

"Acho mesmo que sou uma tola", dizia para si. "Sempre me considerei uma pessoa esperta, determinada, agindo sempre dentro da mais perfeita lógica e certa do que quero; entretanto, agora percebo que conhecimento sobre a vida cotidiana, e principalmente sobre Aquele que a criou, não possuo nenhum. Não estou usando todas as minhas potencialidades. Segundo o que entendi, a minha maneira de ser não anula as outras questões; ao contrário, fortifica-as de certa forma pelo meu entendimento. Esta é a minha personalidade e não pretendo modificá-la. Lembro-me de quantas vezes me disseram que era necessário apenas encontrar o equilíbrio;. harmonizar os dois lados dentro da lógica e do bom senso".

— Que foi, minha irmã? Não disse mais nenhuma palavra desde que retomamos a estrada.

— Estou refletindo, Tiago. Vejo a necessidade de rever os meus conceitos. E pretendo fazê-lo. Só não encontro um modo de transformar minha personalidade para melhor sem me agredir.

Tiago olhou para Fagundes, agradecendo-o somente com o seu olhar. A alegria que experimentou naquele instante deu-lhe a certeza de que sua irmã finalmente conseguia compreender o que realmente, tanto ele quanto seus pais e Geraldo, tentavam fazê-la entender. Pensou por alguns instantes e finalmente disse à irmã:

— Bernadete, é muito importante que saiba que tudo o que lhe dissemos não foi com a pretensão de modificar sua personalidade, transformá-la em outra pessoa. A intenção era que percebesse que podemos ter tudo nesta vida; cultura, determinação, inteligência, beleza, fortuna, enfim, tudo o que nós homens sonhamos em possuir, no entanto se não tivermos amor dentro do coração, nada seremos. De que adianta ser o primeiro no mundo dos homens? Se não houver amor dentro de si, nada será. Não é a sua personalidade que deve mudar, mas você deve, sim, esforçar-se para adequá-la a seu coração, sendo preciso que este esteja adequado às leis divinas, enfatizando a lei do amor. Agir com benevolência, e não com precipitação.

— Não se preocupe, Tiago, eu já entendi. Para ser franca, admito que vocês tinham razão. Na realidade eu só queria saber de mim, satisfazer minhas vontades; ser fiel às minhas convicções, sem procurar checar se elas eram parceiras da verdade. Sempre quis sobressair como a mais "tudo". No entanto, percebo agora que fui uma tola. Não dei importância às coisas realmente importantes, ou melhor, às principais coisas da vida.

— Que bom, minha irmã, vê-la convicta da necessidade de usar bem os nossos sentidos e todos os recursos que Deus nos concedeu.

— Você acha que ainda é tempo? Acha que conseguirei?

— Claro, minha irmã. Não só acho como tenho certeza. Você já conseguiu enxergar a importância de fazer bom uso da nossa inteligência.

Bernadete sorriu. Animada, comentou:

Somos todos aprendizes 99

— Senhor Fagundes, nunca poderia imaginar que esta cidade tivesse recantos tão lindos.

— Entretanto, senhorita, quase a totalidade dos turistas que aqui chegam com as excursões, ou mesmo sozinhos, vêm em busca dos fenômenos e relegam a segundo plano o fenômeno da vida pulsando em redor.

— É... a felicidade muitas vezes é companheira e não nos damos conta.

— Estamos chegando — disse Fagundes, apontando para uma chácara a sua frente.

— É nesta chácara que estamos indo?

— Sim!

Aproximando-se da porteira, Bernadete notou um poste onde se via dependurado um enorme sino coberto em parte pelos ramos floridos de uma majestosa primavera. Logo abaixo uma placa de madeira na qual se lia: "Sejam bem-vindos". Repararam o cuidado das plantas e dos canteiros floridos que ornamentavam toda a frente da casa, exibindo o zelo com que eram tratados. A casa era rodeada em toda a sua volta por uma varanda guarnecida com aconchegantes cadeiras e lindas floreiras com plantas viçosas e perfumadas. Tudo ali demonstrava o amor das pessoas responsáveis pela chácara. Nada deixou de ser notado e admirado por Tiago e Bernadete. Fagundes apenas admirava a curiosidade dos dois irmãos e pacientemente esperava que a satisfizessem.

— Vamos entrar? — perguntou.

— Senhor Fagundes, antes de entrarmos, não poderia nos adiantar alguma coisa sobre esta casa? Qual o trabalho a que se dedicam?

— Senhorita, prefiro que entrem e vejam com seus próprios olhos. Acredito que aqui, neste lugar, poderá perceber o que de verdade é ter a presença de Deus no coração e exercitar o amor que nasce dessa presença e enche o coração do homem com a verdadeira caridade, completamente desinteressada.

— Tudo bem, então vamos entrar!

Fagundes tocou a campainha e aguardou. Sem passar muito tempo a porta se abriu e surgiu uma senhora simpática, de estatura baixa, cabelos pretos, cuidadosamente presos para trás, e um cativante sorriso nos lábios.

— Senhor Fagundes, que prazer revê-lo! — exclamou.

— O prazer sempre será meu, D. Clara. Cada vez que aqui venho renovo minha coragem e minha esperança. Fortaleço-me para continuar minha tarefa que, como a senhora tem conhecimento, não é nada fácil.

— Meu amigo, não lastime. O senhor é um homem forte, corajoso e, antes de tudo, um homem de fé. Nós também nos sentimos muito bem e felizes cada vez que aqui vem.

Olhando para os jovens falou com satisfação:

— Vejo que trouxe amigos.

— É verdade, D. Clara. Conhecemo-nos há apenas 24 horas, mas, acredite, sinto que sempre fomos amigos.

— Também sentimos a mesma coisa.

Dirigindo-se a D. Clara:

— Muito prazer, senhora, meu nome é Bernadete e este é meu irmão, Tiago.

— Sejam bem-vindos! Considerem-se nossos amigos também. Imagino que vieram para conhecer a casa, pois não?

Foi Fagundes quem esclareceu:

— Sim! D. Clara, a senhorita Bernadete sofreu uma decepção muito grande. Mediante seu desapontamento inclinou-se a não acreditar que ainda possam existir pessoas boas, justas e honestas, que se aproximam do próximo sem segundas intenções. Reluta crer que pessoas possam auxiliar somente pelo impulso de generosidade, exclusivamente por exercitar o amor fraternal, fruto da presença de Deus em seus corações. Não conheço melhor lugar do que este para contrariar o seu conceito. Esta é a razão pela qual a trouxe aqui.

Somos todos aprendizes 101

— Fez muito bem. Vamos entrar, por favor.

— Gostaria de saber o nome desta casa — Tiago falou.

— Esta casa chama-se "União e Fraternidade — Lar dos Excluídos".

— Lar dos Excluídos?! — repetiu Tiago.

— Surpreso? — retrucou Clara a Tiago.

— Perdoe-me, mas realmente estou surpreso. Por que Lar dos Excluídos? Nunca ouvi esse nome.

— Porque é o lar de todos aqueles cuja sociedade, e principalmente as famílias, excluiu por motivos diversos. Aqui eles são recolhidos e passam a ter um lar unido e fraterno.

— Mas recolhem qualquer pessoa? — indagou Bernadete, sem esconder a surpresa.

— Sim, qualquer irmão que esteja abandonado à própria sorte, vítima do descaso da própria família e da indiferença da sociedade. Procuramos, dentro do possível, dar-lhes o aconchego familiar que não têm, fazendo-os ver e acreditar que nem tudo está perdido quando somos atirados na solidão e no abandono. A família de Deus é grande e nossos braços estão abertos para recebê-los. Aqui não se tem luxo, apenas o necessário para se viver com dignidade. O que temos em abundância é a boa vontade para nos aproximar de nossos irmãos que estão em situações de aflição.

— Puxa, D. Clara, estou surpresa com tudo isso. Diga-me: o que esperam receber em troca de toda essa dedicação? Eles nada possuem para oferecer-lhes.

— Bernadete, você é ainda muito nova para compreender, possui a pressa natural da juventude. Quem se dedica a este trabalho com o coração aberto e sincero, motivado pelo desejo de servir ao próximo, não espera nada em troca, a não ser o rosto tranqüilo porque possui a esperança, o sorriso nos lábios e a confiança com que se entregam aos benfeitores. Recompensa, minha filha, nós a teremos no Reino de Deus, isso se Ele achar que temos direito a ela. Aqui no reino dos homens só queremos ter a oportunidade de poder trabalhar para oferecer ao próximo carente de afeto um porto seguro, um lugar onde possam recostar a cabeça e dormir em paz. Essa é a melhor recompensa que podemos ter.

— Você são pessoas especiais!

— Não, não somos! Somos pessoas como vocês e como todas, ainda muito imperfeitas. Apenas acreditamos na força do amor e do trabalho desinteressado. Mas, entrem, vamos conhecer a casa.

Clara, com toda a delicadeza, saiu acompanhada dos visitantes. Mostrou-lhes todas as dependências, as quais estavam impecavelmente limpas e arejadas. Em cada cômodo que entravam, conversava com todos que ali se achavam, apresentando um a um aos dois jovens.

Bernadete a tudo observava completamente admirada. Aqui eram os idosos isolados de seus familiares, com seus rostos marcados pelas rugas do tempo e da vida árdua que tinham levado. Percebiam-se os olhos vazios e sem brilho de cada um, fruto da indiferença familiar da qual eram o alvo; irmãos doentes, alguns jovens ainda, chegavam ali por não ter um lugar decente para abrigar os corpos enfraquecidos pela enfermidade. Tiago e Bernadete não ousavam dizer nada diante do que viam.

Atravessaram um pátio todo gramado e entraram em um dormitório amplo. Berços simples, mas guarnecidos com lençóis limpos e cobertores cheirosos, compunham a decoração do ambiente. Ali ficavam dez irmãozinhos especiais, que sofriam das mais diversas anomalias físicas e mentais. Eram cuidados com especial desvelo pelas funcionárias e voluntárias da casa.

Bernadete se admirava com tudo o que via. Nunca entrara em um abrigo como este. Tudo lhe inspirava novidade. Ao entrar no refeitório notou as mesas arrumadas, alimentos preparados com carinho e preocupação para que tudo saísse da maneira como deve ser em um lugar que se propõe a receber e incluir os excluídos, em nome de Jesus. Alimentação saudável e bem-feita. Higiene e ordem.

— D. Clara, como vocês conseguem manter esta casa que, pelo visto, tem despesa bem alta?

— É verdade, minha filha, é realmente muito alta. Mas a maioria das pessoas que aqui trabalha é de voluntários; temos em menor número as funcionárias. Recebemos doações e promovemos eventos diversificados, cuja renda nos ajuda muito. Várias pessoas da cidade participam, pois conhecem nossa luta.

— Vocês não questionam se estes internos merecem estar aqui? Não é culpa deles estarem passando por essa situação de descaso?

— Minha filha, quem somos nós para julgar, se o único ser que esteve na terra e que poderia fazê-lo, não o fez? Este ser foi Jesus! A nós cabe apenas servir. Deixamos o julgamento para o Mundo Maior, cujo juiz é verdadeiramente justo e benevolente com seus filhos.

A memória de Bernadete levou-a até o dia em que negara ajuda profissional a D. Cândida. Não conseguira ver a presença de Deus em seu apelo sofrido. No entanto, sua mãe, sensível ao sofrimento alheio, propôs a festa da pizza, o que fez com que o problema fosse solucionado.

— Como fui mesquinha e intolerante — pensou. — Vendo todo este trabalho maravilhoso, este desinteresse e tudo o que me aconteceu durante o dia de hoje, não posso mais questionar. Na minha busca equivocada para encontrar Deus, deixei-O sempre para trás. Não O reconheci. Agora começo a acreditar que Ele realmente existe dentro de nós, isso se permitirmos, e manifesta-se sempre que nos entregamos à prática do bem. Sinto-me diferente. Parece-me que meu coração cresceu e meus olhos ganharam nova forma de observar a vida, enxergando-a por meio da presença de Deus no coração. Ele jamais estará nas coisas pequenas, mesquinhas e vis. Porém sempre estará nas obras, não importa o tamanho que tenham, mas que sejam feitas com um grande amor. Fortaleça-me, Senhor, nesta nova etapa da minha vida.

Bernadete nem percebeu que todos a olhavam meio assustados com seu ar distante e reflexivo.

— Desculpem-me, estava pensando.

Abriu a bolsa e retirou uma quantia em dinheiro que entregou à D. Clara.

— D. Clara, não tenho muito, mas gostaria que aceitasse essa contribuição, modesta, contudo ofertada com todo meu coração.

Clara se emocionou.

— Obrigada, minha filha. Aceito e agradeço em nome de todos os irmãos que moram aqui na casa. Que Jesus a abençoe.

— Acredito que Ele já me abençoou.

Abraçaram-se. Tiago aproximou-se da irmã.

— Querida, estou orgulhoso. Você encontrou o que tanto procurava em menos tempo do que esperava. Agora já sabe exatamente onde Deus está.

— Sei, meu irmão, sei. Ele está no amor que se sente.

Fagundes e Clara sentiam-se felizes em ver a união daqueles dois irmãos jovens ainda, mas procurando a verdade da vida.

Fagundes, verificando o adiantado da hora, chamou-os para retornarem à cidade.

— Voltaremos de ônibus, senhorita. Deve estar cansada.

Bernadete sorriu e respondeu:

— Nada disso, senhor Fagundes, não estou. Retornaremos a pé até o ponto no qual descemos. Não vou perder a oportunidade de admirar toda essa natureza de novo.

— Como a senhorita quiser.

Despediram-se de Clara. Foram conversando, alegres, trocando suas impressões sobre tudo que acontecera, quando Bernadete falou:

— Tiago, vamos voltar amanhã logo cedo. Tudo bem?

Somos todos aprendizes 105

— Você é quem sabe, Bernadete, sou apenas seu acompanhante.

— Não temos mais nada que fazer aqui. O que queria, encontrei e compreendi. Agora é fazer a lição de casa — brincou.

— Não tenho necessidade de ficar, prefiro voltar. Sinto saudades de nossos pais e uma vontade enorme de estar com Geraldo.

— Ah! O amor é lindo! — caçoou Tiago.

Assim que chegaram à praça, despediram-se de Fagundes.

— Senhor Fagundes, tivemos enorme prazer em conhecê-lo. Muito obrigado por tudo o que fez por nós, especialmente por mim. Desejo de coração que tudo melhore na sua vida. Que o senhor e sua esposa possam encontrar a paz. Se o senhor não se ofender, vou lhe dar um conselho: sua esposa necessita de um tratamento médico. Só com a sua ajuda ela não conseguirá melhorar. Vou deixar com o senhor meu telefone. Se achar por bem levá-la para São Paulo, onde moramos, para submetê-la a uma avaliação médica, telefone-me que terei o maior prazer em ajudá-lo.

Escreveu seu telefone em um pedaço de papel e entregou ao amigo. Este, visivelmente emocionado, disse-lhe:

— Muito obrigado, senhorita. Entrarei em contato com vocês no momento oportuno. Que Jesus os acompanhe.

Abraçou-a respeitosamente e em seguida abraçou Tiago.

— Obrigado por tudo! — exclamou Tiago.

Separaram-se.

Tiago e Bernadete seguiam em direção à pousada. Ao passarem em frente da sorveteria, Plínio avistou-os e em dois passos se aproximou.

— Então, mocinha valente, já me denunciou na delegacia?

Tiago ia responder, mas Bernadete segurou-o. Calmamente olhou para Plínio, retrucando:

— Não! Não fui nem vou. Não estou preocupada com você. Quem deveria estar é a polícia, e não eu. Quanto a você, espero que um dia consiga perceber o mal que faz para as pessoas, e principalmente a si próprio. Agora, se nos der licença, precisamos ir.

Sem esperar qualquer resposta de Plínio, segurou a mão de Tiago e afastou-se. Plínio olhou-os e sentiu mais raiva ainda.

— Que mocinha atrevida! — exclamou. — Espero não encontrá-la mais aqui, porque se isso acontecer, não sei se me seguro.

No dia seguinte Bernadete e Tiago cortavam a estrada, felizes, rumo à casa de seus pais. O vento entrando pela janela do carro movimentava seus cabelos, fazendo-os experimentar a deliciosa sensação de paz e liberdade.

Paz! O que na realidade podemos chamar de Paz? O silêncio egoísta do lar onde não se permite entrar o som de uma voz que clama por auxílio ou a tranqüilidade que sente os corações que se empenham em promover a paz nos corações aflitos.

O significado da palavra paz é muito mais profundo do que julgamos.

Para que de verdade exista a paz no mundo, será necessário que a humanidade compreenda e auxilie mais uns aos outros, isto quando se pretende a paz real, e não a aparente.

Ser fiel às leis do trabalho, da justiça, do amor e da caridade; exercitar a lei da igualdade, cuidando para que todas as criaturas tenham os mesmos direitos e os mesmos deveres.

Consegue-se a paz quando se aprende que as palavras devem ser o reflexo das obras, boas e edificantes. Quando se aceita que é da lei divina que todos tenham direito a um lugar ao sol, e jamais impedir que esta lei se cumpra.

A sensação de paz da nossa personagem veio da descoberta de um caminho, que até então lhe era desconhecido, e tal descoberta proporcionou-lhe novamente a esperança de que dali para frente poderia ser uma pessoa melhor e mais próxima dos seus semelhantes.

Somos todos aprendizes

Essa sensação é apenas o começo para se chegar à paz real e sem subterfúgios.

A paz do Senhor sempre estará entre todas as criaturas; é necessário somente permitir que cada ser vá ao encontro de sua paz interna.

A paz verdadeira somente existirá na Terra quando a humanidade compreender que Paz não é ausência de guerra, mas presença de Deus.

CAPÍTULO XI

A VOLTA

O som insistente da campainha fez com que Aurora se apressasse em atendê-la.

— Quem será? — perguntou em voz alta. — São seis da tarde, preciso correr com o jantar.

A campainha tocou novamente.

— Estou indo — gritou. — Estou indo.

Abriu a porta e mal disfarçou a surpresa ao deparar com os filhos parados a sua frente.

— Bernadete, Tiago! Que saudade, filhos. O que aconteceu para voltarem tão depressa? Não gostaram do lugar? Estão com fome? Doentes?

— Calma, mãe, calma. Uma pergunta de cada vez — falou Tiago sorrindo.

— Deixe-nos entrar, mãe, ou vai nos deixar parados aqui na porta?

— Claro, claro. Entrem, meus filhos. Estão na casa de vocês. Pareço até uma boba, mas é que estou feliz em vê-los. Desculpem-me.

Recuou permitindo a passagem dos jovens. Eles, sorrindo,

entraram e cada um subiu correndo para seu quarto levando consigo a bagagem.

Aurora voltou para a cozinha com a intenção de caprichar no jantar. "João vai ter a maior surpresa quando chegar", pensou.

— Mãe! — ouviu a voz de Bernadete. — Onde está o papai?

— Saiu, filha, e ainda não voltou. Acredito que não deve demorar. Já, já ele chega.

Voltou aos seus afazeres, sem se desligar de seus pensamentos. "Que será que aconteceu para eles voltarem tão cedo? Espero que Bernadete não tenha desistido de seu propósito, porque se isso aconteceu, não tenho mais esperanças quanto à sua mudança de comportamento."

Sentiu dois braços enlaçarem sua cintura. Ficou feliz ao ver sua filha aconchegar a cabeça em suas costas.

— Que foi, filha? Você está doente? Diga-me o motivo que a trouxe de volta tão rápido, depois de programar por tanto tempo essa viagem. Desistiu da sua intenção?

— Não fique preocupada, mãe. Não estou doente nem desisti da viagem porque mudei de idéia. O que aconteceu é que atingi meu objetivo mais depressa do eu poderia supor, então resolvi voltar. O que vi e vivi me satisfez e me fez refletir. Não vi razão para continuar viajando. Achei melhor voltar e matar a saudade de vocês.

— Conte-me, então, filha.

— Calma, D. Aurora, vamos esperar o papai chegar, assim conversaremos todos juntos. Será melhor, não acha?

— Tem razão, acho sim. Vamos esperar seu pai.

Encostando a boca no ouvido de sua mãe, Bernadete disse:

— Mãe, vou lhe contar um segredo: estou morrendo de saudade do Geraldo!

— Verdade, filha? Que boa notícia! — exclamou Aurora.

— Mãe, o que quer dizer? Seja mais clara.

— Quero dizer que é muito bom que sinta saudade do Geraldo.

— Ah, é? E pode me dizer por quê? A senhora mal conhece o Geraldo.

— Engano seu!

— Como assim, mãe?

— É que ele também está morrendo de saudade de você.

— Verdade? — perguntou ansiosa.

— Verdade! — tornou a repetir Aurora.

Bernadete pensou um pouco e falou admirada:

— Espera aí, mãe. Como sabe que ele também sente saudade de mim?

— Ora, porque ele mesmo nos disse.

— Mãe, por favor, seja mais clara. Quando ele lhes disse isso?

— Quando esteve aqui em casa conversando comigo e com seu pai.

Bernadete por instantes ficou sem saber o que dizer. Recobrando-se da surpresa voltou a perguntar.

— Mãezinha, conte-me esta história direito, pelo amor de Deus.

Aurora deu um gostoso sorriso.

— Está bem, filha. Sente-se que vou lhe contar.

Quando começava a relatar o ocorrido, ouviu Tiago gritando:

— Mãe, a Gracinha me ligou?

— Sim, filho, uma vez.

— E o que ela disse?

— Nada de importante. Apenas perguntou por você e quis saber quando voltava.

— E o que a senhora respondeu?

Somos todos aprendizes 111

— Ora, Tiago, respondi que não sabia o dia da sua volta.

— Só isso?

— Só! Por que não liga para ela?

— Vou fazer isso.

Aurora voltou-se para Bernadete.

— Como ia lhe dizendo, filha, o Geraldo esteve aqui em casa e conversamos bastante.

— Nossa, mãe, fiquei fora tão poucos dias e aconteceram tantas coisas importantes na minha vida.

— Pois é, filha, primeiro ele ligou pedindo permissão para vir falar conosco. Chegou meio tímido, mas logo colocou-se bem à vontade.

— O que foi que ele falou para vocês?

— Contou-nos que vocês eram amigos há muito tempo, se entendiam muito bem e estavam sempre juntos na faculdade. Com o tempo, sem que ele fizesse esforço, percebeu que estava apaixonado por você. Contou-nos o que conversaram e deixou claro o desapontamento que sentiu quando você pediu um tempo; enfim, tudo o que você já sabe. Disse que se falaram pelo telefone e que você dissera que o amava. Filha, ele não cabia em si de contente. Parecia um adolescente vivendo seu primeiro amor. Fez questão de deixar bem claro suas intenções com você e que tudo faria para fazê-la feliz. Por fim, pediu-nos autorização para namorá-la.

— Não acredito!

— Eu e seu pai também ficamos surpresos com essa atitude do Geraldo. Não acontecem mais coisas assim nos dias de hoje.

— Mãe! E o que a senhora e papai acharam dele?

— Para ser bem franca, gostamos muito dele. A sua maneira de ser, o jeito simples de se expressar, seus bons princípios ao ter a atitude de vir falar conosco, dar-nos uma satisfação...

— Fico tão feliz, mãe, pelo fato de terem gostado dele.

— Gostamos sim, filha. Gostamos muito. Achamos até que formam um belo casal.

Aurora calou-se. Após alguns minutos, perguntou à filha:

— Bernadete, o que você sente por ele? Diga-me francamente, sem constrangimento.

— Vou ser muito sincera, mãe. Descobri que também o amo. Acho mesmo que já o amava há tempos, apenas não me dava conta disso. Foram apenas poucos dias sem vê-lo para que eu sentisse saudades dele e percebesse o quanto é importante para mim.

— Filha, pense e verifique se seu sentimento é realmente este. Não o faça sofrer; ele não merece.

— Jamais brincaria com os sentimentos de quem quer que seja, mãe, principalmente com os do Geraldo. Tenho certeza que o amo. A saudade que senti dele, o vazio no coração só de saber que estava longe e a vontade enorme de tê-lo junto a mim deixaram bem claro o que sinto por ele. Queria tanto que ele estivesse participando dos meus momentos, das emoções que estava vivendo. Isso fez com que eu examinasse melhor meus sentimentos e descobrisse o que para mim tinha real valor. Eu o amo, mãe, tenho plena certeza.

— Que bom, filha, fico tão contente por você. Perceber o brilho em seus olhos quando falou dele fez-me acreditar que vocês dois serão muito felizes juntos, porque eu vi esse mesmo brilho nos olhos de Geraldo.

Bernadete abraçou sua mãe, sem tentar esconder sua emoção.

— Torça por isso, mãe, torça para que sejamos felizes.

— Você ainda duvida, filha?

— Sabe o que vou fazer? Telefonar para ele. Sei que ficará surpreso. Ele nem imagina que voltei hoje.

— Vá, filha, vá. Enquanto isso termino o jantar. Seu pai deve estar chegando.

Bernadete, feliz, foi direto para o telefone fazer a ligação.

Geraldo em seu escritório concentrava sua atenção em

Somos todos aprendizes

uma petição que levaria ao Fórum no dia seguinte, quando o telefone tocou.

— Alô — disse maquinalmente.

— Eu o amo!

Geraldo sobressaltou-se.

— Bernadete?

— Eu o amo — repetiu. — Será que você me ama ainda?

— Claro que ainda a amo, e vou amá-la sempre, pelo resto da minha vida. Duvida?

— Claro!

— Não brinque. Que bom que você ligou. Estou morrendo de saudade.

— Não acredito!

— Bernadete, por que você está falando assim? Não confia mais em mim?

— Porque se você estivesse com tanta saudade de mim viria me ver.

— Querida, eu não posso ir. É muito longe e tenho compromissos inadiáveis no escritório. Se pudesse, acha mesmo que não iria correndo para junto de você?

— Nossa, você acha mesmo que minha casa fica assim tão longe do seu escritório? Aposto que chegaria aqui em menos de vinte minutos.

— Você... você não está querendo dizer que voltou, está?

— Estou! Acabei de chegar, amor.

Geraldo nem se lembrou mais do que estava fazendo. Respondeu, vibrando de alegria:

— Dentro de trinta minutos estarei aí. Posso?

— Claro. Venha jantar conosco.

— Bernadete, eu a amo. Sou o homem mais feliz do mundo.

— Estou esperando você, morrendo de saudade.

Desligou o telefone e avisou a mãe:

— Geraldo vem jantar conosco. Algum problema?

— Nenhum, filha. Será um prazer.

— Vou subir e tomar um banho. Quero estar bem bonita para ele.

— Vá sim, filha. Vá se arrumar.

Bernadete saiu e Aurora retornou aos seus pensamentos enquanto suas mãos hábeis preparavam um delicioso jantar para demonstrar o quanto estava feliz com a presença de todos. "Meu Deus", pensava, "permita que minha Bernadete saiba o que está fazendo. Que ela realmente tenha percebido o caminho mais seguro para desfrutar da felicidade que almeja, e esse caminho, Senhor, é trazê-lo para o interior da sua alma e seguir Jesus. Tudo podemos construir, mas se não existir amor, se não existir a Vossa presença no coração, seremos como um deserto árido e sem vida".

— Um tostão pelos seus pensamentos. Saudades das crianças, aposto.

Virou-se e deparou com o sorriso simpático de João.

— Errou. Nossos filhos estão lá em cima. Chegaram hoje.

Aurora sorriu da expressão de espanto do marido.

— Chegaram?!

— Sim. Faz pouco tempo.

— Mas o que houve para retornarem tão depressa? Bernadete sonhou tanto com essa viagem. O que a fez mudar de idéia?

— O que houve ainda não sei. Ela quis esperá-lo para conversarmos todos juntos.

— E como ela está?

— Feliz! Muito feliz. Diria até tranqüila, mais do que eu podia esperar.

— Isso é bom.

Aurora largou o que fazia, limpou suas mãos no avental e, ostentando um certo ar de confidência, disse ao marido:

Somos todos aprendizes 115

— Nós conversamos sobre o Geraldo.

— E ela?

— Ficou feliz e confessou-me que tem certeza do seu amor por ele.

— Você comentou a respeito da visita que ele nos fez?

— Claro, João. Contei-lhe tudo como aconteceu, o que conversamos; coloquei-a a par de tudo.

— Imagino como ela deve ter ficado surpresa.

— É, ficou sim. Pelo que pude observar, acho que ela não esperava que ele tivesse coragem de vir falar conosco assim tão no início do namoro.

— Sabe, Aurora, eu gostei muito deste rapaz.

— Eu também, João. É um bom moço.

— Pai!

João, ao ouvir a voz da filha, virou-se sorridente e feliz, recebendo um caloroso abraço dela.

— Que saudade, pai! — exclamou novamente Bernadete.

— Também estava com saudade, filha. E vocês ficaram fora somente quatro ou cinco dias! Imagine se fosse mais tempo. Acho que iria morrer... de saudade — brincou João.

Segurou as mãos da filha e disse-lhe ansioso:

— Agora conte-nos como foi a viagem. Conseguiu seu objetivo? Vocês voltaram tão rápido.

Bernadete ia responder quando ouviram a campainha da porta. João fez menção de abrir, mas Bernadete mais que depressa tomou a frente.

— Deixe que eu atendo. Deve ser o Geraldo.

João olhou para a mulher com interrogação nos olhos.

— Ele vem jantar conosco — disse Aurora, respondendo a pergunta que não chegara a sair dos lábios do marido.

— Bem, vou subir e falar com Tiago.

Bernadete abriu a porta, mal conseguindo controlar sua

ansiedade. Assim que se viu diante de Geraldo, abraçou-o com a emoção própria dos corações enamorados, confessando:

— Por que não descobri há mais tempo que o amava?

— Porque o momento não era aquele, e sim este. Agora é o momento para nos encontrarmos como dois namorados. Agora estamos certos dos nossos sentimentos. Eu te amo, Bernadete.

— Eu também amo você, Geraldo.

Beijaram-se na entrega espontânea e natural de dois apaixonados.

— Ei! Vão ficar aí parados na porta neste grude todo?

Assustados, separaram-se. Voltando-se para a direção da voz que ouviram depararam com o rosto sorridente de Tiago, que só não rira mais para não deixá-los sem graça.

— Que susto, Tiago!

— Pudera! Tinha mesmo de assustar. Estavam no mundo da lua.

Geraldo com sua simpatia característica, aproximou-se de Tiago. Apoiou a mão em seu ombro e, dando-lhe um tapinha, disse:

— Cunhado, você deve saber muito bem como são essas coisas, não?

— Claro, cunhado, claro! Podem ficar frios, aqui ninguém viu nada, OK?

— Como você é gentil, não, meu irmão? — falou cinicamente Bernadete.

— Deixa de gozação e vamos entrar. Mamãe e papai nos aguardam para o jantar.

— Vamos.

Entraram.

João e Aurora notaram o semblante de felicidade da filha e, mais que depressa, estenderam a mão para Geraldo, cumprimentando-o com satisfação.

— Temos muito prazer em revê-lo, meu rapaz.

Somos todos aprendizes 117

— Obrigado, senhor João. Creia que o maior prazer é meu em poder revê-los.

— É, a vida nos reserva algumas surpresas.

— Tem razão, D. Aurora. Felizmente esta foi uma surpresa agradável e que me transformou no homem mais feliz do mundo.

Bernadete se comoveu. Segurou a mão do namorado e lhe disse, olhando-o nos olhos e sem se importar com o fato de sua família ouvir:

— Eu também estou feliz, Geraldo, como nunca pensei que pudesse estar.

— Desculpem-me, porém estou ansioso para saber o que aconteceu para ocasionar essa rápida volta — disse João. — Poderia nos contar, Bernadete?

— Claro, pai. A minha intenção é esta. Também estou ansiosa para colocá-los a par de tudo. Vamos nos sentar e conversar com calma e sem pressa. Quero contar-lhes tudo com detalhes. Imagino que irão ficar felizes, afinal, tantas vezes quiseram abrir-me os olhos e eu teimava em não lhes dar ouvidos.

— Filha, passado é passado. O que realmente importa é o que fazemos com o nosso presente; aliás, pelo que posso observar, presumo que esta cabecinha está cheia de boas novidades. Acertei?

— Acertou, mãe. Estou sim, e quero dividir com vocês, que são as pessoas que amo e que me amam também.

— Então fale, filha. Conte-nos o que aconteceu.

— Vou contar, pai.

Ia começar a narrativa quando a campainha da porta tocou, de forma insistente.

— Deixe que eu atendo — disse João.

Levantou-se com presteza e dirigiu-se até a porta. Ao abri-la surpreendeu-se ao ver a sua frente a namorada de Tiago.

— Senhorita Gracinha!

— Desculpe-me, senhor João, não quero ser incômoda. Gostaria apenas de falar com o Tiago, se possível.

— Claro, minha filha. Entre. Estão todos na sala.

Gracinha acompanhou João até a sala onde todos estavam reunidos. Assim que a viu Tiago, levantou-se surpreso e, indo ao seu encontro, perguntou-lhe:

— O que faz aqui, Gracinha? Não marcamos nosso encontro para logo mais à noite?

— Marcamos sim, Tiago. Desculpe-me vir sem avisar, mas...

Sem que pudesse terminar o que ia dizer, começou a chorar.

Todos ficaram penalizados diante da tristeza da moça. Tiago, passando as mãos sobre seus ombros, puxou-a para si, encostando sua cabeça em seu peito.

— Gracinha, diga-nos o que aconteceu para deixá-la assim tão nervosa.

João complementou dizendo:

— É verdade, minha filha, diga-nos o que houve. Talvez possamos ajudá-la. Fique à vontade, gostaríamos de lhe ser úteis. O que aconteceu?

Gracinha levantou a cabeça. Enxugou as lágrimas que lhe caíam pela face, falando timidamente:

— É o meu pai!

— O que tem ele? Diga-nos, por favor.

— Ele desapareceu.

— Desapareceu?! — disseram todos ao mesmo tempo.

— Pelo amor de Deus, Gracinha, como desapareceu?

— Não sabemos dizer, Tiago. Simplesmente desapareceu.

Geraldo, mais experiente por conta de ser advogado, inquiriu:

— Senhorita, desapareceu em que circunstância, em qual

Somos todos aprendizes 119

lugar, em que hora? Explique-se melhor para que possamos entender e ver como ajudá-la.

— Sente-se aqui, Gracinha — disse Aurora. — Vou buscar um pouco de água para você.

Gracinha sentou-se. Bebeu a água trazida por Aurora e, em seguida, relatou o ocorrido.

— Há mais ou menos três horas minha mãe pediu ao meu pai que fosse até a mercearia comprar algumas coisas para o lanche. Meu pai foi a pé dizendo que preferia andar um pouco, fato que não nos causou nenhuma estranheza. Várias vezes ele fez isso. Como demorava demais, minha mãe pediu-me que fosse encontrá-lo pelo caminho e lhe falasse que viesse mais depressa. Não o encontrei pelo caminho nem na mercearia que fica a poucas quadras da casa. Perguntei ao senhor da mercearia que nos conhece há bastante tempo e ele me garantiu que meu pai não esteve lá. Nós não temos a menor idéia do lugar onde ele possa ter ido. Estamos muito preocupadas e temerosas com o que possa estar acontecendo. Não sabemos o que fazer. Se aguardamos ou se vamos até a delegacia. O que vocês acham?

Bernadete, antecipando-se aos demais, disse-lhe:

— Gracinha, por enquanto não adianta ir até a delegacia dar queixa porque é pouco tempo. Geralmente espera-se 24 horas para ser constatado um desaparecimento, a não ser que alguém o tenha visto ser abordado por alguém ou tenha alguma pista que possa caracterizar um seqüestro. Três horas é muito pouco. O que podemos fazer é percorrer de carro toda a imediação do lugar onde supostamente ele desapareceu para ver se encontramos indícios de algo concreto.

— Vocês fariam isso?

— Faríamos não, vamos fazer, não é, Geraldo? Fique calma, Gracinha, iremos encontrá-lo e tudo ficará bem. Confie em Deus, Ele irá nos ajudar a encontrar seu pai.

João, Aurora, Tiago e Geraldo ficaram quase paralisados

diante da atitude de Bernadete, nunca vista por eles. Nunca a tinham visto falar com tanto carinho e, principalmente, mencionar Deus em sua intenção.

João e Aurora olhavam com satisfação para a filha. Geraldo deixava transparecer em seu olhar o grande amor que lhe ia na alma. Tiago pensava: "Obrigado, meu Deus, ela conseguiu trazê-Lo para seu coração mais cedo do que se podia esperar".

Geraldo, saindo de seus pensamentos, indagou:

— Como faremos para encontrá-lo se não o conhecemos?

Tiago prontamente sugeriu:

— Vamos em dois carros. Eu o conheço, irei com você, Geraldo, e Gracinha irá com Bernadete.

— Há necessidade de irmos também?

— Não, pai, é melhor ficarem aqui. Gostaria que jantassem e nos esperassem tranqüilos. Assim que tivermos notícia nos comunicaremos. Qualquer coisa que souberem ou precisarem, liguem para meu celular.

— Está bem, filha. Vão com Deus. Estaremos rezando para que tudo termine bem. Fique calma, Gracinha, não perca a esperança nem duvide do auxílio divino.

— Obrigada. Desculpem-me ter vindo atrapalhar o jantar de vocês. Minha mãe e eu estamos sem saber o que fazer e com muito medo do que possa acontecer.

— Tudo não vai passar de um grande susto — disse Bernadete. — Vamos manter a calma para conseguirmos agir de maneira correta.

— Então vamos.

— Sim, vamos.

Com a esperança aquecendo o coração, os quatro jovens entraram em seus carros e seguiram em diferentes direções à procura do pai de Gracinha. Esta, sentada ao lado de Bernadete, permanecia quieta, apertando as mãos uma na outra, demonstrando visivelmente seu nervosismo.

Somos todos aprendizes 121

— Relaxe um pouco, Gracinha. Vamos manter a esperança, nós o encontraremos.

— Perdoe-me o que vou dizer, Bernadete, mas nunca imaginei que você fosse esta pessoa gentil e amiga que está demonstrando ser comigo. Nunca tivemos muito contato, mas imaginava-a mais seca; educada, sim, mas não generosa. Agradeço-lhe de coração o que está fazendo por mim e minha mãe.

Como um *flash* Bernadete se viu como realmente tinha sido até então: preocupada exclusivamente consigo. "Meu Deus, agi tão espontaneamente. Senti realmente o desejo de ajudá-la. Será que alguma coisa mudou tanto dentro de mim, que interferiu nos meus propósitos egoístas sem que eu fizesse esforço algum, agindo com naturalidade?", pensou. "Se isso aconteceu de verdade, Senhor, que eu siga em frente, verdadeira e fraterna. Que meus impulsos sejam generosos, nunca egoístas."

— Não se preocupe, Gracinha. Seu julgamento anterior estava certo. Eu andava perdida em mim mesma. Sinto-me feliz se algo me mudou e me fez tornar-me uma pessoa melhor. Só espero que seja para sempre.

— Com certeza será, Bernadete.

— Diga-me como se chama seu pai.

— Joaquim. Mas todos o chamam de Juca.

— Então, Gracinha, preste atenção em tudo para ver se o encontramos por aqui. Vou andar bem devagar para que possa olhar para todos os lados.

— Está certo.

Novamente o silêncio se fez entre as duas jovens.

Quarenta minutos haviam se passado e nada encontraram que pudesse levá-las ao paradeiro de Juca. Pararam em diversos lugares para perguntar, mas nenhuma das pessoas ouvidas souberam informar algo concreto. Diziam sempre a mesma frase: "não o vimos", ou então diziam coisas sem sentido.

Tanto Bernadete quanto Gracinha começavam a desanimar.

Duas horas passadas e nada de notícia. A esperança começava a esmorecer.

— Acho melhor voltarmos, Bernadete. Minha mãe deve estar mais preocupada ainda pela minha demora.

— Tem razão, Gracinha. Vamos voltar e ir direto a sua casa ver como ela está.

— Vamos sim — respondeu Gracinha com um fio de voz.

Bernadete tomou a direção do retorno. Mal tinham andado poucos quarteirões e o celular de Gracinha tocou. Apressadamente atendeu e, reconhecendo a voz do namorado, perguntou ansiosamente:

— Tiago, alguma novidade?

Do outro lado da linha ouviu a voz do namorado:

— Gracinha, nós o encontramos.

— Verdade, Tiago? Graças a Deus. Onde vocês estão? Ele está bem? O que aconteceu?

— Calma, querida, calma. Não me atropele com tantas perguntas; esclarecerei pessoalmente.

— Mas onde estão?

— No Hospital Público.

— Hospital Público? Por Deus, o que aconteceu?

— Fique calma. Ele está bem. Venham nos encontrar aqui.

— Estamos indo.

— Gracinha, diga a Bernadete que passe primeiro em sua casa, apanhe sua mãe e traga-a com vocês. Ela deve estar muito preocupada. Diga para trazer os documentos do senhor Juca e algumas roupas.

— Tudo bem, Tiago, estamos indo. Qual é mesmo o hospital? — tornou a perguntar para ter certeza que realmente ele estava em um hospital.

— O Hospital Público aqui do bairro. Estaremos no portão de entrada.

Somos todos aprendizes 123

Desligou o aparelho e Gracinha fez o mesmo, passando para Bernadete as informações que Tiago lhe dera.

— Estou angustiada, Bernadete. Será que aconteceu algo muito grave para ele estar em um hospital?

— Vamos pensar de maneira positiva, Gracinha. O importante é que ele foi encontrado e está vivo. Vamos buscar sua mãe e nos encontrarmos com eles.

— Vamos.

— Por favor, Gracinha, ligue para meus pais e coloque-os a par de tudo que está acontecendo. Diga-lhes para não ficarem preocupados se demorarmos. Nós os manteremos informados.

Gracinha no mesmo instante ligou para os pais do namorado.

CAPÍTULO XII

Um grande susto

A ssim que desceram do carro, Gracinha e sua mãe, D. Jane, correram ao encontro de Tiago e Geraldo, que as esperavam no saguão do hospital.

Bernadete foi estacionar o carro nas proximidades. Intrigava-a a maneira como sentia toda aquela situação que, afinal, para ela era uma sensação completamente nova. O seu relacionamento com a namorada do irmão era quase nulo até então. Tinham se falado poucas vezes; entretanto, era sensível à preocupação e ao sofrimento de Gracinha e de sua mãe, que acabara de conhecer.

"Que sentimento é este?", pensava. "O que de fato aconteceu comigo para que meus sentimentos e emoções se transformassem dessa maneira em tão pouco tempo? Tudo isso para mim é surpreendente."

Chegando à portaria juntou-se aos demais para inteirar-se da situação.

— Por favor, Tiago, conte-nos o que aconteceu. Onde o encontraram e por que Juca está no hospital.

— Fique calma, D. Jane. Vamos nos sentar e lhe contaremos o que de fato ocorreu. Antes, por favor, dê-me os documentos e as roupas do senhor Juca para entregá-los na recepção do hospital.

Assim que tomou posse dos documentos e das roupas, foi entregá-los no setor apropriado. Voltando, Tiago sentou-se ao lado da namorada, segurou-lhe as mãos e disse aos presentes ansiosos:

— D. Jane, Geraldo e eu, após rodarmos todas as ruas adjacentes ao local onde o senhor Juca poderia ter passado, perguntado a todas as pessoas que encontramos pelo caminho, nada obtivemos de concreto. Resolvemos então entrar em um estabelecimento para tomarmos um café. Próximo a nós estava um grupo de pessoas comentando um fato que havia acontecido há poucas horas, perto da mercearia à qual o senhor Juca se direcionava. Aproximamo-nos do grupo e pedimos licença para ouvir o que comentavam, visto estarmos procurando um senhor que havia desaparecido naquele local há algumas horas. Ficamos sabendo então que uma senhora que passava pelo local encontrou um homem caído no chão, desacordado. Pela aparência percebeu logo que não se tratava de alguém que tivesse bebido ou coisa parecida. Correu até a farmácia mais próxima e pediu socorro. O responsável pela farmácia, antes de ir ao local, ligou para o resgate, relatando o fato e pedindo que viessem pegá-lo. Chegando ao local, prestou socorro imediato dentro da sua experiência como prático de farmácia até que o resgate chegasse. Foi o que salvou o senhor Juca, pois, pelas primeiras informações que tivemos, parece que ele teve um problema no coração que ocasionou o desmaio. Foi trazido para cá e está medicado, fazendo exames necessários para fechar o diagnóstico do que realmente sucedeu. Agora precisamos aguardar. Assim que tiverem uma posição concreta virão conversar com a família.

Jane e Gracinha caíram em um choro desesperado.

— Meu marido caído no chão, sozinho. Meu Deus!

— D. Jane — disse-lhe Geraldo —, não se entregue ao desespero; ao contrário, agradeça a Deus por ter enviado esta senhora que o encontrou e se dispôs a procurar ajuda. Neste instante ele está sendo tratado, recebendo os devidos cuidados.

— É verdade, mãe. Vamos apenas agradecer e confiar em Deus. Papai ficará bom.

Bernadete a tudo observava comovida. "É a Sua presença, meu Deus. Mais uma vez noto a Sua presença nas atitudes e no coração das pessoas."

Assim que se recompôs, Jane quis saber como encontrar a senhora que o socorrera.

— Não sabemos quem é, D. Jane.

— Podemos ir até a farmácia. O rapaz que a atendeu deve conhecê-la, pois deve morar pelas imediações.

— Nisso a senhora tem razão.

— Mãe, vamos aguardar notícias do papai. Amanhã, com mais calma, procuraremos a senhora para agradecê-la. Agora já é muito tarde, ela deve estar recolhida em sua casa, feliz por ter prestado solidariedade a um irmão que lhe era totalmente estranho.

— Nunca imaginei que o Juca tivesse algum problema de coração — disse Jane.

— É, D. Jane, imprevistos acontecem. São os acidentes de percurso muito comuns na trajetória da vida. Na realidade, nunca sabemos o que irá nos acontecer no próximo segundo.

— O senhor tem razão — respondeu Jane a Geraldo.

Bernadete, olhando o relógio, falou aos presentes:

— Já é muito tarde. Imagino que passarão a noite aqui até que tudo se esclareça, não?

— Claro, Bernadete. Você e Geraldo podem ir para casa; nossos pais devem estar preocupados. Diga-lhes que ficarei aqui com elas e assim que tivermos uma posição definida as levarei para casa.

— Tudo bem, Tiago. Qualquer coisa mantenha-nos informados. Pode ligar a qualquer hora que estarei esperando.

Gracinha levantou-se e, abraçando Bernadete, disse-lhe com lágrimas nos olhos:

— Obrigada por tudo. Você foi uma grande amiga. Não sei como posso lhe agradecer. — Espontaneamente deu-lhe um beijo no rosto.

Novamente Bernadete foi assaltada por seus próprios pensamentos. "Meu Deus, é a primeira vez que ouço alguém falar assim comigo. Chamar-me de grande amiga." Sentiu uma gostosa sensação de prazer.

— Obrigada, Gracinha. Bem, então vamos, Geraldo.

Despediram-se e de mãos dadas deixaram o hospital. Bernadete permanecia calada.

— O que foi, querida? Não diz nada. Normalmente você é tão falante.

— Estou pensando, Geraldo. As coisas mudaram muito dentro de mim em tão poucos dias. Foram coisas muito fortes que aconteceram na minha vida, no meu íntimo. Parece-me que estou atordoada com tudo isso, sem entender direito.

— Querida, as coisas mudaram dentro de você porque está permitindo que elas mudem. Nem mesmo você sabia que guardava esses sentimentos em seu coração. Não deu muita atenção a eles e sufocou-os com outros que nenhuma importância têm. Você está feliz?

— Muito, Geraldo, muito mesmo.

— Observo que há muita coisa nova para me contar. Acertei?

— Claro que acertou. Você sempre acerta tudo em relação a mim. Acho que é por isso que te amo.

— Só por isso?!

— Não, seu bobo, por várias outras coisas. Quer apenas um exemplo?

Graciosamente deu um beijo no namorado. Entraram no carro e dirigiram-se à casa de Bernadete. Assim que os viu chegar, João foi correndo abrir a porta.

— Já estávamos preocupados.

— É verdade, filha. Demoraram muito. Já é bem tarde.

— E Tiago?

— Tiago ficou no hospital com a Gracinha e a mãe dela. Não se preocupem porque ele chegará tarde.

— Ele fez bem em ficar com elas. Como está o pai da Gracinha? Ficamos alarmados quando ela nos disse ao telefone que estavam indo para o hospital.

— Ainda não sabemos o estado real dele, pai. Estão fazendo exames para diagnosticar a causa do desmaio. Acredito em Deus que ele ficará bom.

Os três olharam-se admirados com a expressão usada por Bernadete, que sabiam não ser comum em seu vocabulário.

— Como vocês o encontraram?

— Geraldo, conte tudo para eles; vou até meu quarto e desço em um instante. Com licença.

— Está bem.

Bernadete entrou em seu quarto e praticamente jogou-se em sua cama. Deu vazão aos pensamentos que a assaltavam. "Estou confusa com tudo que está me acontecendo. Desde que saí daqui para viajar, tanta coisa estranha, diferente para mim, aconteceu. Gostaria de saber por que coisas assim acontecem e a gente se vê envolvida com elas, sem perceber."

Bernadete não percebeu, nem podia. Próximo a ela estava nosso querido Jacob que, amorosamente, inspirava-lhe, colocando em sua mente respostas que ela julgava terem sido dadas por si própria. "Irmã, as coisas estranhas que você diz são apenas fatos comuns. Você é que não se dava conta delas e não as via acontecendo ao seu redor. É preciso se dar oportunidade para perceber a vida, os fatos importantes, aqueles que realmente têm valor para nosso crescimento espiritual. Não devemos viver como se fôssemos o único habitante do planeta. A porta do coração necessita estar aberta para acolher o viajante cansado e carente de afeto. A pior solidão é aquela que trazemos para nós com o egoísmo

Somos todos aprendizes 129

com que vivemos. Só nos envolvemos com situações diferentes, como você coloca, quando nosso coração se abre para abrigar os protagonistas dessas ações. Ser o porto seguro para o sofredor, secar a lágrima e aliviar a dor do semelhante é permitir que nossa própria dor adormeça e nos faça sofrer menos. Continue neste caminho, irmã. Você quis tanto ir à procura de Deus; Ele está aqui, perto de você, em todas as situações diferentes, como você diz. Encontre-O e não O esqueça mais."

Bernadete em sua consciência não registrou as palavras do querido Espírito, contudo a sua essência, o seu eu interior, tudo captou. Passou as mãos pelo cabelo e disse a si mesma: "Como sou tola. Tudo isso é normal, essas situações sempre devem ter acontecido à minha volta. Eu é que era diferente e não conseguia perceber o que todo mundo tentava explicar".

Levantou-se. Passou uma água fresca em seu rosto e desceu para juntar-se aos pais e ao namorado.

— Pensei que tivesse dormido, filha.

— Não, mãe. Apenas descansava e colocava meus pensamentos em ordem.

João aproximou-se da filha e lhe disse:

— Sua mãe e eu estamos orgulhosos de você.

— Por que, pai?

— Pela sua atitude de generosidade com Gracinha. Pelas expressões bonitas e sensatas que usou. Estamos orgulhosos porque você é nossa filha e a amamos muito.

— Obrigada, pai. Eu também amo muito vocês e agradeço a paciência que têm com esta filha metida e teimosa.

Geraldo, mais que depressa, emendou para a namorada:

— Era! Pelo que presenciei hoje tenho fortes motivos para acreditar que aquela mocinha metida e teimosa, pela qual me apaixonei mesmo assim, hoje é uma pessoa generosa, prudente e extremamente maravilhosa.

— E continua amando esta mocinha mesmo assim?

— Como antigamente, não. Muito mais, tanto que quero tê-la a meu lado para o resto da minha vida.

— Devo considerar isto como um pedido de casamento, Geraldo?

— Gostaria que entendesse como sendo um pedido, porque ele virá formalmente, em breve, junto de nossas famílias.

— Ei, calma aí, meus jovens apressados. Estão indo muito depressa — exclamou Aurora.

Todos riram. Geraldo, bem à vontade, respondeu:

— Tenho de ir depressa, D. Aurora. Não posso correr o risco de perdê-la.

— Bem, vamos mudar esta prosa — sugeriu João. — Você não acha que tem muita coisa para nos contar, filha? Estamos esperando ansiosos.

— Pai, olha o adiantado da hora. Não poderíamos transferir para amanhã?

— Claro, filha. Você deve estar cansada da viagem, de toda esta apreensão por causa do pai da Gracinha. É melhor mesmo deixarmos para conversar amanhã.

Aurora dirigiu-se a Geraldo.

— Você poderia vir jantar aqui amanhã, Geraldo?

— Venha, amor. Quero que esteja presente. É muito importante para mim.

— Para mim também. É claro que venho. Tudo que lhe diz respeito me interessa. Além do mais, não perco por nada a comida saborosa de D. Aurora.

— Bajulador! — exclamou Bernadete.

— Bajulador, não. Guloso, isto sim. Vai me dizer que sua mãe não é uma excelente cozinheira.

— Claro que é — respondeu sorrindo Bernadete —, a melhor de todas.

Somos todos aprendizes   131

CAPÍTULO XIII

Novas notícias

Quatro dias haviam se passado e Bernadete ainda não tivera a conversa que tanto queria ter com seus pais e Geraldo. Isso devido à grande preocupação de todos em relação ao estado de saúde de Juca. Tornaram-se todos, inclusive e especialmente Bernadete, sensíveis ao sofrimento que se abatera no coração de Gracinha e de sua mãe, Jane.

O diagnóstico definitivo saíra. O senhor Juca tivera um problema sério no coração devido uma grave lesão cardíaca da qual era portador, e desconhecida tanto dele quanto de sua família. Tal lesão causara o mal-estar seguido de desmaio.

Fora transportado para a UTI do Hospital Público. Não conseguira ser transferido para um hospital particular, mesmo sob o forte desejo de Jane e de Gracinha, no qual, acreditavam, receberia cuidados melhores. Realmente seu estado de saúde era crítico e não poderia correr nenhum risco transferindo-se de hospital.

— Gracinha — dizia-lhe Bernadete —, não fique tão nervosa pelo fato de seu pai estar em um hospital público. O importante para ele agora é receber atendimento adequado e atenção durante as 24 horas do dia, como está sendo feito. Neste ou em outro hospital, o fator mais importante será sempre a vontade de Deus. Ele é o Criador e nós seremos sempre Suas criaturas, sem condição de se sobrepor à vontade Divina.

— Eu sei, Bernadete. Tiago já me disse isso várias vezes, mas tanto eu como minha mãe sofremos muito porque achamos que não estamos dando a ele o melhor. Justamente a ele, que durante toda a sua vida sempre fez questão de nos proporcionar o que tinha de melhor, o que achava que nos faria mais felizes.

— O que você julga ser o melhor, Gracinha? O melhor é não deixá-lo correr nenhum risco transferindo-o de uma UTI para outra, segundo a opinião dos próprios médicos. O melhor é o sentimento de amor que podem lhe mandar, envolvendo-o na energia benéfica da saúde, na energia positiva do otimismo e da esperança, na crença que Deus fará por ele o que for melhor e mais proveitoso para sua evolução.

— Mas é muito difícil, não acha, Bernadete?

— Acho. Contudo aprendi, Gracinha, que devemos nos conscientizar de que a vontade de Deus estará sempre acima da nossa.

— Nunca pensei que você fosse esta pessoa consciente, equilibrada, centrada nas questões espirituais

— Para falar a verdade, nem eu. Sendo franca, ainda me surpreendo comigo. Nunca imaginei que algum dia falaria assim com alguém. Ainda mais eu, que sempre fui direta, objetiva e absolutamente racional. Nunca dei maior importância às coisas espirituais. Sendo muito sincera sempre associei as questões religiosas às pessoas ignorantes, entretanto...

— Entretanto hoje fala de Deus. Tenta acalmar o coração sufocado pelo medo e a tristeza — disse Tiago, que até então mantivera-se calado, ouvindo com atenção o diálogo entre a irmã e a namorada.

Bernadete permaneceu pensativa. Em um ímpeto de extravasar sua inquietação, dirigiu-se ao irmão.

Somos todos aprendizes 133

— Sabe, Tiago, tudo me preocupa e me assusta um pouco. Ninguém muda em tão pouco tempo.

— É verdade, ninguém muda tão repentinamente.

— Então?... Fico ainda mais em dúvida. Por que mudei?

— Você não mudou, minha irmã. Na realidade a sua essência era assim desde sempre. Você não sabia como permitir que isso viesse à tona; escondia-se. Precisava ser auto-suficiente, objetiva, a que sempre sabe o que quer e vai atrás a todo custo. Era tão radical que não ousava mudar os seus conceitos, talvez com medo de perder o autocontrole. É preciso mudar, minha irmã. Aquele que se nega a ouvir, a se dar chances para modificar para melhor suas atitudes, perde-se nas próprias teias.

— Você acha mesmo isso, Tiago?

— Claro, minha irmã. Quantas vezes você questionou o fato de não sentir a presença de Deus em seu coração? Quantas vezes sofreu por conta disso? Tantas que decidiu esclarecer essa questão que estava mal resolvida em sua mente. Foi atrás de Deus. Quis encontrá-Lo. Bastaram poucos dias, situações fortes, para que houvesse trégua em seu coração, cansado de esconder os verdadeiros sentimentos, até então desprezados por você. Sem medo ou vergonha, libertou-se de si mesma. Agora permite que o Deus que existe dentro de você fale por meio de suas atitudes generosas e compreensivas.

— Puxa, Tiago! Você parece um psicólogo — exclamou Bernadete.

— Também acho — emendou Gracinha, encantada com o que ouvia do namorado.

— Não sou psicólogo nem pretendo ser; sou apenas observador e estudo sistematicamente minha Doutrina. Bernadete, em seu íntimo, imaginava que para ser a melhor juíza que este país já viu tinha de se esconder atrás de uma frieza que incomodava a ela própria. Quando relaxou, prestou mais atenção na vida e nas pessoas, deu-se a oportunidade de agir como sempre quis e ansiava, mesmo que inconscientemente. Percebeu seu amor por Geraldo; compreendeu a felicidade que alcançamos quando agimos com respeito e verdadeiro amor ao próximo.

— Mas não entendo uma coisa, Tiago.

— Diga!

— Não fico pensando o tempo todo em Deus. Estou agindo assim sem nem mesmo perceber ou me programar para isso.

— Bernadete, em princípio o seu coração foi tocado no que ele tinha de melhor e que parecia adormecido. Em um livro espírita que li, encontrei um texto interessante: "É preferível amar e se dedicar aos sofredores, mesmo sem tanto apego a Deus. Todo aquele que considera e ama o seu próximo é porque o amor de Deus está forte e presente em seu coração". É o que está acontecendo com você, minha irmã. Você se libertou e deixou que o amor fraterno adormecido acordasse e saísse livre e sem medo em direção ao seu semelhante.

Bernadete ia responder quando foram interrompidos com a chegada de uma enfermeira que delicadamente lhes disse:

— Senhorita Gracinha, se quiser ver o seu pai, o doutor autorizou uma visita de quinze minutos.

Gracinha levantou-se de um salto.

— Claro. Claro que quero. Estou aqui ansiosa para vê-lo.

— Então vamos.

— Vocês me esperam aqui?

— Claro, Gracinha, pode ir. Ficaremos aguardando.

Os dois irmãos notaram o andar cansado e abatido da jovem. Acompanhava a enfermeira com a cabeça baixa e passos lentos.

— Como ela está sofrendo, não, Tiago?

— Está sim, Bernadete. Ela adora o pai. Como filha única sempre foi muito amiga dos pais. O senhor Juca tem adoração por ela.

— Deus permita que ele se recupere. Tanto ela quanto sua mãe sofrerão muito se acontecer o pior.

— Bernadete, torno a dizer que tenho notado o quanto você modificou sua maneira de agir, de se relacionar com as pessoas. Acredite, estou muito feliz.

— Estou me esforçando, é só.

— E Geraldo, o que ele acha de tudo isso?

— Tudo isso, o quê?

— Ora, Bernadete, da sua nova maneira de ser.

— Ah, ele vê com muita naturalidade. Sempre diz que tudo na vida é uma questão de tempo, e o meu tempo de aprender chegou, é agora.

D. Jane, em sua casa, mal conseguia se concentrar em seus afazeres domésticos, tal era a sua preocupação com o marido e com a maneira como tudo acontecera. "Que estranho", pensava, "nunca soubemos ou desconfiamos que Juca sofria do coração. Parecia tão saudável, tão forte".

O som da campainha interrompeu seus pensamentos.

— Carmem! — exclamou.

— Como vai, Jane? Desculpe incomodá-la, mas estava viajando e só agora fiquei sabendo o que aconteceu com o senhor Juca. Como ele está?

Uma lágrima furtiva escapou dos olhos de Jane.

— Entre, Carmem. Causa-me prazer sua visita.

Sentaram-se na sala.

— Conte-me o que aconteceu, Jane. Como ele está? O senhor Juca é um homem tão forte, nunca o vi doente.

Jane, com a ansiedade natural de quem passa por um acontecimento marcante e sofrido como o que havia ocorrido, relatou à amiga todos os fatos.

— Mas vocês nunca desconfiaram que ele tinha problema de coração? Nenhum médico havia notado essa lesão?

— Não, Carmem. Não desconfiamos e ninguém nunca nos disse. Também, Juca nunca apresentou nada que nos levasse a suspeitar de tal doença.

— Que coisa estranha!

— É, amiga. A vida nos reserva muitas surpresas, nem todas agradáveis.

— Não fique tão triste ou desesperançada. Se Deus quiser ele vai melhorar, ficar bom, e tudo voltará a ser como antes. É preciso não perder a fé.

— Espero em Deus que isso aconteça.

— Bem, amiga, não quero tomar seu tempo. Sei que tem de ir até ao hospital.

— A Gracinha está lá. Vou me encontrar com ela.

— Assim que retornarem, dê-me notícias. Sabe que podem contar comigo para o que precisarem. Eu os estimo muito.

— Darei notícias sim, Carmem. Agradeço a sua visita e sua amizade.

Despediram-se.

Jane fechou a porta e olhou para a sala vazia, para a cadeira onde Juca passava horas lendo o jornal ou algum livro, e pensou: "O que estou fazendo aqui? Que me importa a casa se você não está, Juca. Vou até o hospital ficar com a Gracinha".

Trocou-se rapidamente e dirigiu-se ao encontro da filha.

Assim que chegou à recepção encontrou-a chorando, com a cabeça encostada no ombro de Tiago. Bernadete havia ido até sua casa dar notícias a seus pais e telefonar para Geraldo.

Jane assustou-se. Assim que viu a mãe, Gracinha correu a abraçá-la.

— Ele piorou, mãe. O estado dele é muito grave.

Choraram juntas. O sofrimento as unia mais ainda.

— Por que diz isso, filha? O que houve? O que foi que o médico disse do estado dele? Conte-me.

Somos todos aprendizes 137

— Fui vê-lo, mãe. Assim que saí da UTI o médico responsável veio ao meu encontro para dar-me informações.

— E o que ele disse?

— Que o estado dele é grave, inspira cuidados, e que se ele conseguir se recuperar será necessário realizar um transplante do coração.

— Transplante?!

— Sim, mãe, transplante.

— Meu Deus, então é grave mesmo!

— É, mãe, muito grave.

Tiago não sabia o que dizer naquela hora. Apenas apertou a mão de sua namorada e lhe falou:.

— D. Jane, acima de nós, dos médicos e da própria vida está a vontade de Deus. Vamos confiar.

Trinta dias se passaram. Em sua casa Bernadete conversava com Geraldo, ao telefone.

— Amor, eu não sei se é uma boa hora para marcarmos o dia do nosso noivado.

— Por que, Bernadete?

— Porque tudo está muito recente ainda.

— Falando assim faz-me crer que está com medo de assumir um compromisso sério comigo! — exclamou Geraldo, dando à própria voz um tom de decepção.

— Não é nada disso, Geraldo. Você sabe o quanto o amo e desejo ficar com você para sempre.

— Então qual é o problema?

— Problema? Nenhum. Apenas gostaria que todos estivessem bem e felizes neste dia tão especial para nós dois.

— E quem não estaria, meu amor?

— Gracinha, D. Jane e o próprio Tiago, que, afinal, sofre com a dor da namorada. Não sei se é bom darmos uma festa de noivado em meio à tristeza.

— Mas o senhor Juca já saiu da UTI. Ele melhorou.

— Sim, saiu da UTI e foi para o quarto. Transferiu-se para um hospital particular, mas todos nós sabemos que seu estado ainda inspira cuidados. Ele está à espera de um doador para realizar o transplante.

— É mesmo um problema essa questão de transplante. As pessoas, de modo geral, ainda não se conscientizaram do bem que podem fazer a alguém quando autorizam a doação de órgãos. Salvam vidas, devolvem esperanças e exercem entre os encarnados o último ato de amor fraternal como existentes neste planeta.

— Diga-me, Geraldo, como fica para o espírito que desencarna a questão da doação?

— Bernadete, a vontade do outro deve ser sempre respeitada. A doação é um ato de amor ao próximo, livre do aprisionamento aos órgãos da matéria e consciente da vida espiritual futura na qual só faz parte o que se relaciona com o espírito. Nada que pertença à matéria terá importância no Reino de Deus; o que irá sobreviver e ter valor na espiritualidade serão as conquistas espirituais e morais. Somente essas virtudes abrirão as portas para a verdadeira felicidade. Aquele que doa seus órgãos torna-se útil ao semelhante até no momento de sua partida.

— E se aquele que parte não quiser e expressar a vontade de não ser doador? O que se faz?

— Por isso é importante que deixe registrada a sua vontade, para que a família saiba como proceder. Como já disse, a vontade do outro deve ser sempre respeitada, para que haja paz no espírito daquele que partiu. Não se deve interferir no livre-arbítrio do outro. É direito de cada um comandar seu próprio destino.

— Vou pedir muito a Deus para que o senhor Juca encontre o mais rápido possível um doador.

— Ele irá encontrar. Acredito nisto. No entanto, voltando à questão, em que isso impede nosso noivado?

— Você tem razão. Em nada. Não nos impede em nada.

Somos todos aprendizes   139

— Vamos marcar então?

— Vamos. Mas sem festa. Apenas as nossas famílias.

— Claro! Como você quiser — Geraldo respondeu com alegria.

— Como você quer fazer?

— O seguinte: sábado à noite vou com minha família à sua casa. Peço sua mão a seus pais e ficamos noivos. Simples!

Bernadete sorriu.

— Está bem. Faremos um jantar e oficializaremos nosso amor.

— Ótimo!

— A que horas?

— Oito horas. Tudo bem?

— Combinado.

— Eu amo você, Bernadete.

— Eu também amo você.

Despediram-se. Ao sair da sala, encontrou-se com Aurora, que lhe disse:

— Filha, não pude deixar de ouvir parte da sua conversa com Geraldo. Se não me engano, ouvi a palavra noivado?

— Ouviu sim, mãe. O Geraldo quer vir aqui sábado à noite para oficializar nosso noivado. Virá com seus pais. O que a senhora acha?

— Fico feliz, minha filha, se é o que você quer. Geraldo é um bom rapaz. Honesto, trabalhador e digno. Sabemos do amor que sente por você e, se o seu por ele também for o bastante para uma vida a dois, só posso lhes desejar toda a felicidade do mundo.

— Obrigada, mãe. Pode ficar tranqüila e estar certa de que amo Geraldo o suficiente para passar minha vida a seu lado.

— Vamos então dar a boa notícia a seu pai.

João demonstrou toda a sua satisfação com um caloroso abraço em sua filha.

— Faça um bom jantar, Aurora. Nossa filha merece o que há de melhor.

— Pode deixar comigo.

— Filha — falou João —, não quero ser indiscreto, porém não conseguimos ainda ter aquela prosa que gostaríamos de ter tido desde que chegou de viagem. E lá se vão vários dias.

Bernadete deitou sua cabeça no colo de seu pai e lhe confidenciou:

— Pai, agora não vejo mais sentido. Na realidade, quando cheguei aqui estava ansiosa para lhes contar tudo o que vi, que vivi, enfim, queria de alguma forma dizer-lhes que tinha mudado, que tinha aprendido o que tentaram me dizer. Mas com toda aquela questão do pai da Gracinha, que julguei muito mais importante, fui adiando até compreender que era melhor eu mostrar por minhas próprias atitudes. Se eu conseguisse isso era porque de verdade os fatos que vivi haviam tocado meu coração. Entendi que o importante não é dizer que encontrei Deus, apenas com palavras, mas mostrar-lhes com ações. Se conseguiram perceber, é porque consegui meu objetivo: trouxe Deus para o meu coração.

João e Aurora se emocionaram até as lágrimas. Foi sua mãe que, beijando seus cabelos, falou:

— Você conseguiu sim, filha. Não precisa nos dizer nada. Viva o amor de Deus com pureza e naturalidade como tem feito e todos aqueles que se aproximarem de você encontrarão com facilidade o caminho.

— É verdade o que diz sua mãe, filha. Estamos orgulhosos de você.

— Eu também — disse Tiago, que acabara de entrar e ouvira o final da conversa.

— Tiago!

— Parabéns, minha irmã. Como já lhe disse, você conseguiu.

— E o senhor Juca, como está?

Somos todos aprendizes 141

— Na mesma. Aguardando a oportunidade de um transplante. Sem esse procedimento ele não poderá sair do hospital.

— E Gracinha?

— Deixei-a em casa para descansar um pouco. D. Jane ficará com o marido.

— Você também deve estar cansado, meu filho. Tome um banho para relaxar. Enquanto isso faço um suco e levo para você tomar um pouco antes de dormir.

Aurora afastou-se. Bernadete, com os olhos brilhando de felicidade, disse ao irmão:

— Eu e Geraldo vamos ficar noivos no próximo sábado.

— Verdade?! Noivos?

— Sim.

— Parabéns, irmã. Que vocês sejam muito felizes. Formam um belo casal.

— Se formamos um belo casal, não sei. Só sei que formamos um casal apaixonado.

— Você vai fazer festa para comemorar?

— Não, apenas um jantar para a família.

— Estou muito feliz por você, minha irmã. Deu um salto grande na vida, que só foi possível porque quis e se empenhou para que acontecesse.

— Obrigada, Tiago, muito obrigada mesmo. Você é o melhor irmão do mundo, sabia?

Os dois irmãos se abraçaram.

CAPÍTULO XIV

NOIVADO

Bernadete acordou sentindo uma deliciosa sensação de bem-estar.

— Noiva — falou em voz alta. — Vou ficar noiva de Geraldo. Mal posso acreditar na transformação que sofreu a minha vida, para melhor. Como não percebi há mais tempo o meu amor por ele? Não dei crédito às minhas emoções, aos sentimentos que me assaltavam e ao mesmo tempo me assustavam tanto. Estava perdida na minha ambição de querer ser a melhor em tudo e nessa loucura quase coloquei a perder minha felicidade. Bem, tudo passou. Hoje realizo um sonho. Quero estar bem bonita e serena; ele irá colocar a aliança em meu dedo, isso é o que importa.

Olhava em sua mão e imaginava a aliança reluzindo, testemunha do amor de Geraldo por ela.

Levantou-se e abriu a cortina de seu quarto. Os raios de Sol entrando pela vidraça aqueciam seu coração, aumentando a sensação de imenso prazer.

— Bernadete? — escutou a voz de sua mãe do outro lado da porta.

— Entre, mãe, a porta não está trancada.

— Vim dar bom-dia para a noiva mais bonita do mundo. Feliz?

— Sim, mãe. Muito. Muito feliz mesmo.

— Então se troque e venha tomar seu desjejum. Preciso de ajuda no preparo do jantar de hoje à noite.

— Irei ajudá-la, claro.

— Então, vamos.

Ao descerem encontraram Tiago, que já tomava seu café.

— Tiago, a Gracinha vem hoje à noite?

— Relutou muito em vir, Bernadete, mas consegui convencê-la a mudar de idéia. D. Jane irá ficar no hospital com o marido. Não havia necessidade de duas pessoas. Gracinha precisa se distrair. Anda estressada com tudo o que está vivendo.

— Você tem razão. Que bom que concordou em vir.

As horas para Bernadete passaram rápido, em virtude dos preparativos para a noite, e lentas por conta da sua própria ansiedade. Queria que tudo, apesar de simples, transcorresse como sempre imaginara que seria o dia em que oficializaria seu amor por Geraldo.

Às vinte horas, sem atraso, Geraldo chegou com sua família. Este não escondia a alegria e a emoção que tomavam conta de todo o seu ser. Assim que a porta foi aberta, os dois namorados se olharam com ternura, deixando que o amor que sentiam fluísse livre, solto e forte um pelo outro. Deram-se as mãos e sem se importar com os presentes beijaram-se com a ternura dos corações enamorados.

Aurora, interferindo, convidou todos a entrar, expressando a satisfação que sentia em recebê-los em sua casa.

A noite transcorreu da maneira que Bernadete idealizara. Não fosse a tristeza que percebiam nos olhos de Gracinha, diriam que era um momento perfeito e mágico. Após a troca das alianças, o jantar foi servido. Bernadete não se preocupava em esconder a emoção que a assaltava toda vez que olhava sua mão direita e imaginava a aliança de noivado reluzindo junto a um lindo anel de brilhante com o qual Geraldo a presenteara. Antes mesmo que fosse servida a sobremesa, o pai de Geraldo, dirigindo-se a Tiago, perguntou-lhe.

— Soube pelo Geraldo que você, mesmo sendo tão jovem, é um seguidor fiel da Doutrina Espírita. O que o faz acreditar nesses conceitos que, à primeira vista, parecem-me um pouco fantasiosos?

Tiago estranhou um pouco a pergunta. Olhou para o futuro cunhado e, incentivado pelo olhar deste, respondeu:

— Desculpe-me, senhor Pedro, mas em que o exercício do sentimento do amor é fantasioso?

— Eu não falo de amor, meu rapaz. Falo de um conceito e prática que, a bem da verdade, parecem-me estranhos.

— O senhor fala de conceitos e práticas, eu falo de Doutrina Espírita, e quem fala de Espiritismo na sua pureza doutrinária só pode estar falando de amor. Amor fraternal, universal e filial em relação a nosso Pai, que está no céu.

Pedro ficou meio confuso.

— Poderia se explicar melhor? Isso se não for um assunto inconveniente para uma noite tão agradável como esta.

— De modo nenhum. Hoje estamos presenciando a realização de um sonho de amor entre duas pessoas que se propõem construir juntas uma família que, creio eu, será totalmente alicerçada na lei do amor. A Doutrina Espírita é, por excelência, a divulgadora da lei do Amor, do Trabalho, da Justiça e da Caridade. Requisitos fundamentais para aqueles corações que almejam avançar para Deus seguindo Jesus. Na realidade, tenho pouca idade sim, mas o meu espírito busca a evolução e sabe que evoluir é uma tarefa solitária e individual que cabe a cada um de nós executar.

Pedro estava impressionado.

Geraldo, percebendo a perplexidade do pai, disse-lhe.

Somos todos aprendizes   145

— Pai, é importante que se escute o que o Tiago está dizendo e se analise. Muitos dão à Doutrina Espírita a autoria de práticas bizarras, sem fundamento e sem nenhuma consistência. Todavia o que essa Doutrina consoladora nos ensina é que somos os principais responsáveis pelos nossos atos, bons ou maus. Nada de material poderá substituir sentimentos reais. As virtudes, nós as conquistamos pelo entendimento do Evangelho de Jesus aliado à prática, com alegria e amor, do perdão e da caridade. Enfim, ser da maneira mais transparente possível um verdadeiro Cristão.

— Geraldo, você falando assim até parece espírita!

— Eu sou espírita, meu pai.

— Você? Como nunca nos disse isso?

— O senhor e a mamãe nunca me perguntaram.

Após alguns instantes de silêncio, Pedro tornou a perguntar.

— Tiago, por favor, esclareça-me uma questão: é verdade que os espíritos nos ajudam a resolver nossos problemas, questões difíceis, seja no campo amoroso ou mesmo financeiro, e devolvem nossa saúde quando adoecemos?

— Não, senhor Pedro, não é verdade. A missão dos espíritos junto dos encarnados não é de modo algum resolver problemas que pertencem ao homem; se pertence ao homem, cabe a ele resolver. Eles nos ajudam, sim, inspirando-nos o bem, a confiança e a fé no Criador. Ensinam que encontraremos soluções por meio do nosso próprio trabalho e empenho em querer resolver. Se se comunicam conosco por intermédio da mediunidade séria de um tarefeiro do Evangelho, é com o único propósito de nos alertar sobre nossos possíveis enganos e imprudências, leviandades que nós encarnados cometemos a todo instante. Fortalecem nossa coragem para que possamos seguir nosso caminho com passos mais seguros. Ensinam que o homem é o agente de todos os seus atos e que conseqüências sempre virão, boas ou más, na proporção das atitudes realizadas. É para nós, espíritas, uma grande felicidade saber que conquistamos amigos espirituais que querem nosso bem e se esforçam para que possamos achar o caminho.

— Eu imaginava o contrário — disse Pedro —, que pelos espíritos pudéssemos alcançar um bom lugar.

— Não, senhor Pedro. Os queridos espíritos amigos não nos levam para o céu. Não podem nos carregar. Teremos de dar sozinhos cada passo, caso contrário, nada terá valor. Nós somos herdeiros de nós mesmos, senhor Pedro; tudo que fizermos de bom ou ruim nos voltará. Se os espíritos fizerem o trabalho que nos compete teremos de fazê-lo outra vez, ou agora ou no futuro. Como já disse, a evolução é tarefa individual. Tolo é aquele que usa a Doutrina e sua mediunidade para servir aos interesses materiais, satisfazendo seus desejos impuros. Pagarão caro por isso.

— É a primeira vez que ouço alguém falar dessa maneira a respeito do assunto.

— E o que achou, senhor Pedro? — perguntou Bernadete, encantada com o que ouvira tanto de Tiago como de Geraldo.

— Achei muito interessante. Aguçou meu interesse em conhecer mais essa Doutrina. Para participar de uma reunião é necessário pagar o dízimo?

Foi Geraldo quem respondeu:

— Não, pai, nada se cobra e nada se impõe. Muito pelo contrário, elucida os seus adeptos a fugir de qualquer lugar onde o interesse material está acima dos espirituais. Espíritos não necessitam de moedas. Sentimento, amparo, fraternidade, mãos estendidas e, principalmente, amor ofertado não se cobram. O desinteresse real e a força moral do médium, dos dirigentes e da casa que se quer freqüentar é a garantia de seriedade, credibilidade e amor ao semelhante.

— Gostaria realmente de saber mais sobre este assunto.

— Qualquer dia destes conversaremos mais detalhadamente, pai.

Somos todos aprendizes   147

— Só para finalizar, diga-me, Geraldo: é certo viver da Doutrina?

— Não, não é.

— E aqueles que dedicam todo o seu tempo para servir aos espíritos, como fazem para viver?

— Deve-se dedicar o tempo disponível, aquele no qual se ficaria ocioso. O sustento deve vir do próprio trabalho, do esforço para progredir, da luta para vencer com dignidade e não do dinheiro destinado a auxiliar os irmãos necessitados. Jesus não precisa de dinheiro, pai. Aquele que cobra a palavra de conforto e de esclarecimento do Evangelho coloca em dúvida o seu próprio amor pelo próximo. Há de se perguntar: será amor ou interesse?

Pedro ficou pensativo. Gostou do que ouviu. Tinha uma opinião errada quanto à Doutrina Espírita, e agora sentira verdade nas palavras proferidas por Tiago e seu próprio filho. Percebia lógica no que ouvira.

"Vou procurar conhecer mais sobre este assunto", prometeu a si mesmo.

Aurora, aproveitando o minuto de silêncio que se fez, perguntou sorrindo:

— Que tal a sobremesa?

Todos aprovaram a idéia e o delicioso doce gelado foi servido aos presentes.

A reunião transcorria animada. Todos se entendiam muito bem e vários assuntos foram tratados; com seriedade alguns, e outros com francos sorrisos.

— Feliz, querida?

— Muito, Geraldo, muito mesmo. Por que a gente demorou tanto a se encontrar de verdade? Por que não nos apaixonamos logo? Quanto tempo perdido.

— Não diga isso, amor. Um tempo atrás eu lhe disse que seguíamos a rota certa, lembra? Gostávamos um do outro como bons e sinceros amigos. Foi um tempo ótimo no qual nos conhecemos, aprendemos a nos respeitar e admirar um ao outro. Tanto isso é verdade que nos apaixonamos sem percebermos ou nos esforçarmos. Aconteceu naturalmente. Se tivéssemos forçado alguma coisa sem que estivéssemos prontos, poderia não ter dado certo.

— Tem razão! — exclamou Bernadete, e graciosamente deu um beijo no rosto do noivo.

— Precisamos pensar na data do casamento.

Bernadete olhou-o surpresa.

— Calma, Geraldo, acabamos de ficar noivos. Por que tanta pressa?

— Engraçado o que acontece comigo. Às vezes tenho a sensação que não teremos muito tempo para nós, para usufruirmos de tudo o que gostamos e queremos viver.

Bernadete se espantou.

— O que é isso, meu amor? Nada irá nos acontecer e ninguém vai nos separar. Nós nos amamos e isto é o que realmente importa. Qual a causa de tanta insegurança? Não confia mais em mim, justo agora que fiquei "legal"? — brincou.

— Confio sim, e muito. Não liga não. É bobagem minha. Talvez seja pelo fato de achar que é felicidade demais para mim.

— Bobinho! Eu te amo... muito... para sempre.

— Aconteça o que acontecer?

— Aconteça o que acontecer — repetiu Bernadete —, nunca vou deixar de amar você.

O telefone tocou.

Assim que Aurora atendeu reconheceu a voz de Jane.

— Jane, o que foi? Parece-me muito nervosa.

— Estou sim, Aurora. Por favor, poderia falar com Gracinha?

— Claro! Vou chamá-la. — E para a moça: — Gracinha, sua mãe ao telefone. Pareceu-me nervosa, muito ansiosa.

Somos todos aprendizes 149

Gracinha correu a atender a mãe.

— Mãe, o que houve. Papai piorou?

Todos se voltaram para Gracinha e observavam com atenção a reação da jovem. Notaram a palidez de seu rosto e se inquietaram.

Gracinha, após ouvir sua mãe, apenas disse, escondendo seu próprio nervosismo:

— Estou indo para aí mãe, fique calma.

Desligando o telefone falou aos presentes:

— Meu pai conseguiu um doador. Entrará em cirurgia dentro de mais ou menos uma hora.

Um misto de alegria e temor apoderou-se de todos. Não sabiam na realidade o que significava essa notícia, se salvação ou condenação. Como ninguém respondeu, Gracinha voltou a dizer:

— Desculpem-me, mas vou até o hospital ficar com minha mãe. Perdoe-me estragar sua comemoração, Bernadete. Tenha certeza de que desejo do fundo da minha alma toda a felicidade do mundo para vocês dois. Agora preciso ir.

Antes que saísse, ouviu Tiago dizer que a acompanharia. Bernadete, ágil, aproximou-se, pegou a mão de Gracinha e lhe falou:

— Não me peça desculpas, pois você não estragou nada; ao contrário, fez-me feliz e agradecida quando sufocou sua dor e veio participar da minha alegria. Todos ficaremos torcendo e pedindo ao Senhor da vida que proteja seu pai e abençoe os médicos que irão operá-lo. Tudo dará certo. Vá com Deus e mantenha-nos informados.

Despediram-se e dirigiram-se ao hospital onde, por Jane, tomaram conhecimento do que acontecera para que fosse ele o beneficiado com o transplante.

— Felipe, um rapaz de 34 anos sofreu um acidente de carro, no instante em que voltava do litoral com a esposa e dois filhos pequenos. Bateu com a cabeça, violentamente, e por conta de um traumatismo craniano, desencarnou. Sua esposa e seus dois filhos sofreram ferimentos leves, sem conseqüência mais grave. Assim que o socorro chegou e sua morte foi constatada, Junia, sua esposa, envolvida por um pranto desesperado, revelou que ele era um doador e que sempre pedira a ela que autorizasse a doação de seus órgãos no caso de sua morte. "Gostaria que sua vontade fosse respeitada", disse a esposa entre lágrimas. As medidas necessárias foram tomadas e, enfim, seu coração chegou a este hospital e, por vontade divina, até seu pai.

— Mas por que o órgão veio para papai? — perguntou Gracinha.

— Porque ele está muito mal, filha. Não agüentaria a espera por muito mais tempo.

— Devemos agradecer a Deus essa intervenção divina — disse Tiago. — É tão difícil um doador, e o senhor Juca teve sorte em ser o beneficiado.

— Quando começará a cirurgia?

— Ele já está no centro cirúrgico. Irá demorar um pouco, filha. É uma cirurgia delicada. Vamos aguardar com o coração e o pensamento em Jesus.

— E a esposa desse doador? Gostaria de conhecê-la e poder agradecer seu gesto tão caridoso.

— Ela pediu para não ser identificada. Não quer conhecer o receptor nem a família.

— Por quê?

— Não sei, Gracinha. Não importa o porquê; devemos respeitá-la e pedir a Deus que a abençoe e a seus filhos. Os motivos pertencem a ela, e só ela tem o poder de decisão.

— Está certo, mãe.

Sentaram-se. Nenhuma palavra a mais foi dita. Cada um administrava a sua maneira a emoção que sentia.

Horas se passaram. Jane, Gracinha e Tiago continuavam no mesmo lugar.

Somos todos aprendizes   151

— Querem um café, uma água? — perguntou Tiago.

— Não, obrigada — responderam ao mesmo tempo Jane e Gracinha.

— Se me derem licença, vou tomar um café.

— Fique à vontade, Tiago — disse Jane ao rapaz.

O dia amanhecia quando souberam notícias de Juca.

— A operação correu muito bem — dissera o médico. — Ele vai ficar na UTI por alguns dias.

— Quanto tempo? — perguntou Gracinha.

— Não posso precisar, senhorita. Tudo irá depender de como a sua recuperação irá evoluir. Acredito que tudo correrá como o previsto.

— Não poderemos vê-lo?

— Por enquanto, não. Não posso permitir a entrada de vocês para não correr nenhum risco de infecção. É melhor irem para casa descansar. Todos os dias daremos notícias do seu estado; às dez e às quinze horas. Por enquanto não posso dizer muita coisa, é preciso aguardar.

— Ele corre o risco de rejeição? — perguntou Jane.

— Senhora, risco todos correm, e a rejeição é um deles. Mas não se desespere. É cedo ainda e tudo, por enquanto, está dentro do previsto. Ele é forte e está bem em suas outras funções. Vão para casa. Qualquer novidade o hospital entrará em contato.

— Obrigada, doutor.

Saíram em silêncio, sem saber, na realidade, o que sentiam. Medo, esperança, alegria ou preocupação; certeza não tinham de nada. O melhor era esperar e pedir a Deus que o amparasse nesta hora.

Quando Tiago abriu a porta da sua casa, após deixar a namorada e sua mãe em casa, encontrou Aurora na cozinha tomando seu café da manhã.

— E aí, filho, como ele está?

Tiago em poucas palavras colocou sua mãe ciente de tudo.

— Agora vou dormir um pouco, estou muito cansado.

— Não prefere tomar um café primeiro?

— Não, mãe. Quero apenas deitar e dormir.

— Então vá, filho.

Tiago subiu rapidamente e em poucos instantes dormia aconchegado em sua cama.

Ao contrário do namorado, Gracinha e sua mãe, assim que entraram, abraçaram-se e deram vazão às lágrimas até então reprimidas.

— Filha, vamos até a cozinha. Vou preparar um lanche para nós duas.

— Não tenho fome, mãe.

— É importante se alimentar, Gracinha. Teremos dias duros pela frente. Vamos comer alguma coisa e descansar. Às dez horas iremos até o hospital saber notícias do estado de seu pai. Tudo vai dar certo, filha. Vamos confiar em Deus. Que Ele faça o que achar melhor. Não quero que ele sofra. Amo-o demais para vê-lo sofrer. A vontade de Deus, seja qual for, devemos aceitá-la, porque Ele é o Senhor da vida, o Criador, e nós somos apenas Suas criaturas e de nada sabemos.

— Tem razão, mãe.

Abraçadas foram até a cozinha para se alimentar.

Somos todos aprendizes 153

CAPÍTULO XV

Estranho sentimento

Quatro meses se passaram.
Juca se restabelecia, apesar de ter enfrentado, no início, o fantasma da rejeição. Graças à misericórdia divina, vencera todas as complicações e, há um mês, estava em sua casa gozando do carinho de sua mulher e filha. Seguia à risca todas as orientações médicas e tudo corria em perfeita harmonia no lar de Gracinha.

Juca demonstrara vontade de conversar com Tiago. Dizia querer esclarecer algumas dúvidas que assaltavam seu coração. Sentia-se um pouco deprimido, o que, segundo seu médico, não era bom para ele. Jane, com carinho, pedia-lhe que esperasse mais um pouco, visto estar em casa há pouco tempo; ela temia que se emocionasse. O marido concordara.

"Tudo tem uma hora certa", pensava. "Depois de tudo o que passei, esperar mais um pouco não é problema algum. Ter a vida de volta é o que realmente importa. Esta graça recebida não tem preço."

Gracinha e Tiago uniram-se mais ainda depois de terem vivido juntos momentos de angústia e incerteza. Tiago fora incansável ao lado da namorada e de sua mãe. Essa sua atitude fizera com que Gracinha cada vez mais se apaixonasse por ele. Tanto ela quanto sua mãe perceberam o ser humano maravilhoso que era aquele rapaz tão jovem, mas com uma força espiritual tão grande. Eram agradecidas e tudo faziam para contentá-lo.

Bernadete e Geraldo marcaram o casamento para o final do ano. Seu enxoval estava sendo preparado com cuidado e carinho, tanto por ela quanto por Aurora. Diversas vezes dissera aos seus pais:

— Não sei por que tenho tanto medo desta minha felicidade.

— Medo, filha?

— Sim, pai. Às vezes sinto que não mereço a felicidade de ver meu sonho de amor realizado e tenho medo.

— Mas não merece por que, Bernadete? O que fez para não ter o direito de ser feliz?

— Não sei, pai. Não sei! Será que é porque eu não conseguia perceber Deus em minha vida?

— Não, filha, com certeza não. Você não percebia, mas tinha-O no coração. Sempre foi ótima filha e ótima irmã. Hoje sabe exatamente onde encontrá-Lo. Deus é amor, filha, não vingança.

— Mas tem outra coisa.

— O quê?

— Geraldo.

— Geraldo? O que tem ele?

— Disse-me várias vezes que sente a mesma coisa.

— Como assim, filha? Explique-se melhor.

— Ele também confessou-me que sente medo e não sabe por quê.

— Mas, meu Deus, medo de quê?

— De ficarmos juntos por pouco tempo. De não termos tempo suficiente para realizarmos nossos sonhos, enfim, ele também não sabe explicar.

— Bobagem, filha. É uma preocupação sem cabimento.

Somos todos aprendizes   155

Vocês serão muito felizes. Isso deve ser fruto da ansiedade que sentem pela proximidade do casamento.

— É. Pode ser. Ou melhor, deve ser — respondeu Bernadete.

Aurora ouviu tudo em silêncio. Nada falava, porém sentia um aperto no coração. Mudando o rumo desse sentimento, falou à filha:

— Veja, filha — abriu as mãos e mostrou-lhe algumas notas.

— O que é isso, mãe?

— É o dinheiro que economizei este mês. Tome, é seu. Arrume-se e vá comprar algumas peças para seu enxoval.

— Mãe! — feliz pegou o dinheiro. Abraçou a mãe e falou emocionada: — Obrigada, mãezinha. Como vocês me fazem feliz! Vou agora mesmo comprar um jogo de toalhas de banho que vi em uma loja. É maravilhoso, mãe. Fiquei encantada com ele. Puxa vida, que bom!

— Vá, filha — disse Aurora, animada com a alegria da filha.

Bernadete correu para o quarto a fim de se arrumar. Na escada cruzou com Tiago que, brincando, resmungou:

— Ei, que furacão é este?

— É o furacão mais feliz do mundo!

Assim que Bernadete saiu, Aurora e João trocaram idéias a respeito do que ela disera.

— O que você acha disto, João?

— Não sei, Aurora, realmente não sei o que pensar. Espero que seja apenas uma sensação boba, motivada pela expectativa do casamento.

— Eu também — respondeu Aurora.

Bernadete voltava feliz, segurando com satisfação a compra que fizera. "Vou tomar um sorvete", pensou. Entrou na sorveteria e sentou-se para saborear o sorvete de pistache de que tanto gostava.

Pensava em Geraldo, no seu casamento, quando uma voz que lhe pareceu familiar chamou-a pelo nome.

— Senhorita Bernadete.

Voltando-se, deparou com o rosto simpático de Fagundes. Admirada exclamou.

— Senhor Fagundes!

— Como vai, senhorita?

— Bem, muito bem, e o senhor?

— Vou indo, senhorita, da maneira que Deus permite.

— O que aconteceu para estar assim desanimado? Posso ajudá-lo?

— Infelizmente ninguém pode, senhorita. É a minha esposa.

— O que tem ela?

— Lembra-se de que lhe contei a respeito do seu problema alcoólico?

— Sim. Claro que me lembro.

— Pois é. Aconteceu o que sempre temi.

— O que aconteceu, senhor Fagundes?

— Há uma semana ela, em uma de suas crises, bebeu tanto que acabou provocando um incêndio de grandes proporções em nossa casa, tornando-se vítima de sua própria insanidade. Queimou-se toda e destruiu nosso lar. Nada sobrou.

— Meu Deus, senhor Fagundes, e onde ela está?

— Foi transferida há dois dias para o hospital aqui da capital e está internada na UTI. Seu estado é muito grave. Teve setenta por cento de seu corpo todinho queimado.

— E o senhor, como está?

— Desolado, senhorita. Sem casa, sem documento, sem nada. Sofrendo em ver minha esposa no estado em que está e sem poder ficar ao lado dela.

— E está hospedado onde?

— Em lugar algum. Não tenho dinheiro para pagar uma

Somos todos aprendizes 157

pensão e, mesmo que tivesse, não me aceitariam. Perdi todos os meus documentos no incêndio e, para ser franco, não sei nem como começar a me reorganizar.

— Por Deus, senhor Fagundes, onde está dormindo?

— Conversei com o segurança do hospital e ele permite que eu durma no saguão da portaria até as seis horas da manhã. Depois saio, tomo apenas um cafezinho com pão e fico andando sem rumo, tentando encontrar uma solução para esta situação crítica. Não sei o que fazer, senhorita. Sinto-me sem rumo.

Bernadete lembrou-se do dia em que passara com este homem bom e generoso. Sem questionar, disse-lhe amavelmente:

— Senhor Fagundes, a solução o senhor já encontrou. Vamos para minha casa. Meus pais terão prazer em hospedá-lo. Amanhã quando estiver descansado vamos sair e tratar de seus documentos. Eu lhe disse que me procurasse quando viesse a capital, lembra? Chegou a minha vez de ajudá-lo.

— Mas não posso aceitar, senhorita.

— Não pode por quê? Pode e deve aceitar — retrucou Bernadete. — Esqueceu-se de tudo o que fez por mim?

— Pelo que vejo, a senhorita mudou muito.

— Mudei, senhor Fagundes. Hoje sei exatamente onde Deus se encontra e posso senti-Lo agora, pelo senhor.

Os olhos de Fagundes marejaram. Olhou aquela que, para ele, era uma menina.

— Está bem, senhorita, vou aceitar seu oferecimento. Se não o fizesse seria o tolo mais orgulhoso do planeta. Não estou em condições de recusar a mão que se estende.

Cheia de alegria, Bernadete falou:

— Então vamos. Aceita um sorvete?

— Não, obrigado. Aceitaria um café se me oferecer assim que chegarmos a sua casa.

Os dois sorriram.

Após apresentar Fagundes a seus pais e contar-lhes a dificuldade pela qual estava passando, Bernadete relatou a importância que este homem simples tivera em sua vida por ocasião de sua viagem, meses atrás.

Tanto João quanto Aurora o acolheram com cortesia.

— O senhor ficará no quarto com o Tiago — disse João —; ele irá ficar contente em revê-lo.

— Não se acanhe, senhor Fagundes. Cada dia é um de nós que necessita do outro. Permita-nos retribuir o bem que fez à nossa filha.

Notando a falta de malas, Aurora logo percebeu que realmente ele tinha ficado sem nada, o que confirmava o estado em que estavam suas roupas.

— Senhor Fagundes, vou arrumar roupas do João para o senhor vestir. Amanhã, com mais calma, veremos o que podemos fazer para ajudá-lo a resolver o problema.

— Irei com ele cuidar de seus documentos — logo falou Bernadete.

— Faz bem, filha, este é o primeiro passo.

Fagundes, emocionado, agradeceu a gentileza que recebia de todos.

— João, leve-o até o quarto, mostre-lhe o banheiro, dê-lhe toalhas para tomar um banho e deixe-o descansar. Assim que o jantar estiver pronto irei chamá-lo.

— Obrigado, amigos, muito obrigado. Que Jesus abençoe todos vocês.

Assim que subiram, Bernadete, voltando-se para sua mãe, perguntou-lhe:

— Mãe, achou que fiz bem em trazê-lo ou fui precipitada?

— Não, filha, não foi precipitada. Fez muito bem. Quando precisou ele lhe ofereceu ajuda sem nenhum interesse. Deu-lhe o que tinha de melhor, isto é, seu conhecimento. Agora quem

Somos todos aprendizes 159

necessita é ele. Deus usou você para ajudá-lo. Feliz de você que seguiu seu coração.

— Fui longe à procura de Deus, queria encontrá-Lo a todo custo. Tola que fui ao imaginar que Ele estaria sentado em algum canto esperando os cegos que duvidam Dele. Hoje sei que Ele está sempre perto de suas criaturas. Basta senti-Lo nos olhos tristes de quem sofre ou no sorriso franco de quem ama.

— Isso mesmo, filha. Como me alegra ouvi-la falar assim. E aquele que consegue senti-Lo no próximo é porque já O tem no coração.

Tiago chegou e tomou conhecimento da presença de Fagundes e do drama vivido por ele.

— É preciso ajudá-lo, sim — dissera. — Não é fácil passar por tanta angústia sem um amigo do lado. Ele pode ficar em meu quarto o tempo que for necessário.

Bernadete ligou para Geraldo, a fim de contar-lhe o acontecido.

— Gostaria muito de conhecê-lo.

— Venha jantar conosco, amor. Também quero muito que o conheça.

No momento em que todos estavam reunidos para o jantar, Fagundes pediu licença a João para fazer uma prece em agradecimento à acolhida recebida. Com o consentimento do recente amigo, iniciou:

— Senhor da vida, Criador de todo o Universo, nós, Suas criaturas, sabemos que criastes somente o bem, mas, mesmo assim, imprudentes e precipitados, lançamo-nos no mal que nós mesmos criamos. Tolos e insensatos que somos. Porém, mesmo errando e nos enganando, somos alvo da vossa misericórdia. Grande benção! E hoje, neste instante, venho agradecer-Vos pelos amigos que colocaste em meu caminho. Por estas mãos que me seguraram e esses corações que me acolheram. Nada mais quero pedir para mim, a não ser a possibilidade de me reerguer com meu trabalho e meu suor. Mas peço-Vos pela minha companheira de tantos anos que jaz em um leito de sofrimento. Que Vossa misericórdia a envolva e Vossa vontade seja cumprida. Que este lar que me acolhe seja agraciado cada vez mais por Vosso amor que acalma e engrandece quem o sente. Que esses corações se agigantem para abrigar mais e mais o Vosso amor infinito. Assim Seja.

Fagundes ao terminar abaixou a cabeça e lágrimas rolaram em sua face. A emoção tomou conta de todos os presentes. João, movido pelo grande sentimento de fraternidade que penetrara em seu coração, falou com voz trêmula:

— Obrigado, Senhor, por permitir que nosso lar abrigue alma tão generosa.

Tiago, o primeiro a se recompor, disse, tentando trazer de volta à realidade os presentes:

— Vamos jantar. Temos muito que conversar e ver a melhor maneira de ajudar o nosso amigo.

— Geraldo, amanhã logo cedo irei com senhor Fagundes tratar de seus documentos.

— Sabe o que fazer, querida?

— Sei — respondeu Bernadete.

— Se ocorrer alguma dificuldade entre em contato comigo, que verei o que posso fazer para ajudar.

— O que mais necessito agora é ter em mãos meus documentos para ir procurar algum serviço. Não posso ficar sem fazer nada dando despesas para vocês.

— Uma coisa de cada vez — respondeu Geraldo. — Primeiro os documentos que, realmente, são o mais importante. Posteriormente veremos o resto.

— Não se preocupe, amigo — disse João. — Temos condições de acolhê-lo e fazemos isso com muito gosto.

Somos todos aprendizes 161

CAPÍTULO XVI

AUXILIANDO UM AMIGO

Nos dias seguintes a atenção e disponibilidade de Bernadete foram direcionadas para Fagundes. Incansável, prestativa e amiga. Esse era o novo perfil de uma moça que, meses atrás, apenas pensava em si própria. Hoje tudo mudara. Crescera, aprendera e, principalmente, entendera o que na realidade era ter Deus no coração.

Certa tarde, Fagundes entrou em casa com o rosto contraído, olhos vermelhos e a tristeza tomando conta de seu rosto. Sentou-se e cobriu suas faces com as mãos. Entre um soluço e outro, desabafou:

— Tudo acabado. Minha companheira se foi.

— Se foi? Como assim, senhor Fagundes?

— D. Aurora, ela se foi. Deixou-me. Acabou o sofrimento.

— Ela... morreu?

— Sim, D. Aurora.

— Meu Deus!

— Não devemos lamentá-la, D. Aurora. Ela sofria muito. Não foi possível salvar aquele corpo transfigurado pelas queimaduras. Deus se apiedou dela.

— O senhor tem razão. Que os bons espíritos a recebam e envolvam-na com a energia de paz, encaminhando-a para o hospital de refazimento. Oração é o que podemos fazer por ela.

— Obrigado, D. Aurora.

Após o funeral, Fagundes, abatido, disse a João que partiria no dia seguinte de volta para sua cidade.

— Mas por que a pressa? O que irá fazer lá, Fagundes? — perguntara João. — Não possui mais sua casa e não tem ninguém esperando por você. Fique por aqui. Construa uma nova vida aqui ao lado de seus amigos.

— Obrigado, João. Sou muito grato a vocês, mas não posso aceitar. Estou desempregado. Só dou despesas. Será mais fácil arrumar um trabalho por lá; todos me conhecem, sabem do meu drama. Preciso providenciar uma casa para mim, enfim, retomar a minha vida com dignidade.

— Está certo, vou respeitar seu desejo. Pediria apenas que conversasse com Geraldo antes de partir.

— Claro! Preciso mesmo agradecer a todos que me ajudaram. Foram os melhores amigos que encontrei na minha vida.

Na casa de Gracinha, o senhor Juca demonstrara novamente o desejo de conversar com Tiago.

— Filha — dissera —, preciso muito falar com ele. Sinto que ele terá muitas respostas para me dar.

— Está bem, pai. Vou falar com Tiago e, se mamãe concordar, marcaremos o dia para o senhor se encontrar com ele. Está bem?

— Está, filha — falou Juca, sentindo-se ainda um pouco cansado.

— Então descanse. Procure ficar tranqüilo, calmo. A sua recuperação está indo muito bem. Não deixe nada interromper esse processo.

Somos todos aprendizes 163

Jane dera o consentimento para que Tiago viesse ver o marido.

— Traga-o, Gracinha. Seu pai está muito ansioso e isso não é bom para ele. Vamos deixar que ele realize seu desejo.

— Está bem, mãe. Vou combinar com Tiago.

Geraldo, assim que tomou conhecimento da intenção de Fagundes, tentou dissuadi-lo da idéia de retornar ao interior.

— Senhor Fagundes — dizia —, recomece sua vida em outro lugar, onde ainda não existam marcas de sofrimento pelo qual passou em sua cidade.

— Geraldo, onde for ou estiver o sofrimento fará parte da minha vida, porque é a minha história. Não devemos ficar presos ao passado, eu sei, mas também não se pode viver como se ele não existisse. Quero construir, ou melhor, reconstruir minha vida. Gostaria muito de fazê-lo aqui, usufruindo da amizade de todos vocês, porém é impossível. Onde conseguirei um emprego, qualquer coisa que possa propiciar meu sustento? Tenho condições de trabalhar, não gostaria de viver encostado em ninguém.

Todos gostaram de ouvir o que Fagundes dizia. Admiravam sua dignidade e seu caráter. Geraldo voltou a insistir.

— Senhor Fagundes, o Dr. Ivan é meu amigo particular de muitos anos. É dono de uma pequena clínica médica e há algum tempo demonstrou o desejo de contratar um funcionário que pudesse dormir no emprego. Alguém de confiança que zelasse pela segurança da clínica. Se o senhor se interessar, posso me informar com ele se ainda tem essa intenção. Poderia dar certo. O que acha?

Aurora, antes que Fagundes respondesse, perguntou:

— Mas onde ele moraria, Geraldo? Ele precisa ter seu canto, formar sua casa.

— Isso não é problema, D. Aurora. Nos fundos da clínica tem uma pequena edícula: quarto, banheiro, uma sala e cozinha, nada grande, mas muito bem construído e mobiliado. Para quem é sozinho como ele, é um ótimo lugar para morar. Além de ter casa ainda receberá um salário, será registrado, tudo dentro da lei. Então, o que acha, senhor Fagundes? Falo ou não com o Dr. Ivan?

Os olhos de Fagundes brilharam de esperança.

— Geraldo, mais uma vez não sei como agradecer. É evidente que aceito, é só ele querer.

— Amanhã mesmo falarei com ele. À noite virei lhe comunicar a decisão, assim terei uma desculpa para ver a minha noiva — brincou.

— Você não precisa de desculpas para vir aqui, Geraldo. Esta casa é sua também — disse Aurora.

— Obrigado, D. Aurora, apenas brincava com Bernadete. — Olhou para a noiva e beijou-a com o olhar de amor que lhe enviou.

Bernadete, entendendo sua intenção, não se importou nem um pouco com os presentes e com graciosidade deu um beijo no noivo.

— Minha nossa — exclamou Tiago. — Minha irmã está mesmo "gamadona".

— Tiago, que termo feio! — exclamou João.

— Tudo bem, pai. Minha irmã está mesmo apaixonada!

Todos sorriram.

Fagundes mal podia esperar a resposta de Geraldo. No seu íntimo pedia a Deus que permitisse sua presença próxima a pessoas tão estimadas por ele.

Às vinte horas do dia seguinte Geraldo chegou com a boa notícia. O Dr. Ivan concordara e sentira-se aliviado em saber que poderia contar com alguém de confiança.

Fagundes não sabia o que dizer. Deus o presenteara com tanta alegria em meio à tristeza que sentia pela separação de sua companheira de maneira tão sofrida.

Somos todos aprendizes 165

Geraldo interrompeu seu pensamento.

— Fiquei de levá-lo amanhã até lá para o senhor ver a casa e combinar o salário.

Fagundes mal o ouvia. Para ele, não importava o quanto ia ganhar. O importante era que teria uma casa, um emprego e a volta de sua dignidade. Isso lhe bastava.

— Senhor Fagundes, o senhor está me ouvindo?

— Hein?! Claro, claro, Geraldo. Amanhã iremos, sim, a hora que você puder. Se der tudo certo poderei ficar lá amanhã mesmo. Não irá se arrepender de haver me arrumado este emprego, Geraldo. Não vou decepcionar ninguém, principalmente vocês, que me receberam tão bem e tratam-me como um verdadeiro amigo.

— Somos seus amigos, senhor Fagundes — disse Bernadete —, pode acreditar nisto.

— Obrigado. Mais uma vez, muito obrigado.

O Dr. Ivan acertara tudo com Fagundes e este se mudara para clínica. Dera-lhe um adiantamento para que comprasse algumas roupas e alimentos. Explicara-lhe detalhadamente seu serviço, suas folgas, enfim, tudo ficara decidido a contento de ambas as partes.

Em sua primeira noite na nova casa, Fagundes pensava e agradecia ao Senhor a bênção recebida. "Senhor, esta casa é muito melhor do que aquela que eu perdi. Meu emprego, meus amigos, tudo é maravilhoso e novo para mim. Tiraste do meu lado minha esposa, que tanto sofreu por conta da não-aceitação da separação do nosso filho, mas deste-me nova oportunidade de crescimento por meio de minha resignação, do meu trabalho e da valorização da amizade e da vida. Que eu jamais esqueça disso. Que eu nunca me desencoraje. Que eu nunca perca a fé e a esperança. Que eu saiba agradecer cada benefício recebido e que meu reconhecimento se faça pelo meu esforço para ser melhor".

Bernadete e Geraldo conversavam sentados na varanda

da casa, de onde podiam ver a beleza da Lua, clareando a noite escura.

— Geraldo, gostaria que você me levasse à reunião espiritual que freqüenta — dissera Bernadete ao noivo.

— Você está falando sério, querida?

— Estou. Quero entender melhor essa Doutrina que faz as pessoas serem mais felizes pelo bem que praticam.

— Claro que levo você, meu bem. A minha satisfação é enorme em saber que você começa a se interessar pela Doutrina Espírita.

— É estranho o que está acontecendo comigo, Geraldo. Parece que tenho necessidade de aprender mais, conhecer mais essa questão.

— Nós iremos sim, Bernadete Na próxima quinta-feira, às vinte horas. Não vai esquecer

— Não, não vou.

— Mudando o rumo da conversa, estou estranhando não vê-la estudando para o concurso de juíza. Por quê?

— Ia mesmo conversar com você sobre este assunto, Geraldo.

— Vamos conversar, então.

— Eu estive pensando muito sobre essa questão de ser juíza.

— E daí?

— Daí que eu não tenho mais a menor vontade de prestar esse concurso.

— Vai desistir?

— Não é desistir no sentido de covardia, medo ou sei lá o quê. Não sinto mais vontade, não quero mais isso para minha vida. Sinto necessidade de outra coisa, de ir em busca de outros conhecimentos.

— Como chegou a essa conclusão?

— Perguntei a mim mesma e respondi com a maior sin-

Somos todos aprendizes 167

ceridade: não quero mais porque descobri que não é a minha vocação, minha vontade real. Analisei-me friamente e concluí que o meu intuito era aparecer pelo *status* social. Na realidade, queria mostrar para os outros o que eu podia conquistar, o que valia como profissional. Não era motivada pelo desejo real e sincero de auxiliar, proteger e amparar legal e humanamente quem se aproximasse de mim com um processo. Via nessa carreira a oportunidade de ganhar dinheiro; hoje percebo que é uma grande tolice. Estava enganada, e agora posso ver tudo claramente e me sinto melhor assim.

Geraldo gostara do que ouvira. Realmente sua noiva mudara. "Isso me agrada", pensava.

— E o que vai fazer com seus estudos de tantos anos?

— Vou aplicá-los no meu dia-a-dia. Trabalhar para o meu sustento e, paralelamente, auxiliar aqueles que necessitam e não podem pagar. Não perder a minha dignidade por conta da ambição e cobrar o justo.

— Pretende montar um escritório?

— Não. Pretendo trabalhar em um que já está montado. Isso se o dono do escritório me aceitar.

— E quem é este felizardo?

— Você!

— Eu!?

— Sim. Se você me quiser trabalhando a seu lado.

Geraldo puxou-a para si. Afagou delicadamente seus cabelos e respondeu:

— É tudo que quero, meu amor, ter você a meu lado ajudando-me a construir nossa vida. Amanhã mesmo providenciarei uma sala para você. Quero que tenha liberdade para trabalhar à sua maneira. Seremos sócios. Concorda?

— Concordo!

— Nem patrão, nem funcionária. Duas pessoas que se amam e que dividem suas lutas para alcançar seus objetivos e seus ideais. Duas pessoas que sonham, mas que sabem trazer para a realidade as coisas que mais embelezam e fortalecem os sonhos: amor e fraternidade.

— Quero brindar a minha noiva, sócia e futura esposa.

— Que é isso, Geraldo, brindar com quê?

— Com um beijo — respondeu.

E foi o que fez. Abraçando-a com ardor, beijou-a com todo o amor que lhe ia no coração.

CAPÍTULO XVII

Palavras de Esclarecimento

Fagundes sentia-se feliz com sua nova vida. Trabalhava com entusiasmo. Esforçava-se para corresponder às expectativas do Dr. Ivan e de Geraldo, agradecido que estava pela oportunidade recebida e com os novos amigos que Deus tinha colocado em seu caminho. Não fosse a saudade que sentia de sua esposa, nada fazia lembrar a vida anterior que levara em sua cidade natal. Vida simples, sim, mas cheia de paz e harmonia.

A amizade com a família de Bernadete se fortalecia cada vez mais. Sentia que realmente eram espíritos afins. Em suas folgas semanais ia visitá-los e passava longo tempo conversando com João e Aurora.

Em uma dessas visitas, encontrou-se com Tiago, que lhe disse:

— Senhor Fagundes, que bom encontrá-lo, precisava mesmo falar com o senhor.

— Em que posso ajudá-lo, Tiago?

— O pai de minha namorada, senhor Juca, há algum tempo solicita minha presença em sua casa. Quer conversar comigo. Segundo o que Gracinha me contou, está cheio de dúvidas e acredita que eu poderia elucidá-lo.

— Dúvidas sobre o que, Tiago?

— Não sei exatamente. Parece-me que tem relação com sua doença inesperada, os dias que passou na UTI, enfim, não sei ao certo e também não sei como ajudá-lo.

— Ora, Tiago, você é um rapaz inteligente, com bastante conhecimento sobre questões espirituais. Nada tem a temer. Por que a preocupação?

— Na realidade, o que eu queria perguntar ao senhor é se não poderia ir comigo.

— Eu!? — exclamou Fagundes, admirado.

— Sim, senhor Fagundes. Seus conhecimentos espirituais superam os meus e tenho absoluta certeza que poderá ajudá-lo muito mais que eu.

Fagundes ficou sensibilizado com a confiança demonstrada por Tiago. Calou-se; não sabia o que responder, invadido pela sua própria humildade.

— Então, senhor Fagundes, o que me diz? Irá comigo?

— Está certo. Quando quer ir?

— O dia que for melhor para o senhor.

— Se for durante o dia, será necessário esperar pela minha folga, mas se for à noite não terá problema. Posso ir quando quiser.

— Iremos depois de amanhã.

— Por mim, está bem.

— Filho, por que não vai amanhã mesmo? — disse Aurora. — Pode ser algo urgente; ele deve estar ansioso.

— Amanhã não posso, mãe. Terei de ficar até mais tarde na faculdade e, pelo que sei, não é nada urgente. Um dia a mais não fará diferença.

— Sendo assim...

— Então está combinado?

— Claro. Combinado — respondeu Fagundes.

— O senhor quer que eu vá buscá-lo?

Somos todos aprendizes 171

— Não, Tiago, não precisa, virei assim que terminar o meu jantar. Não é tão longe e aprecio caminhar.

— Tudo bem!

Aurora prontamente convidou Fagundes.

— Não se preocupe com o jantar, venha jantar conosco. Será um prazer, como nos velhos tempos.

— Aceito o convite, D. Aurora. Virei com o maior prazer, como nos velhos tempos. Por volta das dezenove horas estarei aqui.

— Estaremos à sua espera.

No dia combinado lá estavam Tiago e Fagundes em frente de Juca. Foram recebidos com muita cortesia por Jane e Gracinha. Feitas as apresentações, Juca falou com visível entusiasmo

— Obrigado por terem vindo. Foram muito gentis atendendo o meu pedido.

— Não nos agradeça — respondeu Tiago. — Só nos causa alegria estarmos aqui e podermos, de certa forma, ser úteis ao senhor.

— Tiago, soube de toda a sua atenção desde o instante em que Gracinha procurou-o para dizer-lhe do meu desaparecimento. Minha esposa e minha filha relataram-me todo o carinho com o qual as tratou, ajudando-as a passar por esse momento difícil. Todos nós sofríamos muito; digo sofríamos porque senti uma angústia enorme a partir do momento em que me dei conta do que estava acontecendo. Muito obrigado, Tiago. Estou muito agradecido a você e à sua família por terem amparado as pessoas que mais amo nesta vida.

— Senhor Juca, peço-lhe por favor que não me agradeça. O que fiz foi fruto do enorme carinho que sinto por vocês, e para lhe ser franco e bastante sincero, pelo amor que sinto pela sua filha.

Gracinha, ao ouvir essa declaração, emocionou-se até as lágrimas. Olhou para o namorado e pensou: "Eu também amo você, Tiago. Você não imagina o quanto".

Fagundes observava tudo com muita atenção. Permaneceu em silêncio até o momento em que Tiago, dirigindo-se a Juca, falou:

— Senhor Juca, este é um amigo muito estimado por mim e por toda a minha família. De nossa total confiança. Quando D. Jane confidenciou-me que tem dúvidas sobre determinadas questões, achei por bem trazê-lo, pois possui mais capacidade para orientá-lo do que eu.

— E o farei com muito gosto — completou Fagundes.

— Acredito que sim e agradeço muito a vocês dois pela gentileza.

— Diga-nos então o que o aflige, senhor Juca.

— Aflige-me ignorar, ou melhor, não entender a razão pela qual adoecemos. O que fiz de errado para passar por esta aflição? O que causa nossa enfermidade, este transtorno que traz sofrimento para toda a família? O senhor poderia explicar-me isto?

Fagundes silenciou por alguns instantes, tentando encontrar as palavras certas para dar a resposta para Juca sem confundi-lo ainda mais.

— Meu amigo — disse —, as nossas aflições e sofrimentos nesta vida possuem duas fontes distintas: ou sua causa está na vida presente, o que acontece freqüentemente com algumas de nossas dores, ou está na vida pretérita, ou seja, em outra encarnação.

— Explique-se melhor, por favor.

— Não raro somos alvo de nossa própria imprudência, do nosso orgulho ou mesmo da ambição de querer possuir a todo custo. Essas atitudes desastrosas podem trazer conseqüências também desastrosas para nosso corpo físico e nosso espírito. Afundamos muitas vezes na gula; agimos de maneira imprudente sem respeitar nossos próprios limites. Qualquer coisa em excesso nos causa prejuízo. Ou interferimos na saúde pelo que ingerimos, geralmente muito mais do que nosso corpo necessita, adquirindo hábitos nocivos, ou a prejudicamos com as aflições da vida,

Somos todos aprendizes 173

sendo incapazes de amar e perdoar. Os homens não conseguem limitar os seus desejos; abrigam a ira, o rancor e a mágoa em seus corações. Dessa maneira se perdem em aflições, que se negam a aceitar, sentindo-se vítimas da própria vida.

Juca absorvia as palavras de Fagundes com muito interesse.

— E o que pensar quando a causa não está nesta vida, como você disse?

— As causas hão de estar em vidas anteriores, encarnações passadas, como já disse. É a lei de causa e efeito, senhor Juca. Nada se perde ou fica no esquecimento, tudo gera uma conseqüência, e fatalmente sofreremos pela nossa imprudência e leviandade em não dar à existência a atenção que ela merece. É a lei de justiça. E como Deus é justo, soberanamente justo, nós não somos vítimas dos nossos sofrimentos. Somos herdeiros de nós mesmos, e em todos os sofrimentos existe a nossa participação.

— Mas também tem uma questão que não se pode esquecer.

— Como assim?

— Os sofrimentos e as aflições podem ser também provas escolhidas pelo próprio espírito para avançar no progresso.

— Esclareça-me sobre isso — pediu Juca, completamente envolvido.

— Lembro-me de uma questão do *Evangelho Segundo o Espiritismo*, no Capítulo V, questões 9 e 10, que diz o seguinte: "Não seria preciso crer que todo sofrimento suportado neste mundo seja, necessariamente, o indício de uma falta determinada; são freqüentemente simples provas escolhidas pelo espírito para acabar sua depuração e apressar seu adiantamento. Assim, a expiação serve sempre de prova, mas a prova não é sempre uma expiação, mas, provas ou expiações, são sempre sinal de uma inferioridade relativa, porque o que é perfeito não tem mais necessidade de ser provado. Um espírito pode, pois, ter adquirido um certo grau de elevação, mas, querendo avançar ainda, solicita uma missão, uma tarefa a cumprir, da qual será tanto mais recompensado, se sai vitorioso, quanto a luta tenha sido mais penosa. Tais são mais especialmente essas pessoas de instinto naturalmente bom, de alma elevada, de nobres sentimentos inatos que parecem não ter trazido nada de mau de precedente existência e que suportam com uma resignação toda cristã as maiores dores, pedindo a Deus para as suportar sem lamentação. Pode-se ao contrário como expiações as aflições que excitam as queixas e compelem o homem à revolta contra Deus.

O sofrimento que não excita lamentações pode, sem dúvida, ser uma expiação, mas é o indício de que ele foi antes escolhido voluntariamente do que imposto, e a prova de uma forte resolução, o que é um sinal de progresso.

Os espíritos não podem aspirar a felicidade perfeita senão quando são puros; toda mancha lhes interdita a entrada nos mundos mais felizes."

Juca estava impressionado com Fagundes.

— Como o senhor consegue lembrar de tudo isso? — perguntou.

— Porque sofri muito. Foi aprendendo o *Evangelho* que consegui suportar e enfrentar com coragem minhas aflições. Entendi que havia motivos que eu desconhecia, e entendi também que Deus está presente em cada lágrima derramada, quando são de dor, e não de revolta. O *Evangelho Segundo o Espiritismo* fez-me entender que a dor jamais é origem, mas uma conseqüência.

Juca permaneceu pensativo.

— Em que está pensando, pai? — perguntou Gracinha.

— Penso que estava dando mais importância ao que sofria, aos dias que passei na UTI, às injeções que furavam minhas veias, e me esqueci de agradecer a Deus o coração que ganhei e que me devolveu a oportunidade de continuar vivendo aqui, ao lado de vocês, que tanto amo. Pensei só em mim. Esqueci que para eu

Somos todos aprendizes 175

viver, alguém teve que morrer; dei mais importância à tristeza do que à felicidade de voltar para casa vivo e com possibilidade de mais alguns anos de vida. Recebi mais uma vez a vida e não consegui me dar conta dessa bênção divina pelo fato de estar envolvido na autopiedade.

Duas lágrimas rolaram pelas faces de Juca.

Jane aproximou-se do marido. Abraçou-o passando-lhe todo o carinho que sentia por ele.

— Não fique tão deprimido, Juca. O que importa, agora que tomamos conhecimento, é aprender a reconhecer Deus em todas as nossas aflições e sermos agradecidos a Ele pelas bênçãos divinas das quais somos alvo, mesmo sem nos darmos conta disso.

Fagundes, dirigindo-se a Juca, perguntou-lhe:

— O senhor gostaria de esclarecer mais alguma coisa?

— Sim. Só mais uma questão.

— Você está se cansando, querido — exclamou Jane, preocupada.

— Por favor, querida, só mais uma pergunta.

— Tudo bem, Juca, mas procure não se emocionar.

— Diga, senhor Juca.

— O que posso fazer para aquele jovem que doou seu coração para mim? Acender velas, rezar um terço, uma missa? O que o senhor me aconselha?

— O único conselho que posso lhe dar é que pense nele com o melhor dos seus sentimentos. Envolva-o com o sentimento mais nobre que existe, que é o amor. Seja grato a esse espírito pelo seu ato generoso.

— E as velas? Gostaria de acendê-las para que iluminem seu caminho. Posso?

— Senhor Juca, parafina não ilumina caminho de ninguém. A única coisa que pode trazer iluminação para quem quer que seja é o amor que se tem. Esse espírito cujo coração bate em seu peito será sensível às suas orações, à sua lembrança, a seu reconhecimento. E ao seu desejo sincero e pleno de que ele alcance cada vez mais a claridade divina. A única coisa que ilumina o caminho de alguém é a nobreza de sentimentos, as atitudes corretas e dignas, o desejo real de que o próximo alcance a verdadeira felicidade, seja ele encarnado ou desencarnado. Fazer todo o bem que se pode, este é o caminho.

Juca estava realmente impressionado com tudo o que ouvira. Conseguira suas respostas.

Dera-se conta de que tinha muito o que aprender e iria se esforçar para isto.

— Eu lhe agradeço, senhor Fagundes. Suas palavras trouxeram calma e reflexões para meu coração.

— Fico feliz em ouvi-lo dizer isso, senhor Juca.

— Por que somos tão distraídos que só nos lembramos de Deus quando estamos em perigo?

— Acontece com a maioria das pessoas. É importante nos conscientizarmos de que a presença de Deus no coração do homem torna-o uma pessoa melhor, mais nobre, uma pessoa de bem. O amor entendido e exercitado nos tira da condição de pessoas mais ou menos e nos transforma em pessoas inteiras, gigantes para lutar e vencer com dignidade; corajosos para enfrentar as aflições e serenos o bastante para encontrar Deus no coração.

Juca fechou os olhos.

Gracinha aproximou-se do pai e com voz baixa perguntou-lhe:

— Pai, o senhor se entristeceu?

— Sim, filha.

— Por que, pai?

— Porque me dei conta do quanto era vazio de Deus. Porque percebo que mesmo me esquecendo Dele, jamais fui esquecido por Ele, e isso me entristece. Sempre vivemos bem, unidos e felizes, mas agora me dou conta de que nunca abrimos a porta para ninguém, a nossa casa sempre foi só nossa. Nunca se

Somos todos aprendizes   177

abriu para ouvir, agasalhar, compreender e saciar a fome do próximo. Nunca me preocupei com nada que não fosse o bem-estar da minha família. Sempre me julguei uma pessoa muito boa e na realidade nunca fiz o bem para ninguém; o que é pior, não ensinei você a fazê-lo. Entretanto, apesar do meu egoísmo, fui agraciado mais uma vez com a vida. É isso que está me entristecendo, minha filha: tomar consciência do que sou.

Tiago interferiu.

— Senhor Juca, esqueça o que passou, agora é a hora da renovação. Reflita e arrume seu coração para que ele aprenda a receber quem precisa de abrigo.

— É verdade, pai. Não se torture. Eu já sou adulta e nada nem ninguém poderá me impedir de praticar o bem, se eu realmente quiser. Se isso tranqüiliza o senhor, saiba que, a minha maneira, tento praticar a fraternidade, aproximar-me do meu semelhante.

Tiago se surpreendeu.

— Como assim, Gracinha? O que você quer dizer?

— Quero dizer que sou voluntária do orfanato aqui do bairro.

— Você vai ao orfanato? — perguntou Juca, absolutamente surpreso.

— Sim, pai. Todas as quintas-feiras, no período da tarde, passo com as crianças. E isso me faz muito feliz, como o senhor também me faz feliz.

Juca estendeu os braços e abraçou a filha com ternura e emoção.

Tiago aproximou-se e aconselhou:

— Senhor Juca, não fique tão triste; ao contrário, alegre-se. O senhor foi alvo da misericórdia de Deus, e seu coração foi tocado pelo amor divino, abrindo-se para as questões espirituais. Dê importância a essa descoberta que, com certeza, irá preencher sua vida daqui para frente.

— É isso mesmo — disse Jane. — Agora vamos tomar um chá bem quentinho. Aceitam?

— Claro, querida, claro que aceitamos.

Gracinha, pegando a mão do namorado, afastou-se com ele, indo até a varanda de sua casa.

— Está me seqüestrando? — brincou Tiago.

— Sim, estou. E para ser solto terá que me dizer se o que disse ao meu pai é verdade.

— E o que foi que eu disse?

— Não se faça de desentendido. O que você disse sobre nós.

Tiago percebeu até onde ela queria chegar, mas, brincando com a namorada, respondeu:

— Não me lembro de ter dito nada sobre nós.

— Disse sim.

— E o que foi que eu disse sobre nós?

— Que me ama.

— Eu falei isso? Interessante, não me recordo.

Diante da cara desapontada de Gracinha, Tiago passou o braço sobre seus ombros e falou baixinho:

— Claro que me lembro, sua bobinha. E é claro que eu disse a verdade.

— Qual?

— Que eu a amo! Muito! Depois de saber que se dedica ao voluntariado do bem, mais ainda. Espero que daqui a alguns anos, quando eu me formar, possa me casar com você.

— Verdade, Tiago?

— Bem, isso se você me quiser, se ainda me amar.

— Você duvida? É óbvio que eu quero. Eu o amo muito também, Tiago, e esperarei o tempo que for necessário para ser feliz com você.

Os dois se olharam. Um inocente beijo selou essa promessa.

Somos todos aprendizes 179

CAPÍTULO XVIII

ANGÚSTIA

B ernadete acordou assustada. Transpirava muito e seu coração batia acelerado.

— O que é isso, meu Deus? Que sonho foi este que deixou uma angústia tão grande em meu coração? Por que me sinto tão atormentada cada vez que penso em meu casamento com Geraldo?

— Mãe! — gritou.

Em menos de dois minutos Aurora entrava no quarto da filha apavorada e aflita.

— O que aconteceu, filha?

— Mãe, tive um sonho horrível! — exclamou Bernadete completamente assustada.

— Filha, o que a aflige tanto a ponto de interferir em seu sono? Conte-me o que está acontecendo com você.

— Não sei, mãe. O medo me persegue e se incorpora em meus sonhos. Não é a primeira vez que isso acontece.

— Mas Bernadete, medo de quê?

— Não sei ao certo. Tenho uma sensação ruim, que irei me separar de Geraldo muito rápido, sem termos tempo de realizar nenhum dos nossos objetivos.

— Outra vez! Que bobagem, filha, ninguém irá separar vocês dois. O amor que os une é grande e sólido. Ninguém poderá interferir.

— Mas... e Deus?

— Deus!?

— Sim, mãe, Deus — repetiu.

— Como assim, Bernadete? O que quer dizer com isto?

— Quero dizer: e se for da vontade de Deus que a gente se separe?

— E por que Deus iria querer separar vocês?

— Não sei, mãe, não tenho a menor idéia. Mas isso pode acontecer, não pode?

— Pode sim, filha, porque Deus é soberano, mas não creio que isso irá acontecer.

— Mas, e se acontecer?

— Se acontecer deve existir uma razão. Deus não iria separá-los sem um motivo muito forte e justo.

— A senhora me assusta falando dessa maneira.

— Como assusto você, filha? É você quem está impressionada. Está dando muita importância às suas suposições, que não passam de ansiedade, Bernadete.

— É, mãe, pode ser.

— Pode ser, não. Tenho certeza de que é. Tanto você quanto Geraldo estão muito ansiosos com a expectativa do casamento.

— Não sei quem está mais. Pelo Geraldo casaríamos amanhã. Disse a ele que preciso de um tempo para cuidar de tudo com cuidado. Prefiro que seja mesmo no final do ano. Afinal, marcamos uma data tão bonita, próxima ao Natal.

— Concordo com você, filha. São muitas coisas para resolver e isso leva tempo.

— Foi exatamente o que disse a ele. Quero que tudo saia da maneira que sempre sonhei.

Somos todos aprendizes 181

Aurora levantou-se, passou as mãos pelos cabelos da filha e lhe disse:

— Descanse mais um pouco. Ainda é muito cedo para se levantar. Quando o café estiver servido volto para avisá-la.

— Se a senhora não se importar, mãe, prefiro dormir até mais tarde.

— Claro que não me importo. Quero que fique tranqüila e descansada.

Fechou novamente as cortinas, dando ao quarto da filha a penumbra necessária para induzi-la ao sono reparador.

Bernadete, assim que a mãe saiu, aconchegou-se nas cobertas e adormeceu.

Aurora tentou não demonstrar preocupação, mas seu coração ficou apertado ao ouvir as palavras da filha. "Que será, meu Deus, que se passa na cabeça dela para provocar tanto receio de ser feliz? Por que tanto medo, tanta angústia?"

Estava ainda imersa em seus pensamentos quando João entrou na cozinha. Aurora assustou-se.

— Que foi, mulher, se assustando comigo?

— Desculpe, meu pensamento estava longe.

— Isso eu percebi. Posso saber o porquê da testa franzida?

— É a nossa filha.

— Mas o que tem ela? O que preocupa você? Ela está doente?

— Graças a Deus, não.

— Então, qual o motivo da sua apreensão?

— Preocupam-me as reações que ela está tendo. Este medo absurdo em relação ao seu casamento. Teima em dizer que ela e Geraldo não ficarão juntos por muito tempo. Não entendo de onde ela tira esse pensamento.

— Vou lhe dizer que tem razão, Aurora. Também me preocupa tudo isso, ainda mais que Geraldo sente a mesma coisa.

— É muito estranho, não acha?

— Acho. Acho, sim. É muito estranho.

— Bem, vamos deixar as coisas como estão. Quanto mais se falar nisto, mais apreensiva ela ficará.

— Tem razão, mulher. É melhor encerrar esse assunto.

Sentaram-se para tomar o desjejum e mudaram o rumo da prosa.

Na casa de Geraldo, este conversava com seu pai, saboreando gostosas rabanadas feitas por Letícia, sua mãe.

— Filho — dizia Pedro —, desde o dia do seu noivado que tenho pensado muito sobre a questão da Doutrina Espírita.

— Verdade, pai? Isso é muito bom!

— Verdade — confirmou Pedro. — Mas ainda não consegui entender direito o fato de os mortos se comunicarem com os vivos. Como fazem isso, se estão mortos, e por que o fazem?

— Pai, vou tentar esclarecer da forma mais simples possível.

— Faça-o, filho. Realmente isso me intriga bastante.

— Acompanhe o meu raciocínio: nós possuímos um corpo físico que ganhamos pela fecundação do óvulo materno com o espermatozóide paterno, e dessa fecundação herdamos a genética dos nossos pais. Mas não somos feitos só do corpo físico. Temos também nosso corpo astral e nosso "eu" verdadeiro, que é o espírito. Nosso espírito, criação divina, já existia antes do nosso corpo de matéria densa, ou corpo físico. O espírito não traz a genética dos pais; Deus o criou, ele preexistia antes da matéria chegar à Terra através da encarnação, trazendo uma história de vidas anteriores. Quando desencarnamos, somente o corpo físico desaparece, ele é matéria e volta para a matéria; o espírito, ao contrário, não acaba, renasce na espiritualidade, levando a sua individualidade, que não perde jamais. Aquele que parte deixa apenas de ser visto pelos homens, volta para sua pátria de origem e continua existindo do mesmo jeito que era. A mesma personalidade, os mesmos afetos,

Somos todos aprendizes 183

os mesmos gostos, enfim, exatamente como era quando possuía o corpo físico. Se assim não fosse, se tudo acabasse, não haveria sentido cultivar as virtudes, fazer o bem, evoluir no amor e na fraternidade, crescer por intermédio do trabalho e do conhecimento. O espírito raciocina, e é por isso que pode se comunicar com os encarnados, quando necessário, com a finalidade de trazer benefícios para quem os escuta.

Pedro escutava atentamente. Aproveitando uma pausa de Geraldo, perguntou:

— Geraldo, se os homens não o vêem, se ele não possui mais os órgãos físicos, como pode se comunicar, falar com os vivos?

— Ouça, pai: existem homens que possuem uma faculdade chamada mediunidade. Por meio dela, ou seja, dessa sensibilidade característica de algumas pessoas é que os espíritos desencarnados se comunicam, usando a fala, a escrita, a audição e a visão de alguns médiuns. Pela vidência, algumas pessoas podem ver os espíritos, assim como ouvi-los, pela audição Os espíritos que necessitam se comunicar aproximam-se dos médiuns e, usando suas cordas vocais, comunicam-se com os encarnados.

— Mas como se tem certeza de que é verdadeiro o que se fala pela mediunidade?

— A certeza vem pelo conhecimento da moral digna e honesta do médium. Da sua postura perante o semelhante. Da sua transparência como ser humano, do seu total desinteresse material. Dá-se de graça o que de graça se recebe. O médium que vive sob a luz do Evangelho de Jesus atrai para junto de si espíritos afins, que também comungam com ele nos pensamentos, sentimentos e real fraternidade. São espíritos que de verdade querem o bem da humanidade. Volto a repetir, pai: o total desinteresse em relação a lucros materiais inspira-nos credibilidade.

— Muito interessante o que está me dizendo, filho. Mas, na verdade, qual a finalidade dessas comunicações?

— O espírito bom, que segue o amor de Jesus, tem por finalidade alertar os encarnados sobre os enganos, imprudências e desvarios que muitos praticam. Esclarecem sobre a vida futura e mostram o caminho mais seguro para se avançar para Deus na evolução espiritual. Deixam claro que só iremos evoluir seguindo Jesus. Os bons espíritos nunca instigam a discórdia, nunca se contradizem e jamais impõem condições aos encarnados. Respeitam o livre-arbítrio de cada um. Não avançam o limite estabelecido por seus superiores e jamais interferem nas decisões dos encarnados porque sabem que pertence a cada criatura solucionar, enfrentar e lutar com coragem para vencer os obstáculos de percurso sem perder a fé e sem machucar ou ofender o seu próximo. Eles sabem que só quando adquirimos a consciência que devemos cumprir a tarefa que é nossa poderemos aspirar um lugar nos mundos mais felizes. Essa é a finalidade, pai, mostrar aos encarnados que temos um Ser Superior, o Criador de todo o Universo, e que devemos amá-Lo e respeitá-Lo, e saber que um dia todos voltaremos para a Pátria de origem e, para lá, só se leva o fruto da semeadura aqui da terra.

— É por isso que é importante fazer o bem, não é, filho?

— Claro, pai. Devemos fazer o bem pelo bem, e não para conquistar recompensas; elas virão, se Deus achar que são justas. O crivo da razão do nosso Criador nunca falha. O único remédio que cura nossas feridas e faz nosso coração florescer é o amor, simplesmente o amor.

— Filho, estou impressionado com tudo que está me dizendo. Nunca imaginei ouvir de você coisas tão belas. Como nunca desconfiei que você era espírita e guardava dentro de si conhecimentos tão claros, edificantes e nobres?

— Calma, pai, sem exagero. Não sou essa pessoa maravilhosa que o senhor está pensando. Possuo muitos defeitos, apenas estou tentando tornar-me uma pessoa melhor.

— Sabe, filho, muitas vezes assaltavam-me dúvidas sobre

Somos todos aprendizes 185

a existência de Deus. Nunca fui um ateu, mas também nunca aceitei totalmente essa verdade. É uma coisa tão abstrata. Não existe nada para comprovar que esse Ser realmente existe.

— Pai — exclamou Geraldo —, como não existe nada para comprovar? E as marcas deixadas pelo Criador em todos os cantos do Universo?

— Como assim, Geraldo?

— Examine com atenção o Universo: a natureza em toda a sua exuberância, a vida em todas as suas formas. Acredita que o homem comum teria inteligência para criar todos os sistemas solares? E quanto ao equilíbrio que rege todos os fenômenos, mesmos os que se mostram avassaladores, porque até para estes existem respostas adequadas que podemos nem saber, mas Deus as tem? O calor do Sol e o brilho das estrelas, a sincronia do dia e da noite, enquanto um está aqui o outro está ali, enfim, poderia ficar aqui, pai, enumerando milhares de marcas deixadas pelo Criador. Mas só vou dizer a mais fantástica de todas.

— Qual é, filho?

— Nós, pai. O homem, a vida pulsando ininterruptamente em cada canto do Universo infinito, vidas que o homem ainda desconhece. A cada respiração que fazemos automaticamente, sem dar o menor valor, é a vida que entra em nosso pulmão, permitindo nossa permanência aqui. É a grande bênção divina; é o amor de Deus tomando conta de nós.

— Puxa, Geraldo, que bem você está me fazendo.

— Que bom. Quem se sente feliz sou eu de poder ser útil ao senhor de alguma forma.

— Nunca pensei em nada disso.

— Pense, pai. Para finalizar, visualize um ser se formando, crescendo e vivendo abrigado no útero materno, recebendo a vida pela vida da mãe. Algum homem teria capacidade para isso?

— É, filho, estou convencido de que realmente não temos necessidade de ir longe à procura de Deus. Ele está em todos os lugares e está aqui agora junto de mim pela emoção que estou sentindo.

— Tem razão, ele está na brisa que acaricia o rosto e nas lágrimas que embaçam os olhos. Deus sabe do que necessitamos para evoluir e nos dá em abundância o que precisamos para avançar no progresso espiritual. É importante apenas perceber que Ele está no lugar onde menos O procuramos: no nosso coração. Nós não caminhamos sozinhos na grande casa de Deus, meu pai.

Assim que terminou de falar, Geraldo instintivamente olhou para trás e viu sua mãe encostada na soleira da porta. Percebeu de imediato que chorava.

— Mãe, o que faz aí em pé? Por que não veio se juntar a nós?

— Está chorando? — perguntou Pedro.

— Eu não quis interromper o assunto de vocês e fiquei ouvindo daqui.

— Mas por que chora, mãe?

— Porque você me emocionou falando desse jeito. Nunca pensei que tivesse tantos conhecimentos espirituais.

— Não tenho tanto assim, mãe. Vocês estão exagerando.

— Não, não estamos — respondeu sua mãe. — Vou lhe pedir um favor, meu filho.

— O que a senhora quiser.

— Leve-me com você nas suas reuniões espirituais. Gostaria de aprender mais, muito mais.

— Eu também — completou Pedro.

Geraldo sentiu uma enorme satisfação dentro de si. Sorridente, respondeu:

— Causa-me a maior alegria levá-los. Bernadete também demonstrou desejo de ir. Há algum tempo levo-a comigo. Vamos todos juntos, está bem?

— Claro, filho, vamos todos juntos.

Somos todos aprendizes 187

Geraldo intimamente agradeceu ao Senhor a oportunidade recebida de poder levar seus pais e sua noiva para o aprendizado do Evangelho.

Pensou com carinho em Bernadete, e com esse pensamento sentiu novamente um aperto em seu coração que o incomodou. "Por que cada vez que penso em Bernadete, no meu amor por ela, sinto mais forte essa sensação de medo? Por que este desconforto cada vez que penso no nosso casamento que se aproxima?", falava para si mesmo. "Deve ser bobagem minha, ansiedade por querer tanto tê-la comigo para sempre".

— Você ficou pensativo de repente, filho. Algum problema?

— Não, pai. Problema algum.

Calou-se por alguns instantes e voltou a dizer.

— Diga-me, pai. Quando estava para se casar com mamãe sentia receio de alguma coisa não dar certo?

— De não dar certo, não. Ficava ansioso, com uma expectativa muito grande por saber que em pouco tempo a teria junto a mim para sempre. Por que a pergunta?

— Nada de importante. É que sinto uma sensação estranha, não sei explicar bem o que é.

— Não fique preocupado, filho. Isso é normal; os preparativos, o apartamento que estão montando, tudo isso causa um estresse grande. Afinal, sua vida irá mudar completamente; sua rotina, alguns hábitos... É normal a ansiedade.

— Deve ser, sim. Quando a Paula foi se casar, lembra do nervosismo dela? Ninguém podia falar nada que ela começava a chorar.

— Claro que me lembro! Parecia descontrolada e, no entanto, hoje está feliz, com dois lindos filhinhos e usufruindo as delícias do litoral onde mora. Rogério é um ótimo marido e a vida dela segue em paz. Acontece com a maioria das pessoas que estão para se casar.

— Tem razão. Sou mesmo um tolo!

— Tolo, não — respondeu Pedro. — É apenas um homem apaixonado.

Os dois sorriram e deram a conversa por terminada.

CAPÍTULO XIX

ORIENTAÇÃO

O tempo seguiu seu caminho.
Pedro e Letícia, sua esposa, continuaram participando das reuniões espirituais ao lado de Geraldo e Bernadete. A cada retorno às reuniões traziam mais conhecimentos e agasalhavam em seus corações uma fé mais sólida. Tentavam colocar em prática o que aprendiam com as dissertações dos espíritos amigos que, incansáveis e com o desejo real de trazer aos encarnados esclarecimentos para que levassem uma vida de acordo com as leis divinas, norteavam-nos na trajetória do bem e da fraternidade.

Em uma dessas sessões presenciaram um fato que deixou a todos impressionados.

Presente no recinto estava uma jovem sentada, de aproximadamente dezoito anos. Conservava a cabeça baixa e permanecia imóvel. Dava a todos a impressão de estar ausente, embora seu corpo estivesse fazendo parte do grupo que, até então, não havia notado sua gravidez.

O palestrante da noite, senhor Samuel, orientador da reunião, explanava o *Evangelho* completamente inspirado pelo Espírito mentor da casa.

O tema abordado era a importância da família e a bênção da reencarnação. Em determinado momento, Sueli – a jovem grávida – levantou-se e, transtornada, disse quase aos gritos:

— Onde está a bênção de uma gravidez que aconteceu com um estupro? Diga-me, senhor Samuel, o que se faz com uma criança que não se deseja? Abraça, como abraçaria um filho desejado ou se joga fora?

Os olhares de todos se voltaram para a jovem. Com sabedoria e experiência, Samuel pediu aos presentes que continuassem com o pensamento voltado para Jesus, para que não se desse oportunidade de nenhuma energia negativa interferir. O silêncio se fez novamente. Samuel, com cautela e muito carinho por aquela jovem, quase uma menina ainda, prontificou-se a ajudá-la, esclarecendo a questão que a incomodava.

— Qual o seu nome, senhorita?

— Sueli – respondeu com voz de revolta.

— Noto que está gravida. É de sua gravidez que está falando?

— Claro!

Samuel mais ainda se apiedou da jovem. Confiando na proteção divina, iniciou:

— Sueli, o grande espírito Francisco de Assis disse que "não devemos amaldiçoar nada porque não sabemos a importância das coisas na construção da nossa evolução espiritual".

Antes que Samuel dissesse outra palavra, Sueli o interrompeu:

— Quer dizer então que ser estuprada pelo próprio padrasto é uma bênção, senhor Samuel?

— Senhorita, a bênção não está no ato do estupro, dessa violência contra a integridade física de uma pessoa, mas na oportunidade de saldar uma dívida deixada lá para trás, de quitar uma questão não resolvida, apagar com justiça o que foi mal escrito. Compreendeu?

Somos todos aprendizes 191

— Mais ou menos. Eu não fiz nada, absolutamente nada para esse homem, ou melhor, esse verme. E se não fiz, estou quitando o que, senhor Samuel?

— Não sei, minha filha, não sei. Mas isso não quer dizer que a resposta não exista. A resposta deve estar em um lugar do passado e, com certeza, relacionada a um tipo de ato leviano também existente em algum lugar do passado. Não sei o que a senhorita possa ter feito; em vista disso não posso responder nem julgar, mas posso e devo simplesmente lembrar-lhe da lei de causa e efeito, recordar-lhe a justiça divina; e essa justiça jamais falha nem se engana, porque Deus não se engana jamais e não permite que nenhuma de Suas criaturas sofra injustamente.

— Tudo bem. E o que faço com esta criança? Faço um aborto?

— Não, senhorita Sueli, definitivamente não. O aborto jamais.

— Por quê?

— Porque cometeria um vil assassinato contra um ser completamente indefeso. Porque impediria o retorno de um espírito, anulando a sua oportunidade de recomeçar, talvez, não sabemos, dessa maneira agressiva. Porque pela sua incapacidade de amar este ser que não lhe fez mal nenhum pode ser "alguém" que esteja ligado a você por uma história. Fazendo isso, estaria gerando a si própria outra dívida perante as leis divinas.

Sueli começou a chorar. Soluçando disse a Samuel:

— Senhor Samuel, ajude-me porque sinto-me morrer. Não tenho capacidade de aceitar esta criança. Não vou conseguir amá-la, não a quero em minha vida. O que faço, então? Ajude-me a encontrar a solução.

— Se realmente sente que não conseguirá conviver e amar este ser que se forma em seu útero, não faça o aborto. Dê a criança para adoção. Proporcione a ela a oportunidade de receber uma família, uma mãe e um pai que a amem de verdade. Não lhe tire a chance de ser feliz e, conseqüentemente, de fazer a felicidade de muitas mulheres que não podem gerar um filho, mas que acalentam o sonho da maternidade. É mais digno, mais humano e mais cristão. Reconheça a própria incapacidade de amar e proporcione a outrem a felicidade por meio da conquista do amor.

Sueli abaixou a cabeça e chorou baixinho.

Samuel, sensibilizado com o sofrimento daquela jovem, voltou a dizer.

— Sueli, temos aqui na nossa casa um trabalho social com profissionais de algumas áreas. Ao terminarmos a reunião, vá até a secretaria e se informe sobre o dia e o horário que a psicóloga estará aqui dando atendimento. Venha conversar com ela; creio que poderá ajudá-la.

— Obrigada, senhor Samuel, mas não tenho condições de pagar uma psicóloga.

— Todo atendimento feito aqui na casa é absolutamente gratuito; você não irá gastar nada. Pode vir sem receio.

— Virei. O senhor não imagina o bem que me fez. Obrigada.

Sem responder Samuel iniciou uma prece.

— Senhor, Criador de todo o Universo e de todas as criaturas. Mais do que pedir venho agradecer-Lhe pelo benefício maior da vida, nossa e do semelhante. Que nossos pés suportem caminhar por estradas espinhosas e que nossa fé e nossa confiança em Vós jamais enfraqueça. Abençoe os corações enfraquecidos no amor e que se deixam tombar pelos vendavais da vida, e não abandone aqueles que ainda não conhecem este sentimento por não terem nunca permitido que seu coração gerasse o amor verdadeiro, agredindo o próximo com descaso e ferocidade. Criador de todos nós, a humanidade apenas engatinha em direção a Vós, porque se deixam arrastar pelos desvarios da inconseqüência. Querem se satisfazer a qualquer preço e caem no lamaçal da imprudência. Que cada um de nós saiba sair desse lodo no qual caímos incessan-

Somos todos aprendizes 193

temente e que possamos ter certeza de que somente pelo respeito ao próximo, da fraternidade exercitada dia após dia, poderemos com segurança avançar para Vós. Assim seja.

Bernadete estava perplexa. Encostando mais em Geraldo, disse-lhe:

— Querido, que grande homem é este senhor Samuel, que coisas lindas ele disse.

— É verdade, Bernadete, a nós resta compreender e tentar aplicar todas as lições na nossa vida.

— Tem razão.

A reunião terminou.

Geraldo, seus pais e Bernadete saíram animados e contentes. Parecia que nenhum dos quatro tinha vontade de falar, talvez com receio de quebrar o encantamento da noite. Bernadete foi quem primeiro quebrou o silêncio.

— Geraldo, estava pensando que poderíamos ir falar com senhor Samuel.

— Falar o que, querida?

— Ora, sobre as sensações que sentimos em relação ao nosso casamento. Eu estou ficando assustada.

— Você acha mesmo que seria conveniente irmos falar com ele a respeito disso?

— Acho. Acho sim.

— Se não se importam — disse Pedro —, gostaria de dar minha opinião a esse respeito.

— E qual é, pai? Diga!

— Pode falar, senhor Pedro, não me incomodo — reforçou Bernadete.

— Acho que não devem incomodar o senhor Samuel sobre essas impressões de vocês. Isso não é coisa séria; ao contrário, como já conversamos, Geraldo, não passa de ansiedade natural de duas pessoas que se amam e que não vêem a hora de ficar juntas para sempre.

— Meus pais dizem a mesma coisa, senhor Pedro. Mas sinceramente não sei. É tão forte que chego a ficar impressionada.

— Papai tem razão, querida, é bobagem mesmo tomar o tempo do senhor Samuel apenas porque não conseguimos administrar nossa impressões.

— Eles têm razão, Bernadete — disse Letícia. — Faltam menos de trinta dias para o casamento. É natural que isso aconteça.

— Tudo bem. Vocês devem ter razão. Estou agindo como uma adolescente.

— Não — disse Pedro —, como disse a Geraldo, você também está agindo como uma mulher apaixonada.

— Perdidamente apaixonada, senhor Pedro — completou Bernadete.

— Nossa, com esta declaração explícita vou ficar até vaidoso — falou Geraldo feliz.

— Pode ficar mesmo, Geraldo, não tenho a menor intenção de fingir que apenas gosto de você. Estou mesmo perdidamente apaixonada.

Geraldo se comoveu com a naturalidade da noiva. Apertou-lhe a mão e respondeu:

— Eu também, querida, estou perdidamente apaixonado por você.

Sorriram. Pedro e Letícia, satisfeitos por presenciarem a felicidade dos dois, disseram quase ao mesmo tempo:

— É. Desconfiamos que estamos sobrando aqui.

— Tem razão, Pedro. Lembra daquele ditado que diz "um é pouco, dois é bom e..."?

— Quatro é absolutamente demais — completou Geraldo, fazendo com que todos sorrissem.

Somos todos aprendizes

CAPÍTULO XX

No dia do casamento

Os dias passaram rapidamente.
Bernadete e sua mãe andavam tão atarefadas com os últimos preparativos do casamento que realmente não se davam conta do tempo.

Tudo era feito com o maior cuidado para que saísse perfeito, como era o desejo de Bernadete.

O apartamento estava pronto e decorado com o requinte condizente com o bom gosto da moça. Nenhum canto fora esquecido, tal era a atenção que Geraldo e Bernadete davam à organização do lar em que iniciariam a vida em comum.

Faltando dois dias para a cerimônia, estavam os dois no apartamento organizando os presentes que chegavam sem cessar, testemunhos do carinho que recebiam dos amigos e familiares, quando Geraldo, dando vazão à sua felicidade, abraçou a noiva e disse-lhe amorosamente:

— Querida, daqui a dois dias estarei realizando meu maior sonho, que é tê-la junto a mim para sempre. Será minha esposa querida, muito amada e respeitada pelo resto dos meus dias. Tudo farei para que seja feliz ao meu lado. Eu a amo!

Bernadete, ouvindo-o, parecia estar nas nuvens tamanha a

felicidade que sentia. Gostaria de falar uma porção de coisas para o noivo, mas sua voz embargava cada vez que tentava.

— Está emocionada, querida?

— Sim! Estou, mais do que devia. Eu também amo você, Geraldo, talvez mais do que a mim mesma. Quero fazê-lo muito feliz!

Os dois se abraçaram e ficaram assim por algum tempo.

Bernadete foi tomada de um desejo tão forte, que nem mesmo ela poderia explicar. Beijou o rosto de Geraldo e quase sussurrando lhe disse:

— Quero ser sua!

— Só mais dois dias, querida.

— Por favor, Geraldo, não sei explicar e não entendo essa minha atitude, mas preciso que seja agora.

Geraldo empalideceu.

— Está sentindo alguma coisa, amor? Está doente? Por que tem de ser agora?

— Não me peça explicações por que não sei responder, só sinto que é preciso ser agora. Quero ser sua agora, talvez para me acalmar. É uma coisa tão estranha, Geraldo, que chega a me dar medo.

Geraldo, preocupado, perguntou-lhe:

— Você tem certeza?

— Tenho. Tenho certeza e amor demais.

Dizendo isso ofereceu seus lábios e Geraldo a beijou com ardente paixão.

Após a entrega total, Bernadete recostou sua cabeça no peito de Geraldo.

— Feliz? — perguntou o noivo.

— Muito, querido, muito mesmo. Agora meu corpo e minha alma pertencem a você, para sempre.

— Para sempre – repetiu Geraldo.

— Querido, preste muita atenção no que vou lhe dizer. O

Somos todos aprendizes   197

meu amor por você é imenso. Aconteça o que acontecer, nunca se esqueça que ele é seu, por toda a eternidade.

Geraldo, beijando-a, repetiu.

— Por toda a eternidade!

Nos dois dias seguintes que antecediam a cerimônia, Bernadete experimentava uma sensação de felicidade plena e ao mesmo tempo angústia inexplicável. Seu rosto ora alegre ora tristonho deixava seus pais e Tiago um pouco apreensivos. "O que será que tem esta menina?", se perguntavam.

Geraldo não conseguia esquecer as palavras da noiva: "É preciso ser agora... aconteça o que acontecer, nunca se esqueça que o meu amor é seu, por toda a eternidade". "O que será que ela quis dizer com essas palavras? Qual a razão de sentir-me feliz e ao mesmo tempo apreensivo? O que acontece conosco, meu Deus?!"

O Sol, jogando seus raios através da vidraça do quarto de Bernadete, acordou-a. Esta espreguiçou demoradamente e pensou: "Hoje é o dia mais feliz da minha vida. Estarei unida ao homem que amo para sempre. Para sempre juntos", repetia.

Levantou-se e foi encontrar sua mãe que arrumava a mesa do desjejum com todo o carinho para que todos tomassem o café juntos.

— Bom dia, mãe!

— Bom dia, filha. Que dia lindo, não?

— Claro, mãezinha, é o dia do meu casamento!

Ao dizer isso, reparou no vaso de flores enfeitando a mesa que fora preparada com todo cuidado e carinho. As xícaras que sua mãe usava apenas nas ocasiões especiais, talheres, guardanapos, enfim, sua mãe pensara em tudo, até nas rabanadas de que ela tanto gostava.

— Mãe, que mesa é esta? Por que todo este luxo?

— Hoje é um dia especial, filha. Vamos tomar o café nós cinco juntos com tudo que eu tenho de melhor.

— Nós cinco?

— Sim. Temos um convidado especial.

Dizendo isso, Fagundes entrou na cozinha.

— Senhor Fagundes! — exclamou alegre. — Minha felicidade está completa agora, junto de todas as pessoas que amo.

— Eu agradeço muito mesmo estar incluído na família. Na verdade, a minha família são vocês. E você, Bernadete, considero-a como uma filha.

Abraçaram-se. Aurora voltou a dizer:

— Não se esqueça de que é o seu último café de solteira na casa de sua mãe. A partir de amanhã, tomará muitos, mas como a senhora Bernadete — brincou. — Ao retornar de sua viagem de núpcias terá de levantar mais cedo e preparar o café de seu marido.

— Farei isso com o maior prazer e alegria, mãe. Tudo que mais quero é poder fazer meu marido feliz.

— Ele será, filha. Vocês dois serão!

Bernadete abraçou demoradamente sua mãe.

— Filha, está parecendo que nunca mais irá me ver! São só os dias de sua viagem.

— É que eu amo a senhora, D. Aurora. Amo meu pai e Tiago. Vou ter minha casa sim, constituir minha família, mas nunca deixarei para trás a senhora, papai e Tiago. Eu amo muito vocês. Nunca se esqueçam disso.

— Nós também amamos você, filha, muito mesmo. Jamais deixará de ser nossa filhinha, mesmo que esteja com seus filhos puxando a barra de sua saia.

Riram gostosamente.

Bernadete olhou-se no espelho e gostou do que viu. Seu vestido ficara lindo, ultrapassara sua expectativa. Seus cabelos presos por uma tiara davam-lhe o porte de uma rainha. A maquiagem suave realçava seu rosto quase de uma menina, contrastando com o lindo corpo de mulher. Estava realmente linda em seu vestido de noiva.

Somos todos aprendizes 199

— Está linda — dissera seu pai emocionado.

Tiago, como sempre brincalhão, completara:

— Puxa! Se não fosse minha irmã iria paquerá-la. Está belíssima!

— Filho, não é hora para brincadeira — dissera Aurora.

— Mãe, agora é que é hora para brincadeira; não vê como Bernadete está tensa?

— Deixa ele, mãe. E se você não fosse meu irmão — repetiu brincando — jamais paqueraria você.

— Que maldade. Posso saber por quê?

— Porque você é muito novo, não faz o meu tipo e estou perdidamente apaixonada pelo meu futuro marido... e pelo meu querido irmãozinho.

— Agora sim — disse Tiago, e deu um beijo na testa de Bernadete. — Seja feliz, minha irmã, seja muito feliz. Eu adoro você.

— Obrigada, Tiago. Desejo que você também seja muito feliz com a Gracinha. Vocês dois merecem, são pessoas especiais.

— Seremos — respondeu Tiago.

O salão onde se realizaria a cerimônia estava decorado com lindos arranjos de flores. Os convidados que superlotavam o recinto esperavam ansiosos a entrada da noiva, pois todos sabiam da beleza e do requinte de Bernadete.

Ao dar início à marcha nupcial, as enormes portas do salão se abriram e Bernadete entrou radiante de mãos dadas com seu pai. Seus olhos brilharam ao ver a figura tão amada de Geraldo, que vestia um elegante traje. Este a esperava ao lado do juiz de paz e de seus pais. Olhava a noiva entrando e seu coração batia mais forte. "Eu quero muito fazê-la feliz, meu amor, e ser muito feliz também ao seu lado, para sempre", pensava enquanto admirava a beleza da moça.

Bernadete, sem conseguir tirar os olhos de Geraldo, também pensava: "Tudo como eu sempre sonhei. Meu Deus, Vos agradeço a felicidade que estou sentindo neste momento, que ela seja eterna".

Geraldo recebeu-a das mãos de João e deu-lhe um beijo na testa.

Logo que a cerimônia terminou, todos se acomodaram nas mesas ricamente enfeitadas para o coquetel seguido de jantar, que seria oferecido pelos noivos aos presentes. O ambiente era de muita alegria e descontração.

— Feliz, querida?

— Você ainda me pergunta, Geraldo? Será que minha felicidade não se mostra no meu rosto, no meu olhar?

— Claro que sim. Queria apenas ouvi-la dizer novamente que me ama.

— Direi quantas vezes você quiser. Eu te amo... eu te amo...

— Ei, vocês não podem deixar este namoro explícito para depois?

Olharam e viram Patrícia e Thaís, antigas colegas de faculdade.

— Que bom que vieram — disse Bernadete —, tenho muito prazer em vê-las.

— Não deixaria de vir por nada neste mundo — respondeu Thaís. — Jamais me esqueci que devo a minha participação na formatura a você, Geraldo, e a Patrícia, que se tornou minha melhor amiga.

— E sócia!

— Claro, e sócia.

— Vocês são sócias? — perguntou Geraldo um pouco admirado.

— Somos. Montamos o escritório juntas e vamos muito bem, graças a Deus. Nos damos muito bem e nos respeitamos como profissionais.

— Fico muito contente em saber disso; vocês merecem!

Somos todos aprendizes 201

Thaís percebeu uma leve sombra de desapontamento no rosto de Bernadete.

— Desculpe-me, Bernadete, fui interrompida e não pude terminar o que estava falando. Sou muito grata a você também, afinal, você participou assinando a lista para que participasse da formatura.

— Não precisa se desculpar nem me agradecer por nada, Thaís. Naquela época assinei apenas para satisfazer um desejo de Geraldo e não por estar convencida de que deveria fazê-lo. Hoje penso diferente e assinaria, satisfazendo o desejo do meu próprio coração.

Patrícia e Thaís se olharam.

— Você mudou tanto assim? — perguntou Patricia.

Foi Geraldo quem respondeu:

— Pode ter certeza que sim. Hoje Bernadete é a fonte de toda a minha inspiração, por conhecer a grandeza do seu coração.

— Desejo que sejam muito felizes. Meus pais me pediram que lhe dissesse, Geraldo, que são muito gratos a você.

— Estão exagerando. O que fiz qualquer pessoa de bom senso faria. Não era justo, Thaís.

— Mesmo assim não posso deixar de ser grata a você. Muito obrigada — disse a moça.

— A única que não tinha bom senso naquela época era eu, não é mesmo, Patrícia?

— Querida — disse Geraldo —, não importa o que você era, mas o que você é atualmente. Hoje você é uma pessoa encantadora, um ser humano nobre, pronta para amar.

— É verdade, Bernadete — concordou Patrícia. — O passado se foi, a hora é de construir o presente e o seu se inicia agora ao lado do homem que a ama e que você ama também. E depois, Bernadete, você sempre foi uma pessoa do bem, apenas um pouco radical demais em algumas questões.

— Obrigada, Patrícia!

— Bem, vamos mudar de assunto? O dia é de alegria, um dia todo seu e de Geraldo. Vamos parar com a hora da saudade.

— É verdade — concordou Bernadete. — Afinal, você já se serviram?

— Ainda não, viemos cumprimentá-los primeiro. Já vamos nos sentar.

Afastaram-se.

Geraldo e Bernadete circularam pelo salão cumprimentando os presentes, oferecendo um sorriso e uma palavra de carinho e agradecimento pela presença.

Paula, irmã de Geraldo, viera com o marido e os filhos para a cerimônia. Abraçando a cunhada, comentou:

— Você está linda, Bernadete.

— Obrigada, Paula, tanto você quanto seus filhos também são lindos. Fiquei muito contente por terem vindo.

— Não perderia o casamento de vocês por nada, afinal, Geraldo é meu único irmão.

— Para onde vocês irão viajar?

— Vamos para o Nordeste. Ficaremos fora mais ou menos trinta dias, a não ser que a gente se canse e resolva voltar mais cedo, não é, amor?

— Como você quiser, querida — respondeu Geraldo.

A festa chegara quase ao fim quando os noivos decidiram ir embora. Programaram sair sem que ninguém os visse, contudo os presentes, percebendo a intenção dos noivos, aglomeraram-se na porta de saída para jogar arroz no casal, dizendo trazer sorte.

Os pais de Bernadete, assim como os de Geraldo, despediam-se dos filhos quando todos ouviram o cantar do pneu de um carro que vinha em disparada seguido de uma viatura policial. Ao se aproximarem do local onde todos estavam começaram a trocar disparos. Iniciada a confusão, houve um verdadeiro tumulto, todo mundo correndo para se esconder. Geraldo puxou a mão

Somos todos aprendizes 203

de Bernadete, puxando-a para dentro do salão, quando ouviu-se um novo disparo, e a bala, sem direção certa, atingiu o coração de Bernadete, fazendo-a cair ensangüentada. Todos ficaram paralisados de terror com o que presenciavam. Geraldo, mal podendo acreditar no que via, abaixou-se e colocou-a de encontro ao seu peito, abraçando-a desesperado.

— Corram, chamem um médico, uma ambulância. Pelo amor de Deus. Depressa.

Olhava a noiva e pedia-lhe para ter calma.

— O socorro já vem, querida. Tudo vai dar certo, fique calma.

Bernadete, quase sem nenhuma respiração, e com o olhar apagado pela morte que chegava, olhou pela última vez o rosto amado e, em um esforço supremo, emitiu algumas palavras:

— Adeus amor!

— Pelo amor de Deus, querida, não me deixe, preciso de você. Eu te amo!

Com dificuldade Bernadete conseguiu dizer:

— Para toda a eternidade!

Após balbuciar essas palavras com um esforço hercúleo, seus olhos se fecharam. Bernadete desencarnara, deixando o sonho desfeito e a dor dilacerando o coração de Geraldo e de seus pais.

Fagundes, em meio à confusão que se instalara, cada um extravasando sua dor da maneira que sabia ou podia, encontrou forças e dirigiu-se ao Criador.

"Senhor, como crianças que somos diante de Vós

Acomodamos nosso espírito no vosso amor

E respeitamos vosso desígnio.

A separação se fez

E sabemos necessária,

Aqueça Senhor o coração de quem fica

E receba em Vosso reino quem partiu.

Dê a um e a outro

A capacidade de amar
Sem ter medo de sofrer,
E sofrer...
Sem nunca deixar de amar!"
As lágrimas desceram-lhe pelo rosto dando vazão à dor.

CAPÍTULO XXI

Tristeza sem fim

A névoa sombria da tristeza cobria o lar de Aurora e João. Em seus olhos podiam-se perceber o desalento e a angústia. Era como se o mundo tivesse parado; nada os motivava.

Agiam como se carregassem um peso enorme nas costas, peso esse maior que suas próprias forças. Trocavam entre si poucas palavras. Não se revoltaram contra Deus, respeitaram a vontade divina, mas não conseguiam se reerguer. Davam a impressão de que alguma coisa os impedia de reagir, de retomar a rotina da vida.

Tanto Tiago quanto Fagundes preocupavam-se com o desânimo profundo que se abatera sobre eles. Todos os esforços que empregavam para animá-los e se encherem de esperança, acreditando novamente na possibilidade de voltarem a ser felizes, eram em vão.

— Faltam-me forças — dizia Aurora. — Ela sabia que ia morrer, aquela angústia que sentia todas as vezes que falava de seu casamento; deu tantos sinais e nós não acreditamos e não demos a importância devida. Se tivéssemos dado crédito a suas impressões, talvez isso tivesse sido evitado.

— Mãe, vocês não têm culpa de nada, ninguém tem culpa

de nada. Aconteceu. Foi a vontade de Deus e Ele sabe o porquê disso tudo. Ninguém poderia ter evitado. Vocês precisam reagir, voltar a viver.

— Como viver sem ela, sem nossa filha? — argumentava João concordando com tudo que a mulher dizia. — Não conseguiremos esquecer, filho!

— Não estou pedindo que a esqueçam. Estou pedindo que voltem a viver, participando do mundo, enxergando as pessoas.

— É muito difícil, Tiago.

— Perdoem-me o que vou dizer, mas vocês estão colocando mais aflição na própria dor que sentem.

— Como assim, filho?

— Vocês mantêm até hoje o quarto de Bernadete da mesma maneira que ela deixou ao sair para se casar; até o vestido de noiva mandaram lavar e o deixam em cima da cama, cuidadosamente arrumado, como se ela fosse chegar a qualquer hora para vesti-lo. Isso não é bom nem para vocês nem para ela — dizia Tiago, cada vez mais preocupado com os pais.

— Ela é nossa filha e continuará sendo — respondiam.

Tiago pegou os pais pelas mãos, acomodou-os no sofá da sala e, sentando-se junto a eles, disse devagar e com todo o carinho que sentia:

— Mãe, pai, eu amo vocês, muito, mais do que podem imaginar, e quero vê-los bem e felizes; e isso é possível mesmo depois de sofrer um duro golpe como este, e sabe como? Guardando a lembrança de Bernadete em seus corações, e não naquele quarto onde ninguém pode entrar, nem o Sol, nem a vida. Retirem aquele vestido de noiva de lá. Se não quiserem ainda dá-lo para alguém que necessite, guardem-no em uma caixa até que o próprio coração de vocês peça que presenteiem alguém que sonha em se casar de noiva e não possui condições para comprar o vestido. Não faz sentido o que estão fazendo, alimentando uma ilusão vã. Bernadete não precisa mais dele; essa atitude não faz bem a ninguém.

Somos todos aprendizes 207

— Nós não queremos esquecê-la, Tiago.

— Pai, não estou lhes pedindo o esquecimento, nem eu quero esquecê-la, pois amo minha irmã. Estou lhes pedindo que a libertem, deixem-na seguir seu caminho de evolução.

— Mas são coisas dela, filho!

— Eu sei, mãe, e sei também que ela não precisa mais delas. Tente perceber a diferença: não são mais coisas dela, eram coisas dela; minha irmã não necessita de mais nada disso. Amor guarda-se dentro do coração. A presença do ente querido que se foi deve estar na lembrança e na saudade equilibrada.

João ficou pensativo.

— Pode ser que ele tenha razão, Aurora.

— Você acha mesmo, João?

— Penso que sim. Para ser franco, sinto-me cansado, alquebrado. O tempo passa e continuamos na mesma condição. Estamos nos enganando, relutamos em aceitar o que não podemos modificar porque não está no nosso alcance.

Aurora olhou para Tiago e com um fio de voz lhe disse:

— Filho, estou como o seu pai, faltam-me forças para reagir. Sinto-me culpada por não ter dado importância às suas intuições.

— Já conversamos sobre isso, mãe. Vamos abordar de novo para melhor compreensão. A senhora acredita que poderia mudar a rota dos acontecimentos?

— Não sei. Talvez.

— Não, mãe, não poderia. Os acontecimentos que fazem parte da nossa história e que necessitam ser quitados nós não podemos mudar. A senhora não teve culpa nenhuma. A vontade de Deus é sempre soberana e Suas leis não se modificam de acordo com a nossa vontade. Elas se cumprem. Cabe a nós, encarnados, mudar os fatos que estão ao nosso alcance mudar. Como por exemplo esta entrega de vocês, esta apatia, este desconsolo que chega a ser desarrazoado. Isso demonstra falta de fé no Criador.

Os olhos de João e Aurora encheram-se de lágrimas.

— Pode ser que você tenha mesmo razão — disse João.

— Tenho, pai, tenho sim. Quero vê-los equilibrados, retomando seus afazeres, retomando a vida.

Tiago insistiu veementemente com os pais para se esforçarem e acabarem com o abatimento que, segundo seu pensamento, passava do limite normal. E que não se sentissem culpados, pois não poderiam mudar o destino da filha.

Enquanto expunha para os pais a importância de se libertar aqueles que partem, sentiu um mal-estar seguido de tontura.

— Que foi, meu filho, sente-se mal?

— Fique tranqüila, mãe, não tenho nada, ou melhor, nada que minha entrega a Jesus não possa equilibrar novamente.

Elevou seu pensamento para o Criador e pediu misericórdia para sua irmã e forças para seus pais superarem a dor e retomarem a rotina das próprias vidas. Após a oração feita por Tiago, tanto João quanto Aurora sentiram um pequeno alívio em seus corações sofridos.

— Você tem razão, filho, vamos nos esforçar mais a partir de hoje.

— Façam isso.

— E Geraldo, como está?

— Não está bem ainda, mãe, mas com a graça de Deus irá ficar. Hoje irei até sua casa acompanhado do senhor Fagundes.

— Dê a ele nossas lembranças.

— Darei.

Despediu-se de seus pais e dirigiu-se até a casa de Tomás, orientador da casa espírita que freqüentava. Lá chegando foi recebido com cortesia e convidado a entrar.

— Senhor Tomás, desculpe-me vir incomodá-lo, mas gostaria de me aconselhar com o senhor.

— Fique à vontade, meu rapaz, estou às suas ordens.

Somos todos aprendizes 209

— Como o senhor já sabe, perdemos nossa irmã no dia do seu casamento.

— Um fato, por sinal, muito triste que deixou a todos chocados.

— É. Bernadete foi mais uma vítima da violência.

— Mas o que o preocupa?

— Meus pais e Geraldo.

— O que acontece com eles?

— Meus pais caíram em uma prostração, um desânimo e uma tristeza profundos. Não se animam ou se interessam por mais nada que não esteja relacionado a Bernadete.

— Mas isso era de esperar, Tiago, foi um golpe muito violento.

— De pleno acordo, senhor Tomás. Violento e difícil de esquecer. No momento de maior felicidade acontecer uma tragédia dessas e derrubar os sonhos acalentados durante tanto tempo. Contudo, o que me preocupa não é o sofrimento que estão sentindo porque é natural que sintam, mas a maneira como estão agindo.

— Como assim, Tiago?

— Posso estar enganado, mas a impressão que me dá é que estão sendo alvo de uma vontade alheia, que não quer que as coisas aconteçam da maneira como devem ser.

— Por que pensa assim?

— Ouça bem, senhor Tomás, todas as vezes que converso com eles tentando dissuadi-los da idéia de conservar o quarto de minha irmã como se fosse um lugar sagrado, com aquele vestido estendido sobre a cama, sinto uma sensação muito estranha.

— Explique-se.

— Parece-me que alguma coisa me sufoca e sinto uma tontura sem razão aparente. Logo após essa sensação perco a vontade de falar a respeito, e isso está se arrastando sem que aconteça nenhuma mudança no comportamento de meus pais. Pelo período que passou desde a desencarnação de Bernadete imagino que já é tempo suficiente para que eles, assim como Geraldo, voltem a viver equilibradamente. Sofrendo, sim, mas não com um comportamento além do esperado e adequado à situação.

— E o que está pensando a esse respeito?

— Tenho receio de que minha irmã possa estar abrigada em seu próprio quarto terreno, influenciando meus pais e também subjugando Geraldo. Isso é possível, senhor Tomás?

— Perfeitamente, Tiago. É possível sim.

— E o que posso fazer?

— Disse alguma coisa a este respeito a seus pais ou a Geraldo?

— Não. Não comentei nada com nenhum deles. Comentei somente com o senhor. Fagundes é quem está me ajudando a lidar com o sofrimento deles.

— E o que este senhor Fagundes acha disso?

— Pensa como eu. Acredita que possa estar acontecendo realmente uma interferência de Bernadete no comportamento tanto de meus pais como de Geraldo.

— Vamos então fazer o seguinte: continue não dizendo nada, porém converse com eles a este respeito, sempre com bastante calma, falando de se alcançar as claridades divinas a partir do comportamento perante as diversidades da vida. Fale sobre a inutilidade de manter uma conduta inadequada, sobre a perda de tempo de permanecer agindo imprudentemente; você saberá o que dizer. O importante é atingir com suas palavras e seu amor o espírito de Bernadete, que, se realmente estiver ali, poderá ouvi-lo, como sempre o ouviu quando na Terra. Faça a mesma coisa com Geraldo. Na próxima reunião vamos pedir auxílio ao Mentor da casa. Acredito que tudo se resolverá a contento para ambos os lados, se fizermos tudo com paciência e amor.

— Muito obrigado, senhor Tomás!

— Agora fale-me sobre Geraldo. O que há com ele?

Somos todos aprendizes   211

— Acredito que esteja em situação mais delicada que meus pais.

— Por quê?

— Sai do seu quarto apenas para ir ao escritório, isso nos dias que se dispõe a ir. Seu abatimento é profundo. Olha incessantemente para a fotografia de Bernadete e a chama, dizendo-lhe palavras de amor e saudade. E o que imagino ser pior: pede-lhe que venha buscá-lo.

— Verdade, Tiago?

— Sim, senhor Tomás, pode parecer inacreditável, contudo é a verdade.

— No entanto, ele sempre me pareceu um rapaz equilibrado, consciente das questões espirituais, vivendo de acordo com os princípios da Doutrina, enfim, causa-me surpresa essa sua reação diante do infortúnio.

— Causou surpresa a todos nós que o conhecemos e sempre o admiramos. Entristece-me vê-lo assim e gostaria imensamente de ajudá-lo.

— Iremos ajudá-lo, Tiago. Como lhe disse, é preciso ter paciência e cautela para fazermos tudo da maneira correta. Ele já procurou ajuda?

— Ainda não. Seu pai, o senhor Pedro, não se conforma com esta entrega total do filho. Parece que não tem vontade própria, chama constantemente pela noiva. Dá a impressão de que tudo que sabia, explicava e exercitava no seu dia-a-dia foi apagado da sua mente.

— Você tem conversado com ele?

— Sim. Regularmente. Eu e o senhor Fagundes temos conversado com ele e feito o possível para tirá-lo dessa apatia, mas parece que tem sido em vão. É isso que nos preocupa. Essas são as razões pelas quais vim me aconselhar com o senhor.

— Vocês já falaram com ele sobre o perigo de chamar alguém que já partiu e que não sabemos como está na espiritualidade?

— Sim, porém ele não nos dá muita atenção pelo fato de acreditar que Bernadete não faria nenhum mal a ele porque o amava. Além do mais, senhor Tomás, ele crê firmemente que, como os dois prometeram se amar por toda a eternidade, ele terá de viver para ela até que Deus o chame.

— Como já disse, admira-me muito essa atitude de Geraldo; sempre tão equilibrado, disposto a elucidar aqueles que se encontram em dúvida, e cair, ele próprio nessa imprudência!

— Pode ser que tenha tido tal reação por não ter suportado a violência do fato no momento de maior felicidade para ele.

— Tenho motivos fortes para acreditar que Bernadete possa estar influenciando tanto meus pais quanto Geraldo. Esclareça-me, senhor Tomás, não é possível o espírito não querer ir para o lugar adequado à sua evolução e necessidade imediata e ficar vagando ou se instalar em sua casa terrena, influenciando os que ficaram, sem perceber que os está prejudicando?

— É possível, sim, Tiago. Vamos fazer o seguinte: não mencione tal possibilidade nem a seus pais nem a Geraldo. Não é prudente ou fraterno dizer àqueles que choram a separação de um ente querido que este os está atrapalhando. Não entenderiam e sofreriam ainda mais.

— Mas atrapalham porque não têm ainda noção do mal que podem causar, não é mesmo?

— É verdade. Vamos nos aconselhar com o nosso querido Jacob; ele poderá nos aconselhar de maneira sensata e cristã.

— Está bem. Vamos aguardar, muito obrigado por ter me recebido e orientado. Sinto-me mais confiante e certo de que os fatos irão acontecer da melhor forma, para que a felicidade se faça para todos.

— Ore por ela, Tiago.

— Assim o farei.

Despediu-se de Tomás e dirigiu-se a casa de Geraldo.

Encontrou-o sentado em seu quarto olhando as fotos de

Somos todos aprendizes 213

Bernadete, completamente ausente do que se passava ao redor. Dirigiu-se a seu pai perguntando-lhe como ele estava reagindo.

— Não mudou nada, Tiago. Tem ido muito pouco ao escritório, quase não se alimenta e passa horas vendo as fotos que tiraram juntos, principalmente as do casamento.

— Causa-me muita agonia ver meu filho neste estado — comentou Letícia.

— Posso ficar a sós com ele?

— Claro, Tiago, fique à vontade.

Tiago sentou-se ao lado de Geraldo e perguntou-lhe:

— Como está?

— Morrendo!

— O que você me disse, morrendo?

— Sim!

— E por que acredita estar morrendo?

— Porque perdi o gosto pela vida, perdi a esperança, perdi a felicidade.

— Por que está agindo assim, meu amigo? Lembre-se do que sabe, em que acredita e no que ensina aos outros. Agora é a hora de trazer para o cotidiano seus conhecimentos, sua fé, sua força espiritual, seu potencial para suportar os empecilhos que surgem durante a caminhada na Terra.

— Vou lhe confessar uma coisa, Tiago. É algo que está fugindo do meu entendimento que, neste momento, é precário.

— Diga, Geraldo.

— Eu tento me reerguer, reestruturar-me, equilibrar novamente, porém não consigo, não encontro forças. É como se alguma coisa me derrubasse, impedindo-me de pensar por mim mesmo. Eu amo Bernadete, mas nos meus momentos de lucidez sei que preciso voltar à vida, cumprir minhas tarefas. Apesar da imensa saudade gostaria de retomar minha rotina, e isso não significa que a esqueci ou que não a amo mais.

— E por que não tenta?

— Pela simples razão de não conseguir; já tentei, mas foi em vão. Sinto-me envolvido e logo vem à minha mente, como se alguém estivesse falando dentro de minha cabeça: "por toda a eternidade"; neste momento minha força e minha vontade se esvaem.

— O que significam essas palavras?

— Dois dias antes de nos casarmos, fomos até o apartamento para arrumar os presentes. Bernadete estava estranha, angustiada, e de repente disse-me que queria que ficássemos juntos, que não sabia explicar por que queria tanto, mas que tinha de ser naquele momento. Cedi ao seu desejo, que também passou a ser meu, e nos amamos e nos entregamos um ao outro. Foi maravilhoso. Enquanto descansávamos ela me disse que seu amor por mim seria por toda a eternidade, e eu retribuí prometendo a mesma coisa. Hoje acredito que aquela ânsia dela em fazer amor comigo pode ter sido uma intuição; não sei, há tempos ela vinha falando sobre isso. Não demos muita importância, e, se era intuição ou não, o fato é que aconteceu o que ela temia.

Tiago, como se tivesse sido atingido por uma luz esclarecedora, entendeu o que estava acontecendo realmente, tanto com seus pais quanto com Geraldo. Sua suspeita talvez se confirmasse. Seguindo o conselho de Tomás nada disse a Geraldo sobre o que supunha ocorrer.

— Geraldo, não acha conveniente pedirmos ajuda?

— Pensei nisso também, Tiago. Contudo, quando me disponho a falar sobre a minha vontade de procurar ajuda, sou assaltado por pensamentos contraditórios e acabo achando que é tudo bobagem.

— Geraldo, tomei a liberdade de ir falar com o senhor Tomás a respeito de meus pais e de você. Ele prometeu nos ajudar. Na próxima reunião irá consultar nosso querido Jacob; confio que teremos o auxílio de que precisamos. Agora se esforce para não ceder a nenhum desejo que não lhe pertença. A prece é uma força poderosa, Geraldo, e você, melhor do que ninguém, sabe disso. Você faz alguma objeção a que eu peça ajuda ao senhor Jacob?

— Claro que não, Tiago. Sei que preciso de ajuda, não estou conseguindo caminhar sozinho neste instante. Bernadete está e estará para sempre em meu coração, mas sei que necessito cumprir minha tarefa terrena. Meus pais estão preocupados comigo, e aumenta meu sofrimento vê-los sofrer.

— Fique tranqüilo e não se entregue ao desespero. Pense positivamente; receberemos ajuda espiritual.

Ao sair do quarto de Geraldo, Pedro e Letícia convidaram-no para uma xícara de café, que Tiago aceitou de bom grado.

— O que achou dele, Tiago?

— Muito bem ele não está, mas não se preocupem porque teremos ajuda espiritual. Acredito que tudo dará certo. Conversamos bastante e Geraldo reagirá, é só uma questão de um pouco mais de tempo.

— O que há com ele?

— Geraldo está sofrendo a dor da separação e é relativamente comum acontecer tal fragilidade emocional naqueles que ficam. A prudência nos diz que não se deve chamar e se entregar tão profundamente àqueles que partiram. Geralmente eles se aproximam para ajudá-los e como não possuem ainda capacidade, equilíbrio e discernimento para tanto, acabam interferindo na vida do encarnados.

— Explique-se melhor, Tiago.

— Tanto meus pais quanto Geraldo relutam em aceitar o fato e agarram-se imprudentemente nas coisas deixadas por Bernadete, esquecendo-se que quando amamos de verdade queremos o bem e a felicidade do ente amado, seja aqui na Terra ou na Pátria Espiritual. O que nos deve ligar àquele que se foi é a saudade equilibrada, a lembrança serena, a certeza de que o amor continua existindo e o reconhecimento de que Deus permitiu que convivêssemos durante determinado tempo com a pessoa amada.

Agindo assim permitiremos que o ser amado possa seguir o seu caminho de evolução. O melhor lugar para o filho é sem dúvida nenhuma ao lado de seu pai, e desencarnar é voltar para o lado do verdadeiro Pai. Não se deve atrair aqueles que se foram com atitudes que podem confundi-los e assim prejudicá-los mais ainda. Não sabemos a situação real que podem estar passando, portanto é imprudência cair na lamentação constante e no chamado sem fundamento.

— O que podemos fazer por ele, Tiago?

— Tranqüilize-se, senhor Pedro. Ele sabe que pedi ajuda ao centro que freqüento.

— E ele?

— Reagiu bem, concordou. Para ser franco, acredito que ele esperava por isso. Tudo a seu tempo voltará ao normal.

— E, até lá, o que podemos fazer por ele?

— D. Letícia, a oração é benfazeja em qualquer circunstância. Ore por ele e por Bernadete.

— Assim faremos, Tiago.

Despediram-se.

Tiago caminhava lentamente em direção à sua casa. Seus pensamentos às vezes se confundiam. "Os dias passavam", pensava, "e meus pais e Geraldo pareciam não se dar conta do mal que podiam estar fazendo para eles e para Bernadete. É preciso ajudá-los", dizia para si mesmo, "quanto mais cedo melhor. Creio que o querido Irmão Jacob poderá esclarecer-me quanto a melhor maneira de agir. Vou consultá-lo, sim".

Enquanto falava consigo, lembrou-se da irmã e logo sua mente projetou a imagem do querido e divino amigo Jesus dentro do seu coração. Imediatamente sentiu desejo de fazer uma prece. Com simplicidade, iniciou:

— Senhor, Pai de todos os aflitos, tende misericórdia daqueles que sofrem a dor da separação de seus entes queridos. Cubra-os com o Teu olhar de amor e bondade para que se for-

Somos todos aprendizes 217

taleçam e se encorajem para lutar contra o desânimo. Ampare, Senhor, aqueles que ficam e aquele que parte. Que tanto um quanto o outro possa perceber e compreender a necessidade da separação e que, por intermédio dela, possa se encontrar mais e mais com Tua claridade divina. Que não haja ligação negativa, ao contrário, que possa haver a união gerada do amor, aquele que liberta, consola e espera pacientemente o momento certo para se reencontrarem no Teu reino. Entretanto, até esse momento chegar, que saibam aproveitar o tempo de espera, empregando-o no trabalho edificante, contribuindo com a lei do progresso, da justiça e da caridade. Que assim seja!

Tiago não podia ver a intensa luz azulada que envolveu seu corpo, contudo a sensação de bem-estar que sentiu deu-lhe certeza de não estar sozinho naquele momento. Com a sensibilidade que lhe era peculiar, elevou o pensamento e agradeceu.

— Obrigado, Senhor, pelos amigos espirituais que possuo. Que eu saiba valorizar cada um deles e agradecer sempre, antes de pedir.

CAPÍTULO XXII

Influência negativa

Bernadete permanecia encolhida em um canto do quarto que lhe pertencera quando encarnada.

Fora socorrida no seu desencarne pelos espíritos responsáveis e levada para o hospital de refazimento espiritual, mas, assim que se dera conta da sua nova condição de desencarnada, preferira ir embora do hospital onde fora abrigada e amparada. Apesar dos conselhos e orientações dos espíritos que a auxiliavam nos seus primeiros momentos na espiritualidade, imprudentemente retornara ao seu antigo lar terreno, alternando entre ele e a casa de Geraldo.

O livre-arbítrio é sempre respeitado pelas leis divinas e, em sendo assim, eles nada puderam fazer diante da teimosia e cegueira de Bernadete. Passou a viver na Terra como se encarnada fosse. Sentia prazer em ver seu quarto do mesmo jeito que o havia deixado. Admirava seu vestido de noiva estendido em cima da cama e dominava a mente de seus pais, impedindo-os de retomarem a vida sem a sua presença. Gostava de ser lembrada.

Cada vez que Tiago conversava com seus pais tentando esclarecê-los para acabarem com aquela idolatria da filha, Bernadete avançava para cima do irmão, fazendo-o sentir-se mal, desviando assim a atenção de seus pais. Descobrira que podia interferir na vida dos encarnados desavisados e agia levianamente.

Quanto a Geraldo, enfraquecia-o utilizando a parte mais fraca dele, que era o seu amor por ela. Cada vez que reagia sustentando a idéia de que era necessário retomar sua vida, Bernadete projetava-se violentamente sobre ele, fazendo-o lembrar-se dos momentos que passaram juntos, assim como das promessas que fizeram um para o outro. O seu abatimento era visível. O único que desconfiara da presença da irmã era Tiago. Orava por ela e lhe pedia que os deixasse viver em paz e que fosse em busca da própria evolução no reino de Deus. A cada pensamento de amor que lhe emanava, ela reagia dizendo-lhe que procurara Deus como sempre, ele a aconselhara, mas, no momento da descoberta e no instante em que alcançaria a felicidade sonhada, "Ele" a retirara da Terra sem se importar com seus sentimentos e seus sonhos por tanto tempo acalentados.

Tiago não ouvia nada do que falava, mas registrava sua presença pelo mal-estar que sentia.

O dia da reunião espiritual que Tiago freqüentava assiduamente finalmente chegara.

Tiago convidara Fagundes para acompanhá-lo, o que foi feito com muita alegria.

A sala da reunião era de porte médio. Sempre estava com suas cadeiras disponíveis ocupadas por pessoas que iam em busca de uma palavra de conforto ou simplesmente para serem beneficiadas com a energia de paz emitida através do passe e da bondade dos espíritos que compunham a família espiritual da casa.

Após o término dos passes, Tomás fez a leitura de um trecho do *Evangelho Segundo o Espiritismo* e, em seguida, com sabedoria e cautela, explicou para os presentes o trecho lido. Tanto os encarnados quanto os desencarnados mantinham o pensamento voltado para Jesus e esforçavam-se para que nada os desviasse do seu propósito.

Tomás, ao terminar a explanação, fez uma pequena prece, curta no tamanho porém gigante na sinceridade com a qual era feita. Em dado momento Tomás evocou a presença do querido Jacob, no qual foi prontamente atendido, por conta da legitimidade do pedido.

A médium que emprestava suas cordas vocais ao querido amigo espiritual concentrava-se, entregando-se com confiança e amor ao querido espírito.

— Boa noite, queridos irmãos.

— Boa noite, Irmão Jacob, que Deus o ilumine cada vez mais. Somos gratos por ter atendido nosso pedido e felizes por sua presença.

Em poucas palavras Tomás relatou a Jacob o que estava afligindo Tiago e pediu-lhe orientação correta para agir com prudência. Diante da afirmação de Jacob de que iria auxiliar tanto Bernadete quanto os encarnados envolvidos na questão para que houvesse benefício para todos, e que orassem a Deus mantendo-se confiantes e sempre com o pensamento no bem, Tomás encerrou a reunião, instruindo sobre a importância de se confiar na proteção divina e permanecer com a vibração de amor.

— O que nos protege é, e será sempre, a nossa força moral e a nossa permanência no bem — dissera.

— A partir deste momento — dizia a Tiago e Fagundes —, vamos seguir com fé as orientações recebidas. Vamos orar para que esta irmãzinha consiga vislumbrar a claridade divina, aceitando sua condição de desencarnada e percebendo o tempo que está perdendo ao viver a ilusão de querer pertencer ao mundo dos encarnados. Necessário se faz que perceba as belezas do reino de Deus e que siga na espiritualidade como verdadeira tarefeira de Jesus, promovendo assim sua evolução. A prece é um poderoso socorro para todas as situações, mas não basta apenas murmurar alguma palavras; é preciso que saia do coração, agindo e destruindo em si mesmo a causa que atrai a obsessão.

Somos todos aprendizes 221

— Faremos isso — responderam os dois em conjunto.

— É importante também que traga seus pais e Geraldo às reuniões, para que se fortaleçam o suficiente a fim de impedir qualquer interferência em suas vidas.

— Eu os trarei, senhor Tomás. Eles virão com certeza.

— Todos os encarnados que se separam de seus entes queridos devem entender a importância de não cultivar a idolatria, como se a "morte" os transformasse em santos.

"Ao desencarnarmos, chegamos na espiritualidade exatamente como fomos aqui na Terra. A mudança se opera apenas no físico, a transformação moral acontece pelo nosso empenho para evoluir, pela aceitação da vontade divina e pela compreensão das leis de Deus. Nosso esforço em progredir é a alavanca que nos leva a alcançar a claridade divina e superar nossas imperfeições. Ao evocar aquele que partiu para que venha minimizar nossa dor agimos com imprudência, pelo fato de não sabermos a situação real em que ele se encontra. A sua proximidade, quando não é ainda esclarecido e apto para atuar junto aos encarnados, proporciona mal-estar, fraqueza e, não raro, doenças. É preciso agir sempre de acordo com as leis, para nosso próprio bem e para o bem daquele que amamos e que partiu.

— Eu sei, senhor Tomás, e já tentei por diversas vezes alertar meus pais quanto a isso, mas tem sido em vão.

— Não caia no desânimo, Tiago. A partir de agora, creio eu, tudo sofrerá uma mudança para melhor. Os espíritos amigos e nosso querido Irmão Jacob irão auxiliar na medida do possível e do permitido para que seus pais possam assimilar de maneira menos sofrida e desesperançada a separação da filha.

— E quanto a Geraldo? — indagou Tiago.

— Se for possível, traga-o também. Talvez seja ele o mais necessitado de auxílio, porque sente-se preso a uma promessa e acredita que retomar sua vida é desrespeitá-la.

— Devemos ter cuidado com o que acreditamos, não?

— Com certeza, meu rapaz. Necessitamos ser prudentes com nossas crenças ou então corremos o risco de ficarmos presos a elas por séculos.

Após mais alguns instantes de prosa, Tiago e Fagundes se despediram de Tomás, levando em seus corações o alívio que a fé divina proporciona.

— Você acha que seus pais virão, Tiago?

— Acredito que sim, senhor Fagundes. Eles mesmos me confessaram que estão cansados desse sofrimento que não acalma um instante sequer.

— Que já se arrasta há muito tempo! — exclamou Fagundes.

— É verdade!

— Sabe, Tiago, às vezes penso em Bernadete tão linda, solícita, apaixonada; penso na sua transformação interior e mal posso acreditar que ainda esteja perdendo tempo negando o auxílio espiritual e ficando em seu lar terreno como se estivesse ainda encarnada.

— O senhor tem razão. Eu também me surpreendo pensando assim. O que será que aconteceu para agir de maneira tão imprudente, esquecendo-se de tudo o que lhe foi mostrado e ensinado?

— Isso nós não vamos saber, pelo menos por enquanto. Ela sofreu uma desencarnação violenta, seu espírito foi surpreendido em pleno gozo da saúde e da felicidade; pode acontecer nesses casos que o espírito demore a aceitar que está "morto", que não pertence mais ao mundo dos vivos.

— O que me preocupa é exatamente isso, senhor Fagundes. Ela estar nessa situação e minha mãe ainda alimentar nela a ilusão com seu quarto intocável e aquele vestido do noiva sobre a cama.

— Tudo irá melhorar, para ela e para seus pais. Deixemos de conjecturas e vamos direto para casa. Tudo será solucionado, para o bem de todos.

Somos todos aprendizes 223

— Tenho certeza disso, senhor Fagundes. O senhor tem razão, é melhor esquecer o assunto por enquanto e regressarmos à nossa casa. Vou levá-lo. Por favor, entre no carro.

— Aceito sim, Tiago. Já se faz tarde, obrigado.

Tiago deixou Fagundes. Retornando sozinho para sua casa deu vazão aos seus pensamentos. "Meu Deus, se for realmente verdade que Bernadete está interferindo na vida, no livre-arbítrio de nossos pais e de Geraldo, fazei-a, Senhor, compreender a inutilidade dessa conduta perigosa, tanto para ela quanto para aqueles que recebem sua influência. Que a vossa claridade a faça compreender que é perda de tempo, que agindo assim retarda o seu progresso espiritual e corre o risco de atrair para junto de si espíritos trevosos que poderão levá-la para o sofrimento.

Bernadete, irmã querida, reconheça-se no mundo espiritual como espírito desencarnado que é. Não queira viver como se encarnada fosse. Não se volte contra a vontade de Deus porque ela é soberana e será sempre como Ele quiser. Por quê? Porque Ele conhece a cada um de nós e as nossa necessidades. Nem sempre o que desejamos é o que nos trará felicidade. Lembre-se de quanta vezes conversamos, quantas explicações você teve; agora é a hora de exercitar tudo o que aprendeu. Nada que pertença a este mundo deve representar algo para você, porque nada tem valor real. Permita que nossos pais e Geraldo vivam de acordo com a vontade divina, cumprindo suas obrigações e suas tarefas e trazendo você em seus corações com o maior amor do mundo".

Tiago estava tão absorto em seus pensamentos que nem se deu conta que chegara em seu lar. Assim que guardou o carro na garagem e entrou em casa, viu sua mãe sentada na sala, esperando-o.

— E aí, filho? Como foi a reunião?

— Ótima, minha mãe. Como sempre, um bálsamo que alivia nossas preocupações e dores.

Aurora manteve um semblante entristecido.

Tiago imaginou que era a hora adequada para convidá-la a ir em uma de suas reuniões. Sentou-se a seu lado, segurou com carinho suas mãos e lhe sugeriu:

— Mãe, a senhora gostaria de ir comigo a uma reunião?

Aurora admirou-se.

— Por que e para que, filho?

— Bem, porque sempre nos faz bem receber uma energia de amor e de equilíbrio. Alivia nosso coração, enche-nos da certeza da presença de Deus em nossa vida. E para que possamos ter mais coragem e força para enfrentar nossas aflições, compreendendo mais detalhadamente por que as coisas que nos maltratam acontecem. Resumindo, ajuda-nos a perceber a importância de lutar para superar nosso sofrimento com o trabalho e a caridade. Quando estamos bem espiritualmente agimos com mais prudência e mais sabedoria, distinguindo melhor a maneira correta de se relacionar com a separação, com as grandes perdas. Tomamos consciência de que é preciso continuar aqui na Terra cumprindo a tarefa que nos foi confiada.

Aurora enxugou furtivamente uma lágrima e respondeu:

— Está bem, filho, vou falar com o seu pai. Na próxima reunião iremos com você.

Tiago sentiu uma alegria enorme preencher todo o vazio que lhe ia na alma. Beijou sua mãe que, a seu ver, envelhecera muito nesses últimos meses, falando:

— Que bom, mãe, que alegria a senhora me dá. Vou convidar também Geraldo e seus pais. Iremos todos juntos.

Aurora, tentando dar à voz um tom de esperança, respondeu:

— Sim, meu filho, iremos todos juntos.

Somos todos aprendizes

CAPÍTULO XXIII

Um novo caminho

Jacob foi ter com Bernadete. Fazia-se acompanhar de seu avô paterno, desencarnado há vinte anos. Ao chegar à sua casa terrena viu-a encolhida em um canto do quarto, como sempre ficava, mantendo seus olhos fixos naquilo que fora seu vestido de noiva.

Apesar da proximidade de Jacob e de seu avô, Bernadete não registrou a presença de nenhum dos dois. Estava enfraquecida, com a aparência desleixada, longe do que tinha sido um dia, cansada e sem entender por que não conseguia mais dominar seus pais e Geraldo como antes. Não que eles estivessem totalmente livres de sua influência, mas desde que aceitaram freqüentar as reuniões espirituais e agir em conformidade com os esclarecimentos recebidos sentiam-se mais fortes para enfrentarem o sofrimento pelo qual passavam. Iam pouco a pouco mudando a maneira de se portar diante da dor que os machucava e isso os protegia das investidas de Bernadete.

Bernadete não sabia para onde iam, mas percebera que uma vez por semana se ausentavam e quando retornavam sentiam-se mais seguros e firmes quanto a suas sugestões.

"Por que será que não consigo influenciá-los tanto quanto

conseguia anteriormente?", pensava. "Será que me esqueceram de vez? E Geraldo?", dizia para si mesma com ira, "parece que se esqueceu da promessa que fizemos juntos. Voltou a trabalhar, está aos poucos retomando sua vida, sua rotina. Ele me esqueceu e isso não vou perdoar. Vou amargurá-lo, atormentá-lo até que enlouqueça. Outro dia ouvi minha mãe dizendo ao meu pai que iria arrumar meu quarto, retirar minhas coisas, meu vestido de noiva e levar tudo para um orfanato. Até meu vestido de noiva! Como vou ficar sem minhas coisas? Como meus pais puderam me esquecer!".

Jacob registrava todos os seus pensamentos.

— Pobre irmã — dizia para o irmão Adriano, seu avô. — Se não agirmos depressa cairá em demência e, nesse caso, será mais difícil fazê-la entender o mal que faz para si mesma.

Tornaram-se visíveis. Bernadete, assim que os notou, levou um choque e encolheu-se ainda mais.

— O que querem de mim? — perguntou.

Bondosamente Jacob lhe respondeu:

— Não se assuste, minha irmã, somos seus amigos e aqui viemos para auxiliá-la.

— Auxiliar-me em quê?

— Na compreensão das coisas de Deus, das leis divinas e da misericórdia de Jesus para com você, minha irmã.

— Compreender o que, se não consigo encontrar esse Deus em lugar nenhum? Quando pensei que O tinha encontrado, Ele me retira de junto das pessoas que amo, acaba com o meu sonho e deixa-me sozinha neste mundo que não conheço. Se quer me ajudar, leve-me de volta para junto dos meus pais e de Geraldo.

Jacob cada vez mais se dirigia a ela com real amor fraternal. Fez sinal para Adriano para que falasse com ela.

— Filha, isso é impossível. Você não se lembra de mim? Sou seu avô paterno, carreguei você no meu colo quando encarnado e hoje posso carregá-la também. Venha conosco, irá sentir a paz

Somos todos aprendizes 227

de Jesus acalmando sua dor e perceberá logo as belezas do reino de Deus. Agradecerá ao Senhor por sua existência.

— Existência?! Como, se estou morta?

— Não, querida neta, você não está morta, está viva, tanto que está expondo seus pensamentos e compreendendo os nossos. Você continua existindo, como todos que vêm para cá. O espírito não morre, aqui é a pátria verdadeira do espírito.

— Vocês podem me levar para junto de Geraldo para sempre?

— Não! Não podemos.

— Então não quero ajuda, não preciso que ninguém me ajude.

— Irmã, viemos buscá-la para levá-la ao Hospital de Refazimento Maria de Nazaré; lá terá tudo o que necessita para se equilibrar e começar sua caminhada de evolução.

— Não quero ir a lugar nenhum.

— Ouça-me, Bernadete, você está perdendo tempo, e o tempo é precioso. Já está aqui há algum tempo e não acordou ainda para a claridade divina. Não pode ficar aqui sem prejudicar os encarnados, aqueles que você diz que ama. Venha conosco sem medo. A claridade de Deus iluminará seu espírito se aceitar e permitir o amparo do nosso Divino Amigo.

— Mas onde está a claridade divina se eu não vejo nada, não sinto nenhum amparo? Estou só e desamparada. Somente meus pais e Geraldo lembram-se de mim, mais ninguém.

— Isso não é verdade, minha irmã — tornou Jacob. — Deus ampara todas as Suas criaturas, mesmo aquelas que não O sentem.

— E por que não O sinto, quando na Terra fui à procura Dele e acabei aceitando o que todos me diziam: Ele está no nosso coração?

— Isso é verdade, Bernadete.

— Agora que não estou mais na Terra, não pertenço ao

mundo dos vivos, não O encontro em lugar algum. Onde Ele está? Por que não O vejo?

— Querida netinha, não seja tão impulsiva nos seu julgamento — disse o irmão Adriano. — Seja humilde e peça a misericórdia de Deus para socorrê-la. Como disse o Irmão Jacob, está perdendo um tempo enorme se agarrando às coisas que pertencem ao mundo físico.

Jacob bondosamente dirigiu-se a Bernadete.

— Querida Bernadete, Deus está em todos os cantos do Universo e está aqui com você, agora, querendo ajudá-la, envolvendo-a com o mais puro amor, esperando apenas que você O reconheça e O aceite a ponto de entregar-se a Ele sem reserva, e a partir dessa entrega iniciar sua escalada evolutiva.

— Mas por que não consigo vê-Lo?

— Porque somente os espíritos puros podem vê-Lo; no entanto, nós podemos senti-Lo. Você continua procurando-O porque, na realidade, o seu encontro não foi definitivo. Não consegue se entregar inteira ao seu Criador.

— Mas eu já tinha descoberto e aceitado a presença Dele em meu coração. Eu já havia mudado bastante, todo mundo percebeu.

— Eu sei disso, irmã. Contudo, como já disse, não foi definitivo, pois no momento em que a vontade de Deus foi contrária à sua, trazendo-a de volta, você se revoltou e se apegou às coisas materiais, retornando ao seu lar terreno, agindo em desacordo com a vontade divina, sem respeitar a lei que se cumpria. Passou a interferir na vida dos encarnados sem respeitar os limites que a separam do mundo físico. Onde ficaram sua fé, sua confiança e seu amor a Deus, que diz ter encontrado?

Bernadete cada vez mais se encolhia.

Jacob envolveu-a com uma luz azulada, fortalecendo-a com energia salutar. Elevou o pensamento ao Mais Alto e pediu misericórdia para aquele espírito tão necessitado de entendimento,

Somos todos aprendizes 229

que não conseguia aceitar seu desencarne nem a distância de seus entes queridos que ficaram na Terra. Percebeu que Bernadete chorava. Lutava consigo mesma para seguir na direção correta. Adriano recolheu-a em seus braços.

— Filha, abandone de vez as coisas que não lhe dizem mais nada, que não são importantes, que não lhe trazem a paz e o equilíbrio de que necessita.

— Você quer ser ajudada, quer seguir conosco para iniciar o tratamento que lhe devolverá o equilíbrio? Quer seguir o caminho de Jesus?

Bernadete, cansada, encostou a cabeça em seu avô e respondeu tristonha:

— Sim. Quero. Leve-me daqui por misericórdia de Jesus. Estou cansada, cheia de ansiedades e angústias. Amo meus pais, amo Geraldo e não quero fazê-los sofrer. Quero ir, sim, tire-me daqui.

Jacob e Adriano agradeceram ao Alto a compreensão de Bernadete. Envolveram-na com energia de paz e amor. Tocada no íntimo de seu ser, Bernadete adormeceu e entregou-se inteiramente no amor e na paz de Jesus.

Enquanto tudo isso acontecia no mundo espiritual, na Terra seus pais e Geraldo participavam da reunião espiritual. Irmão Cícero, aprendiz de Jacob, explanava para os irmãos presentes a importância de não cultivar de maneira ostensiva objetos que pertenceram ao ser que partiu. Guardar determinada coisa como lembrança, sem adoração, com equilíbrio, permanecendo centrado na própria vida, sem dar brechas para a interferência do espírito, sim. Mas cultivar como algo sagrado, intocável, jamais. Traz sofrimento para quem fica e para quem parte, se este ainda não se desprendeu totalmente da matéria, se sua ligação com o mundo físico ainda for acentuada e forte.

Explicou a seguir para Aurora e João a importância de se

desfazer o quarto de Bernadete. Fazer daquele espaço um lugar útil ao encarnado, doar o vestido de noiva para alguém impossibilitada de comprar devido aos poucos recursos financeiros, enfim, reter a filha no coração por meio do amor sincero e real, tão verdadeiro que liberta a filha para o prosseguimento de sua evolução, auxiliando-a dessa maneira a compreender a inutilidade de querer pertencer ao mundo físico, vivendo a ilusão que impede a evolução.

Aurora e João, cansados de tantos meses de sofrimento e angústia, entenderam as palavras do Irmão Cícero e, agradecidos ao Senhor pela oportunidade de se esclarecer, compreendendo mais a fundo que a separação é necessária em algum momento da vida, apertaram-se as mãos e disseram convictos:

— Vamos libertar nossa filha para que vá ao encontro da felicidade real, seguindo Jesus.

Geraldo a tudo ouvia com atenção.

Pensava que com ele seria mais difícil, visto não estar apegado a nenhum objeto que pertenceu a Bernadete, mas preso a uma promessa feita de um para outro. Sentiu-se desalentado.

Irmão Cícero, captando o pensamento de Geraldo, dirigiu-se a ele.

— Não se sinta tão desalentado, meu irmão. Todas as soluções virão no seu tempo, e é no tempo certo que elas se resolverão. A princípio crie coragem para retomar sua vida com a mesma intensidade de antes. Trabalhe e permita-se viver. A vida é importante e deve-se cuidar dela aqui e na espiritualidade.

— O que posso fazer, irmão, para retomar minha vida como o senhor diz? Não tenho forças nem ânimo para tanto. Há meses que me encontro nessa situação aflitiva.

Cícero, que já havia tomado conhecimento do amparo de Bernadete por Jacob que, após levá-la ao hospital de refazimento Maria de Nazaré, retornara à reunião, respondeu-lhe:

— Tenha fé, irmão. Confie na Providência Divina. Tudo irá

Somos todos aprendizes 231

sair muito bem, creio eu. Entregue-se ao amor divino e prossiga com confiança no Pai a rotina de sua vida. Seja útil quanto possível e empregue seu tempo ao trabalho edificante de espera.

— E o que faço em relação à promessa feita?

— Esqueça-a, por enquanto. Guarde sua noiva com carinho e profundo respeito em seu coração, pois é aí o lugar onde ela deve estar. Mais tarde tudo será esclarecido e a felicidade para ambos se fará, com a bênção e a misericórdia divinas.

— Obrigado, Irmão Cícero — disse Geraldo com humildade.

— Que Jesus o abençoe, irmão.

Cícero despediu-se dos presentes e se retirou.

Após a prece de encerramento todos se retiraram. Levavam o coração mais tranqüilo e confiante. Aurora não escondia as lágrimas que teimosamente molhavam suas faces.

Letícia, compreendendo a emoção que lhe assaltava e imaginando a dor que machucava aquela mãe, disse-lhe:

— Amiga, tranqüilize seu coração. Jesus irá ampará-los, com certeza, com espíritos amigos que nos orientam sempre para o bem.

Com esforço Aurora respondeu:

— Eu creio nisso, Letícia. Só não sei se terei forças suficientes para modificar o quarto de Bernadete. Há quase um ano está do jeito que ela deixou; sinto-me como se fosse tirá-la da minha vida outra vez.

Tiago, que a tudo escutava, logo interveio:

— Mãezinha, desarrumando o quarto a senhora não está tirando Bernadete da sua vida outra vez. Está transferindo-a de lugar, trazendo-a para o único lugar onde ela deve estar: no seu coração. O espírito, mãe, é sensível ao sentimento e ao pensamento que enviamos para ele. Para eles os objetos materiais não devem exercer mais nenhuma influência. Porém alguns deles não conseguem perceber isso e ficam presos à matéria, às coisas que deixaram na Terra. Devemos ajudá-los a perceber isso e encontrar seu caminho na espiritualidade, tendo o equilíbrio necessário para não os atrair para as coisas que não possuem mais nenhum valor para eles. Quem realmente ama, mãe, como eu sei que a senhora ama Bernadete, aspira para o ser amado a felicidade. Esta, para quem parte, é encontrar a paz de Jesus na espiritualidade, porque é lá a pátria verdadeira do espírito, a pátria de origem. Não devemos prejudicá-los com a nossa falta de fé e de coragem.

Aurora, com a voz quase apagada, retrucou:

— Eu sei, filho. Só não tenho coragem de desfazer o quarto que era dela.

— A senhora disse bem: que era dela, mãe, não é mais. Isso porque as necessidades dela agora são outras. É importante ajudá-la a perceber isso.

Letícia cada vez mais admirava Tiago. "Tão jovem", pensava, "e tão consciente".

Com muito carinho disse a Aurora:

— Se você quiser posso ajudá-la nessa tarefa.

— Obrigada, Letícia, mas creio que deverei fazer isso sozinha, ou melhor, eu e João. Agora tenho consciência que nós não agimos certo e cabe a nós superar nossas angústias e nosso medo. Desfazer o quarto de Bernadete é tarefa nossa. Criamos esta situação, temos que desfazê-la. Quero minha filha feliz, mesmo tão distante de mim, quero que seja feliz. Espero que ela também esteja tendo essa compreensão para avançar para Jesus. Obrigada mais uma vez, Letícia, você é uma grande amiga.

— Vocês retomarão a felicidade de vocês, da maneira que Deus permitir, basta apenas lembrar que Deus escuta o que pede nosso coração, e confiar que nos dará sempre o que nos trouxer benefícios, do que realmente necessitamos, mesmo que para nós seja uma incógnita nesta vida. Sempre que precisarem contem conosco, Aurora. Tínhamos Bernadete com uma filha, afinal se tornaria nossa nora.

Somos todos aprendizes 233

— Somos agradecidos por isto — respondeu João.

— Mãe — disse Tiago —, gostei do que ouvi. Tenho certeza de que fará tudo com equilíbrio e sem sofrer mais do que o previsto. Estarei ao lado da senhora e de papai para executar esta tarefa.

Aurora, com o pensamento voltado para o Alto, pedindo que a auxiliasse, lembrou-se de uma prece que vira em um livro, que ganhara por ocasião da partida de Bernadete. Com o coração cheio de esperança, orou a Deus:

"Que bom estar com Você, e poder amá-Lo.

Que bom poder sentir esta força imensa,

Empurrando-me para frente e impedindo a queda.

Que bom caminhar na estrada que me leva até meu Pai

E suportar os tropeços e as dificuldades.

Quero e preciso estar com você, Senhor,

E ir até aonde o Senhor desejar e permitir.

Anseio por momentos de reflexão,

Nos quais possa sentir Sua presença e Seu amor.

Acolha-me em Seu seio,

E afague-me em Seus braços;

Oriente-me para o bem,

Que Sua verdade esteja sempre acima,

Do egoísmo e do inconformismo

Que apagam a luz da Espiritualidade".

Despediram-se.

Retornaram cada um para sua casa, e cada um, em seu coração, levava a semente da esperança florescendo novamente.

CAPÍTULO XXIV

Em recuperação

B ernadete acordou após alguns dias adormecida no hospital de refazimento.

Olhou à sua volta e notou a claridade entrando pela vidraça do quarto. Sentiu-se reconfortada. Embora tivesse uma sensação de bem-estar, percebia ainda uma certa confusão em sua mente. Não poderia afirmar exatamente o que sentia ou saber com precisão o que teria acontecido para estar naquele local. "Como será que saí do meu lar terreno", perguntava-se.

As lembranças iam e vinham, causando incerteza e confusão. Começou a notar com mais atenção o quarto onde estava e o que viu lhe agradou. Paredes brancas, janelas claras com lindas floreiras perfumadas, lençóis azul-claros, limpos e cheirosos. Nada mais viu a não ser um lindo quadro onde se via o rosto de Jesus.

"Como tudo aqui é limpo e bonito. Vê-se o cuidado existente e o amor com que tudo é feito", dizia para si mesma. "Só não sei o que devo fazer agora", pensou. Olhou-se e percebeu que suas vestes tinham sido trocadas. Estranhou ao ver seu corpo igual ao que era antes. Que estranho, só agora me dou conta de que, apesar de aparentemente igual, sou diferente. Este corpo é mais leve, ao contrário do outro, que era pesado e denso. Por que só agora me dou conta disso?", perguntava-se.

Para ela tudo surgia como uma grande novidade. "Estou sem saber o que fazer ou como agir", pensou.

— Preciso falar com alguém imediatamente. Estou confusa e com medo.

Quase instantaneamente a porta se abriu e entrou uma enfermeira simpática, com um sorriso acolhedor nos lábios.

— Chamou, Irmã Bernadete?

Diante da surpresa e admiração de Bernadete, voltou a dizer:

— Não estranhe, senti seu chamado e vim para auxiliá-la a superar a confusão e o medo que está sentindo. Vou ajudá-la a iniciar sua estada na espiritualidade, da maneira como deve ser. Acalmá-la para entender a nova vida.

Bernadete nada falou. Olhava atentamente para a enfermeira e tentava entender como ela soubera o que queria se nada havia falado, só pensara.

Sara dirigiu-se a ela.

— Nós aprendemos a nos comunicar pelo pensamento, telepatia. Já ouviu falar? Como sou responsável por sua estada aqui fico atenta a tudo de que necessita e sobre o que é preciso esclarecê-la, para evitar o seu desequilíbrio e proporcionar-lhe bem-estar.

— Foi você quem me trouxe para cá?

— Não. Meu trabalho é feito aqui no hospital. Não tenho ainda permissão para sair e ir em busca dos irmãozinhos que jazem vagando ou morando na casa dos encarnados.

— Quem me trouxe então?

— Foi nosso querido Jacob e seu avô paterno, Adriano. Não se lembra?

— Mais ou menos. Estou muito confusa.

— É natural, você ficou muito tempo no seu lar terreno,

interferindo na vida dos seus entes queridos que ficaram. Foi uma atitude imprudente. Continuou ligada à matéria e não se deu conta de que, como espírito desencarnado, devia viver de acordo com sua situação atual.

— Mas por quanto tempo fiquei assim?

— Daqui a uma semana irá completar um ano que desencarnou.

— E fiquei lá todo este tempo?

— Sim!

— Por quanto tempo ficarei aqui neste hospital?

— Dependerá de você, Bernadete. Quando nossos superiores acharem que está bem, equilibrada e pronta para assumir tarefas, será transferida para o Educandário, onde prestará serviços.

Bernadete começou a se agitar. Sara ministrou-lhe um passe que a reconfortou, trazendo de novo a calma.

— Descanse, Bernadete, agora é o suficiente. Mantenha seu pensamento em Jesus e agradeça a este Divino Amigo a misericórdia recebida. É importante que durma para se fortalecer e encontrar a harmonia e o equilíbrio. Não tenha nenhum receio, todos aqui querem o seu bem, somos todos seus amigos.

— Mas tenho muitas perguntas a fazer.

— Tenho certeza que sim. Porém, como disse, por agora é o bastante. Mais tarde o Irmão Jacob virá vê-la e, no momento adequado, esclarecerá todas as suas dúvidas.

— Está bem. Mas por favor responda-me somente uma.

— Pode fazer!

— Meus pais, meu irmão e Geraldo. Eles estão bem?

— Fique tranqüila quanto a eles. Todos estão bem. Agora descanse.

Sem dar oportunidade para que Bernadete fizesse novamente outra pergunta, Sara retirou-se do quarto.

Bernadete entregou-se uma vez mais ao sono reparador.

Na casa de Aurora, tanto ela quanto o marido e o filho

Somos todos aprendizes 237

preparavam-se para limpar e arrumar o aposento que pertencera à filha.

Aurora, a princípio, abriu a janela, permitindo que o Sol trouxesse claridade para o recinto e o aquecesse com seus raios.

Para Aurora, a tarefa mais árdua era retirar de cima da cama o vestido que, após ser mandado para lavar, tendo as manchas de sangue sido retiradas, fora colocado cuidadosamente sobre a cama. Seu pensamento foi até sua filha e, em voz alta, sem se importar com João e Tiago, começou a falar:

— Filha querida, vai completar um ano que você se foi — dizia. — Guardei seu vestido, suas coisas para viver a ilusão de que tudo estava como antes. Nada foi mexido no seu quarto, filha, tudo até hoje está do mesmo jeito que você deixou ao sair daqui para ir se casar. Hoje sabemos, seu pai e eu, que nos enganamos. Nada poderá trazê-la de volta. Mas poderemos nos unir por meio do amor e da saudade que sentimos. Perdoe-nos se a prejudicamos, se aumentamos o seu sofrimento; a nossa intenção não era essa. Queremos o seu bem e a sua felicidade. Aspiramos a sua evolução e o seu encontro como amor infinito de Deus. Para nós só interessa a sua felicidade no mundo que agora vive. Nunca duvide do nosso amor, meu e de seu pai, e da nossa saudade. Hoje sabemos que a importância maior é a união pelo sentimento do amor, e o nosso, filha, é o maior e mais puro amor que o ser humano pode sentir. Fique em paz e caminhe sempre na direção de Jesus para promover a sua evolução.

Aurora calou-se.

Sem se importar com pequenas lágrimas que caíam pelo seu rosto, pegou no armário uma grande caixa e colocou com carinho o vestido. Os pertences de Bernadete, todos eles, foram cuidadosamente embrulhados e colocados em caixas de papelão.

Tiago os ajudava. Admirava-se da força de sua mãe. As palavras que dissera, sua conduta digna e cristã, enfim, via no rosto de sua mãe e de seu pai a presença do sofrimento, mas, agora, o sofrimento equilibrado, aquele que somente a presença de Jesus no coração pode harmonizar.

"Quanto orgulho sinto de meus pais", pensava. "São duas almas valentes e nobres. Que Jesus os proteja sempre e ajude-os a suportar a dor."

— Ei, Tiago, o que faz aí parado segurando estes livros?

— Eu... nada, mãe. Apenas admirava a senhora e o papai e pensava quanto eu os amo.

— Filho, nós também o amamos muito e admiramos a dignidade com a qual você colore sua vida, sendo ainda tão jovem.

Tiago sorriu feliz.

Durante toda a tarde ocuparam-se da tarefa de limpar aquele quarto que estivera fechado durante quase um ano.

Ao terminarem, João perguntou à mulher qual destino daria às coisas de Bernadete.

— Estive conversando com o senhor Tomás e ele me disse que o Centro que orienta mantém um bazar permanente cuja finalidade da renda são as obras assistenciais que a casa mantém. Vou levar tudo para o bazar; essas coisas serão úteis de alguma forma.

— Faz muito bem — disse João.

— Eu também acho que é o melhor a fazer — concordou Tiago.

Terminaram o serviço. Notaram como o quarto havia ficado bonito, limpo e arejado. Aurora pegou a foto de Bernadete e colocou-a no móvel da sala de visitas.

Assim que desceram telefonou para Tomás dizendo-lhe que tudo estava pronto e que no dia seguinte levaria até o Centro.

Feito isso, falou, colocando um pouco de animação em sua voz:

— Bem, agora façam o favor de se sentarem que irei servi-los com um gostoso café e torradas com geléia. Que tal?

— Ótimo — respondeu João, também animado.

Somos todos aprendizes 239

— Ótimo é pouco, pai, é excelente. Toda essa agitação me deu fome.

— Você é mesmo um comilão — brincou Aurora.

Sentaram-se e enquanto aguardavam João e Tiago conversavam sobre seus projetos para o futuro.

Bernadete entrou em um estado de agitação. Sentia-se fraca, trêmula e confusa.

Sara, assim que notou seu estado alterado, chamou Jacob para vê-la.

Este imediatamente atendeu ao chamado. Ao entrar no quarto, constatou de imediato o desequilíbrio em que se encontrava Bernadete.

Ministrou-lhe um passe e orou ao Senhor suplicando-Lhe clemência para aquele espírito que ainda padecia a incompreensão do desencarne. Aos poucos Bernadete foi se acalmando e se deu conta da presença de Jacob.

— Quem é o senhor?

— Meu nome é Jacob. Fui eu quem a trouxe para cá, com a permissão de Jesus. Como se sente?

— Melhor. Não sei o que aconteceu. De repente senti como se alguém me puxasse, ouvi meu nome sendo falado e vi em um relance, ou melhor, não sei se vi ou se senti, que meu quarto está sendo destruído. Compreendi então que não possuo mais nada, não sobrou nada de mim. Estou completamente sozinha.

— O que é isso, minha irmã? Você disse sozinha? Quando se tem Jesus no coração, nunca se está só. Aqui há amigos que a estimam e querem ajudá-la a alcançar a felicidade e a paz

— Meus pais destruíram meu quarto. Não tenho mais nada na minha casa terrena.

Jacob com toda a paciência explicou-lhe:

— Minha irmã, seus pais não destruíram seu quarto porque ele não lhe pertence mais. O que fizeram não foi destruição, eles apenas o prepararam para que a vida existisse lá outra vez, e não a morte.

— Por quê?

— Porque você é vida, e não morte. Você existirá sempre no coração e na saudade equilibrada que sentem de você. Eles a amaram tanto, que lhe devolveram a liberdade para alçar vôo no reino de Deus; tiraram o que lhe poderia criar uma ilusão, impedindo-a de evoluir. Você diz que não tem mais nada na sua casa terrena; engano seu, você possui o mais importante, a única coisa que conta realmente: o amor de seus pais e de seu irmão. O que você quer mais? O espírito desencarnado não necessita mais das coisas da matéria. O que pertence à matéria, fica na Terra; o que pertence ao espírito, ou seja, sua bondade, seu conhecimento, sua moral, sua caridade para com o próximo, suas obras, virá com o espírito. Essas são as aquisições importantes para o espírito, as únicas que prevalecem. No reino de Deus precisa-se apenas de amor; toda evolução virá como conseqüência desse amor. Necessário se faz desapegar-se das coisas que deixou no mundo físico e aprender a ver as maravilhas do reino de Deus.

— E Geraldo? Ele assumiu um compromisso comigo que nosso amor seria para toda a eternidade.

— E por que você não o liberta desse compromisso?

— Não! Isso não posso fazer.

— E por quê?

— Porque o amo e o quero para mim, sempre.

— Irmã, você tem muito que aprender, principalmente a amar.

— Mas eu o amo!

— Ama! O amor que prende, escraviza, impede o ser amado de ser feliz, mesmo quando sabe que não poderá fazê-lo, pelo menos nesta encarnação. Se você não o pode ter, ninguém terá, é isso?

— Mas eu sou assim!

— Terá de mudar, minha irmã, crescer, aprender, evoluir e avançar para Deus. É preciso que queira se modificar e se conscientizar de que perfeição não se adquire sem sacrifício.

— Diga-me, irmão Jacob — é assim que se fala?

— Fale como quiser.

— Diga-me, irmão Jacob — repetiu —, por que desencarnei no dia do meu casamento com o homem que amo? O que fiz para Deus para receber esse castigo?

— Para Deus, nada. Fazemos para nós mesmos, Bernadete, quando agimos com imprudência, caindo em enganos desastrosos, cultivando a vaidade excessiva, o orgulho e, o pior de todos, o egoísmo. Prejudicamo-nos quando praticamos atos infames para satisfazer nossos desejos, julgando-nos merecedores de tudo que sonhamos e queremos para nós. Deus não nos castiga, Sua bondade e Seu amor são tão infinitos que Ele nos dá nova oportunidade de recomeçar e saldar uma a uma nossas dívidas com a lei.

— Mas eu não fiz nada disso!

— Minha irmã, lembre-se de que esta sua encarnação não é a primeira e, creia, não será a última. Quando chegou no mundo físico levava uma história escrita em outras encarnações, com dívidas a pagar. Tudo que fazemos é debitado em nossa conta corrente da vida e teremos de prestar conta de cada ato feito. O que aconteceu com você não foi castigo de Deus, mas o cumprimento da lei de causa e efeito.

— Então diga-me: que foi que eu fiz?

— Agora não. No momento certo, se houver permissão, saberá. Agora descanse, entregue-se à oração. Traga para o seu espírito a paz de Jesus e seja agradecida pelo amparo recebido. Reconheça o mundo espiritual como sendo a sua casa atual e verdadeira; não lastime, mas seja grata ao Pai Maior por ter quitado uma dívida do passado.

Bernadete silenciou. Procurara tanto por Deus, acreditando que ao desencarnar O veria de imediato e que estaria aos pés Dele.

Jacob, mais uma vez, tentou ajudá-la a perceber seu pensamento.

— Bernadete, para estarmos aos pés de Deus temos uma longa escalada evolutiva.

— Por quanto tempo?

— Para cada um o tempo é diferente porque a evolução é individual. Poderemos um dia chegar à condição de espíritos puros; isso é possível, não importa quanto tempo irá demorar, afinal, temos a eternidade pela frente.

Dizendo isso, encerrou seu atendimento a Bernadete. Pediu a Sara que trouxesse água cristalina e a ajudasse a se acomodar.

Assim foi feito.

Bernadete acomodou-se no leito e adormeceu.

Jacob e Sara, após fazerem sentida prece, retiraram-se deixando Bernadete recebendo do Mais Alto o amor maior de Jesus.

Somos todos aprendizes 243

CAPÍTULO XXV

Descobertas espirituais

O tempo passou.
Tudo começava a se acalmar desde a partida de Bernadete.

Aos poucos Aurora e João, assim como Geraldo, retomaram sua rotina diária.

À maneira de cada um, sentiam-se felizes e cumpriam suas tarefas na Terra com alegria e coragem.

A saudade da filha muitas vezes machucava o coração de Aurora e João, mas alicerçados nos ensinamentos que recebiam nas reuniões espirituais que freqüentavam com assiduidade, aprenderam a administrar seus sentimentos, não permitindo que eles os desequilibrassem.

Sofriam, mas tinham a consciência de que tanto eles quanto a filha desencarnada recebiam auxílio divino e, em vista disso, com a confiança e a fé fortalecidas, prosseguiam sua jornada terrena.

Tiago cursava o último ano da faculdade.

Seu namoro com Gracinha tornava-se cada vez mais sério e ambos sabiam que o casamento era a alternativa para consolidar o amor que sentiam um pelo o outro.

Geraldo retomara seu trabalho no escritório com a mesma determinação de antes e, por conta disso, evoluía de maneira segura. Seu amor por Bernadete adormecera no coração; embora lembrasse dos dias felizes que passara ao lado da noiva morta tão cedo, não sofria mais. Chegara aos 28 anos pronto para reconstruir sua vida amorosa e ter a família que queria tanto.

— Você precisa namorar e casar — dizia Pedro ao filho. — Construir sua própria família, ter seus filhos e nos dar os netinhos que irão alegrar a nossa casa.

— Calma, pai — respondia Geraldo. — Não posso sair correndo atrás de uma namorada; isso acontece naturalmente. Quando encontrar a pessoa certa pode acreditar que lhe darei os netinhos que tanto quer.

— Filho, você ainda se sente preso àquela promessa feita a Bernadete? Não entendo muito dessas coisas, mas acredito que nada é por toda a eternidade — disse Aurora.

— O amor adquirido firmemente e exercitado com a verdadeira generosidade, com todas as barreiras do egoísmo e do orgulho vencidas, não se perde, mãe, porque o ser que o sente já deu um passo em direção a Jesus, avançou para Deus. Este amor fraternal compreendido com real plenitude existirá por toda a eternidade e aquele que o sente já entendeu que só se chega a Deus seguindo Jesus.

— É ainda muito difícil para o homem comum, como somos todos nós, vivenciar este amor.

— É, mãe, muito difícil, mas não impossível.

— Agora responda o que lhe perguntei.

— Tudo bem, D. Letícia. Não, não estou mais preso a ela. Compreendi muito bem todas as explanações feitas com tanta sabedoria pelo Irmão Cícero e estou tranqüilo. Acredito que chegará o momento de tudo acontecer novamente.

— E Aurora e João, o que pensam disso?

— Eles estão tranqüilos também, mãe. Sabem que não é prudente passar toda uma existência preso a determinada crença. Têm consciência de que precisamos mudar, criar alternativas dig-

Somos todos aprendizes 245

nas para voltarmos a ser felizes e me permitem isso. Sabem que o amor que senti por Bernadete foi sincero e intenso, contudo, quisemos de um jeito e Deus preferiu de outra forma, por razões que só Ele conhece. Ela estará no meu coração sempre. Guardarei sua lembrança como um grande amor que senti nesta vida, mas quero e necessito reconstruir minha vida, minha história sentimental, e dar um sentido mais amplo à minha existência. Todos têm conhecimento do meu desejo de ter uma casa alegre, com crianças correndo, fazendo barulho, dando à vida um sentido maior.

— Alegra-me vê-lo falar assim, meu filho — falou Pedro realmente agradecido a Deus pelo fato de estar vendo seu filho novamente procurando a felicidade.

Se para Geraldo a vida voltava a ter significado, para Bernadete as coisas estavam mais complicadas. Continuava ainda em tratamento em virtude de não aceitar totalmente o fato de Geraldo estar retomando sua vida sem ela.

"Ele me esqueceu", pensava. E a cada pensamento desse tipo entrava em desequilíbrio.

Apesar das orientações de Jacob, de Sara e do próprio avô Adriano, não conseguia eliminar o grande amor que sentia por Geraldo e entregava-se a ele com toda a força, querendo-o para si. Agia imprudentemente.

Interrogada por Jacob, explicava:

— Não é justo. Deus não foi justo comigo. Nada fiz para merecer este castigo. Qual a razão para que Deus não me deixasse ser feliz e realizar meu sonho de casar com ele?

Com paciência, Jacob respondia:

— Querida irmã, sempre que somos atingidos por uma tempestade que devasta tudo, inclusive nossos sonhos, ficamos indignados por nos considerarmos bons o suficiente para não receber tamanho golpe. Mas, como lhe disse das outras vezes, Bernadete, ninguém é vítima do destino. A vida simplesmente responde a nossas leviandades, agressões desta ou de encarnações passadas.

— Mas o que foi que eu fiz?

— Irmã, Deus é justo com todas as Suas criaturas e foi justo com você também. O nosso sofrimento é proporcional ao tamanho da dor que infligimos a alguém. Quando passamos pela mesma situação angustiante tomamos consciência da intensidade da dor que causamos naquele que foi o alvo da nossa inconseqüência.

— Meu Deus, eu não me lembro de nada disso!

Com toda paciência Jacob explicou:

— O homem não tem condições de saber tudo ainda. A cada nova existência o homem tem mais inteligência e pode melhor distinguir o bem e o mal. Onde estaria o seu mérito, se ele se recordasse de todo o seu passado? Quando o espírito entra na sua vida de origem (vida espírita), toda a sua vida passada se desenrola diante dele; vê as faltas cometidas e que são causa de seu sofrimento, bem como aquilo que poderia tê-lo impedido de cometê-las; compreende a justiça da posição que lhe é dada e procura então a existência necessária para a que acaba de escoar-se. Como nos diz o Evangelho:

Procura provas semelhantes àquelas por que passou, ou as lutas que acredita apropriadas a seu adiantamento, e pede a espíritos que lhe são superiores para o ajudarem na nova tarefa a empreender, porque sabe que o espírito que lhe será dado por guia nessa nova existência procurará fazê-lo reparar suas faltas, dando-lhe uma espécie de intuição das que ele cometeu. Essa mesma intuição é o pensamento, o desejo criminoso que freqüentemente nos assalta e ao qual resistimos instintivamente, atribuindo nossa existência, na maioria das vezes, aos princípios que recebemos de nossos pais, enquanto é a voz da consciência que nos fala, e essa voz é a recordação do passado, voz que nos adverte para não cairmos nas faltas anteriormente cometidas. Nessa nova existência, se o espírito sofrer as suas provas com coragem

Somos todos aprendizes 247

e souber resistir, se elevará e ascenderá na hierarquia dos espíritos quando voltar para o meio deles.

*Se não temos durante a vida corpórea uma lembrança precisa daquilo que fomos e o que fizemos de bem ou de mal em nossa existência anterior, temos, entretanto, a sua intuição. E as novas tendências intuitivas são uma reminiscência do passado, às quais a nossa consciência — que representa o desejo por nós concebido de não mais cometer as mesmas faltas — adverte que devemos resistir."
(Livro dos Espíritos – Capítulo VII, Questão VIII – Esquecimento do Passado).*

Bernadete ficou impressionada.

— Quer dizer então que a intuição que tinha que não ficaria com Geraldo está ligada ao que acaba de me expor?

— Sim. Seu espírito tinha o conhecimento de que não construiria uma família ao lado de Geraldo, falava à sua consciência em forma de intuição para que fosse "aceitando" a idéia da separação, separação esta que você mesma solicitou para reparar um erro do passado.

— Explique-se melhor, por favor, Irmão Jacob.

— Você pediu esta prova no momento da sua reencarnação. Queria livrar seu espírito do arrependimento. Teve a seu lado espíritos valentes e nobres que se propuseram a ajudá-la na busca incessante de Deus.

— Tiago e o senhor Fagundes?

— Sim.

— E Geraldo?

— Geraldo é o motivo da sua prova, para quem você devia uma reparação. Você sempre retorna de suas encarnações lamentando não ter encontrado Deus, nem na Terra nem aqui na espiritualidade. Tanto Tiago quanto Fagundes se empenharam em ajudá-la a descobrir o Criador no lugar onde Ele está realmente: no coração que O recebe com fé. Deus está em todos os lugares, mas o mais importante para nós, seres imperfeitos, é encontrá-Lo dentro de nós; a partir desse encontro agiremos como verdadeiros seguidores de Jesus.

— Pelo que estou vendo, mais uma vez minha busca foi em vão.

— Não, Bernadete, não foi em vão. Hoje você aprendeu que não adianta usar fórmulas bizarras, sair como um andarilho ou mesmo isolar-se no silêncio de um convento para meditar incessantemente; Deus está no lugar mais simples e mais perto de nós: dentro do nosso coração. Ele está no trabalho edificante e no amor que se espalha, e a presença Dele em nós é que nos faz melhor, mais cristãos e mais aptos a perceber que sem amor não se chega a nenhum lugar seguro.

— E o que devo fazer, Irmão Jacob?

— Você conquistou méritos, Bernadete, pela sua transformação enquanto estava na Terra. Esforçou-se e melhorou.

— E o que me falta?

— Falta libertar Geraldo para que ele possa cumprir sua tarefa na terra, que é construir sua família e receber os espíritos que terão oportunidade do retorno por intermédio dele e de sua esposa. Quando fizer isso estará de verdade livre para aprender o que é de verdade o amor.

— Isso é muito difícil!

— Não. Quando o egoísmo vai embora e dá lugar ao amor, torna-se fácil. Quando compreendemos que todos têm os mesmos direitos, inclusive de ser feliz, torna-se fácil. Quando percebemos que alcançamos a felicidade pela felicidade que proporcionamos ao nosso semelhante, torna-se mais fácil ainda. Compreendeu, Bernadete?

— Sim, compreendi. Quer dizer que eu devo esquecer Geraldo e entregá-lo para outra pessoa?

— Não. Eu não disse que deve esquecê-lo, mas libertá-lo por sua compreensão espiritual e vontade de crescer, evoluir e ser útil. Não se prende ninguém por toda a eternidade; o amor

Somos todos aprendizes

quando é verdadeiro não precisa de argolas, ele simplesmente existe, mesmo quando o alvo está distante de nós. O amor real não se impõe; é tão nobre que se satisfaz ao ver a felicidade do ser que ama, quando estamos completamente impossibilitados de fazê-lo feliz, não por nossa vontade, mas por vontade divina e visando nosso próprio benefício. Mas, pela misericórdia de Deus, poderá fazê-lo feliz de outra forma.

— Como?

— Com o decorrer dos fatos, você saberá. Tudo no momento certo. O importante agora é que não perca mais tempo. Reavalie seus conceitos, lembre-se de tudo que aprendeu na Terra com Tiago, Fagundes e o próprio Geraldo; esses conhecimentos pertencem a você, Bernadete; é hora de usá-los para sua própria elevação. Prepare-se para realizar alguma tarefa no Educandário e iniciar sua caminhada de evolução. Acabe com a revolta, com a resistência em aceitar sua condição de espírito desencarnado; encontre-se com Deus novamente e, desta vez, para sempre. Receba a saudade e o amor que seus pais, Tiago e Geraldo enviam para você e sinta-se amada.

— Mas gostaria tanto de saber o motivo pelo qual fui retirada da Terra de maneira tão violenta, e no dia do meu casamento!

— Saberá! No dia e na hora adequados saberá. Depende de você, do seu equilíbrio e da sua humildade em aceitar ao desígnios de Deus.

— Vou me esforçar, Irmão Jacob. Vou me esforçar — repetiu.

Jacob retirou-se, deixando Bernadete entregue a seus pensamentos. Encontrando-se com Sara, esta lhe perguntou:

— Como ela está, Jacob?

— Melhorando, com a graça de Jesus. Conversamos bastante; é preciso que ela entenda a necessidade de desviar seu pensamento de Geraldo o quanto antes.

— O quanto antes? Qual a razão?

— Em pouco tempo Geraldo se encontrará com Regina. Eles se apaixonarão como está previsto e formarão uma família feliz, saudável e equilibrada. O que se quer é que Bernadete se conscientize da importância de libertá-lo da promessa feita tempos atrás.

— Por quê?

— Porque se assim não acontecer, logo que souber do envolvimento de Geraldo com Regina irá se desequilibrar a ponto de ir embora daqui e se instalar novamente no lar de Geraldo, prejudicando-o, e a Regina, para impedi-los de se unir.

— Mas isso pode acontecer, Jacob? Ela parece estar aceitando sua condição atual com mais tranqüilidade, possui sentimentos bons. Por que voltaria a agir com imprudência?

— Sim, Sara, pode acontecer. Bernadete aceitou tudo menos o fato de estar separada de Geraldo. O seu amor por ele chega a ser obsessão; quer tê-lo a todo custo, e é isso que a impede de agir como agia na Terra ao lado dele. Os encarnados são frágeis. Geralmente se deixam sugestionar pelas investidas dos espíritos levianos. A partir do momento que se entregam ao medo, enfraquecem sua defesa e tornam-se vulneráveis às sugestões dos desencarnados. Geraldo é um espírito forte e consciente, entregue ao bem e à certeza da presença de Deus em si, mas Regina não tem a mesma força; é um espírito bom, mas fraco. Se Bernadete se voltar para Geraldo logo perceberá em quem deve atuar para conseguir seu intento. Isso não pode acontecer.

— Maria de Nazaré irá auxiliá-la para que descubra o bem que existe nela mesma e que poderá direcioná-lo para a humanidade.

— Os encarnados necessitam se fortalecer, não dar brechas para investidas negativas. A condição moral, a dignidade de seus atos e o amor que se tem são a grande defesa contra os trevosos. Mas, ao contrário, entregam-se aos vícios, à corrida para ganhar

Somos todos aprendizes 251

cada vez mais sem se importar com a destruição que deixam atrás de si, nutrem o egoísmo e o orgulho, colocando-se como se fossem o centro do Universo. Enfraquecem-se por conta dos seus atos levianos e imprudentes. Ambicionam tudo que é material e se esquecem de se entregar às virtudes que os salvam. Nunca têm tempo para curar seu coração das ervas daninhas que o destroem. A eles importa a condição que ocupam no mundo dos encarnados. É aí, Sara, que os espíritos levianos e maus se introduzem e os aniquilam. É a lei da afinidade. Tome bastante atenção com Bernadete; qualquer novidade em seu estado é só me chamar.

— Farei isso, Jacob, vá em paz.

Despediram-se.

Enquanto Sara voltava aos seus afazeres no hospital, Jacob dirigiu-se ao lago que ficava em frente ao hospital, todo cercado de um majestoso jardim e entregou-se à oração:

— Senhor Deus, que minha prece seja agradável a Vós. Oro por todos aqueles que sentem dificuldade em encontrá-Lo e coloco-me, Senhor, a vossa disposição para trabalhar incessantemente, auxiliando meus irmãos que ainda padecem. Dai-me a força e a sabedoria, a coragem e o desprendimento necessários para dedicar-me ao meu semelhante e esquecer-me de mim. Assim seja.

CAPÍTULO XXVI

GERALDO E REGINA

G eraldo saía apressadamente do elevador do prédio onde mantinha o escritório quando, sem perceber, esbarrou em uma moça alta, cabelos pretos e olhos penetrantes. Com o impacto, a moça deixou cair alguns papéis que segurava e instantaneamente abaixou-se para pegá-los, preocupada ao vê-los todos espalhados pelo chão. Geraldo, totalmente desconcertado, seguiu o gesto da moça e também abaixou para ajudá-la.

— Desculpe-me, senhorita; fui mesmo um desastrado.

— Não tem importância; só lhe peço que me ajude a recolhê-los. São papéis importantes, não posso perder nenhum.

Os dois abaixados recolhiam os papéis quando sem perceber suas mãos se encostaram. Foi como se algo os atingisse subitamente. Olharam-se nos olhos e, por instantes, ficaram assim sem esboçar nenhuma reação.

Foi Geraldo quem primeiro se recompôs e quebrou o silêncio.

— Mais uma vez me desculpe, senhorita...

— Regina — respondeu prontamente.

— Geraldo. Tenho imenso prazer em conhecê-la.

— Eu também!

— Pena ter sido desta maneira tão constrangedora.

— Que importância tem? Foi uma maneira como outra qualquer! — exclamou Regina.

Somente se deram conta que ainda continuavam agachados quando uma senhora aproximando-se perguntou-lhes meio irônica:

— Perderam alguma coisa?

Os dois responderam ao mesmo tempo:

— Não!

Acabaram de arrumar os papéis e levantaram-se.

— Bem, se me der licença, preciso ir — disse Regina.

— Por favor, Regina, não me leve a mal, mas gostaria de vê-la novamente.

Regina sorriu e respondeu:

— Não me leve a mal, mas também gostaria de vê-lo novamente.

Os dois sorriram como se já se conhecessem há algum tempo.

— Sendo assim é melhor dar-me seu telefone para que eu possa ligar para você e não correr o risco de perdê-la.

— Nossa, já com medo de perder se nem me encontrou ainda?

— Você pode não acreditar, pensar que estou jogando charme para você, mas inexplicavelmente senti medo de perdê-la. Não acha isso estranho?

Regina ficou séria. Pensou e respondeu:

— Você fala sério?

— Absolutamente sério. Acredite, por favor, nem mesmo eu sei explicar por que, mas estou falando sério.

— Não, não duvido. Estou sentindo a mesma sensação, também acho isso muito estranho, mas a verdade é que gostaria de vê-lo outra vez.

— Então, por favor, dê-me o número do seu telefone. Amanhã ligarei e marcaremos qualquer coisa.

— Tudo bem!

Passou o número do seu telefone.

— Pode ligar-me às vinte horas que estarei em casa.

— Pode esperar. Mais uma vez peço-lhe desculpas.

Afastaram-se e Geraldo deu vazão aos seus pensamentos. "Que sensação agradável senti ao ver esta moça. Parece-me que a conheço há tempo. Acho que meu coração está dando sinal de vida", brincou consigo mesmo.

Regina, assim como Geraldo, sentia também a gostosa sensação de ter encontrado alguém que seria muito importante para ela. "Meu Deus", pensava, "será que existe mesmo amor à primeira vista? Ou será que eu sou muito romântica? Somente o tempo dirá!".

O dia transcorreu normalmente tanto para Geraldo quanto para Regina. Ao cair da tarde, cansados e querendo ir logo para casa, fecharam o escritório e dirigiram-se para o elevador. O escritório de Geraldo ficava no oitavo andar. Entrou no elevador sentindo uma certa ansiedade para logo mais à noite telefonar para Regina e ouvir novamente a sua voz. Ao parar no quarto andar para atender ao chamado, o ascensorista abriu a porta e qual não foi a surpresa de Geraldo quando, conversando com outra moça, entra Regina, sorridente. Tanto um quanto o outro se surpreenderam. Geraldo, colocando para fora sua alegria, falou:

— O destino está me favorecendo!

— É. Imagino que está mesmo. Dois encontros casuais no mesmo dia, até dá para desconfiar.

— De quem? Do destino? — brincou Geraldo.

— Pode ser — respondeu Regina. — Não é ele que está promovendo estes encontros? — Falou e sorriu para Geraldo.

"Que sorriso lindo", pensou Geraldo sentindo-se envolver por aquela moça.

Somos todos aprendizes 255

— Você trabalha neste prédio?

— Sim. No quarto andar. Tenho um escritório.

— É advogada?

— Não. Arquiteta. Esta é minha sócia e amiga.

— Muito prazer, senhorita.

— Mariana. O prazer é meu.

— Bonita profissão.

— É, gostamos muito do que fazemos. E você, trabalha também aqui?

— Sim, tenho um escritório de advocacia no 8º andar.

— Ah! É advogado... — exclamou Regina.

— Sim. Alguma coisa contra os advogados?

— De forma alguma.

O elevador parou no térreo. Regina estendeu a mão para despedir-se de Geraldo e este lhe perguntou ansioso:

— Ia ligar para você à noite e convidá-la para jantar. Como o destino foi amigo e me antecedeu, pergunto-lhe pessoalmente: quer jantar comigo?

Regina pensou. Olhou para Mariana sem saber o que fazer. A amiga incentivou-a com o olhar a aceitar.

— Não quero que pense mal de mim, mas aceito.

— Que bom que aceitou. Não vou pensar mal de você; ao contrário, só penso bem, fique tranqüila.

— Obrigada.

Geraldo, sempre gentil, dirigiu-se a Mariana e convidou:

— Não quer nos acompanhar, senhorita?

Mariana sorriu no canto dos lábios e com jeito maroto provocou:

— Não, muito obrigada pelo convite, outro dia eu aceito. Não faço parte deste destino.

Deu uma piscadinha para a amiga e despediu-se.

Geraldo e Regina saíram conversando animadamente.

— Tem preferência por algum restaurante?

— Não. Faça você a escolha.

— Está bem.

Geraldo levou-a a um pequeno restaurante onde se fazia uma ótima comida. Ambiente acolhedor e suficientemente calmo para que pudessem conversar. Sentaram-se em uma mesa próxima à janela; pela vidraça podia se deliciar com a magnífica vista da cidade.

— Que lugar encantador — disse Regina.

— Gosto muito também. Venho regularmente aqui, gosto da comida e do ambiente calmo e aconchegante. Fico contente que tenha gostado.

Conversaram durante muito tempo sobre os mais diversos assuntos. Perceberam que tinham muitas afinidades, gostos parecidos, enfim, parecia que se conheciam há bastante tempo.

— Você reparou como temos muita coisa em comum? — perguntou-lhe Geraldo.

— É verdade, muita coisa mesmo.

— Acho que o destino não se enganou, não é mesmo?

— Desculpe-me, mas acho que é muito cedo para se ter certeza disso, apesar de tudo indicar que sim.

Após o jantar, saboreavam um fumegante cafezinho, quando Geraldo, sério, disse a Regina.

— Você acredita que a gente possa sentir algo inexplicável por alguém que se acaba de conhecer?

Regina respondeu cautelosa:

— Acredito, Geraldo, acredito sim.

— E de onde você acha que vem esta simpatia tão forte?

— Deve ser pela afinidade espiritual; devemos ser espíritos afins — respondeu.

— Pela maneira que me responde devo acreditar que é espírita?

— Deve, sou espírita desde a adolescência. Meus pais

Somos todos aprendizes 257

professavam essa Doutrina e fui criada dentro dos padrões do espiritismo.

Geraldo sorriu.

— Sorri por quê? Algum problema em ser espírita?

— Não, nenhum. Não estou sorrindo pelo fato de você ser espírita, mas pela coincidência. Eu também sou.

— Verdade?!

— Sim, há muitos anos.

— Diga-me, Geraldo: você tem namorada, noiva ou algo parecido?

— Não, Regina, não tenho namorada, noiva e muito menos esposa.

Ao mencionar a palavra esposa, os olhos de Geraldo entristeceram-se. Calou-se e assim ficou por breves momentos.

— O que foi, Geraldo? Você ficou tristonho e calado assim que mencionou a palavra esposa. Pode dizer-me por quê?

— Claro, Regina. É que eu sou viúvo sem nunca ter passado um dia com minha esposa.

— Não entendi. É viúvo sem nunca ter passado um dia com sua esposa? Como assim, Geraldo?

Geraldo dava a impressão de reunir forças para falar do que acontecera com Bernadete.

— Na verdade fiquei viúvo no dia do meu casamento.

— Está falando sério? Como foi isso, pode me dizer?

— Sim. Minha esposa, ou noiva, como queira, foi assassinada na porta do salão onde realizamos a cerimônia do casamento. Perdi-a no exato momento que seria minha para sempre.

Regina ficou consternada.

— Meu Deus, que história mais triste e incrível. Conte-me com detalhes como tudo aconteceu.

Geraldo relatou-lhe exatamente o ocorrido. Seu sofrimento perante a separação, tudo. Nada omitiu. Ao terminar, Regina, em um ímpeto, segurou-lhe as mãos e lhe disse:

— Deve ter sofrido muito. Meu Deus, como deve ter sofrido — repetiu.

— Muito. Sofri a dor que nunca pensei pudesse existir.

Ao falar sentiu reviver em seu peito todo o sofrimento pelo qual passara. Recordou o grande amor que sentira por Bernadete; permitiu, sem se dar conta, que toda a angústia, a dor e o amor tão precocemente atingido voltassem com toda a força, perturbando-lhe o equilíbrio. Regina, percebendo o que se passava com o recente amigo, aconselhou-o:

— Geraldo, se ainda lhe causa tanto sofrimento, não fale sobre isto. Você ficou pálido, perturbado, assustou-me.

— Perdoe-me Regina, nosso primeiro encontro e faço este papelão.

— Não diga isso, não foi papelão nenhum. Por quem me toma? Sou bem capaz de compreender e respeitar os sentimentos das pessoas, principalmente quando são fortes assim, alicerçados em uma dor tão profunda.

— Obrigado. Alivia-me sua compreensão.

— Se preferir podemos ir embora. Vamos nos encontrar um outro dia. Fique à vontade, Geraldo.

— Não gostaria de ir embora; ao contrário, preferia ficar, conversar com você, enfim, conhecê-la melhor. Irá me fazer muito bem.

— Você é quem sabe! — exclamou Regina.

Geraldo se recompôs e logo os dois se entretinham conversando sobre os mais diversos assuntos. Sentia-se relaxado e agradava-lhe estar ali com Regina.

A noite passara rápido e nem se deram conta do adiantado da hora. Regina notara que Geraldo tornara a ostentar o sorriso simpático que a encantara de imediato.

— É melhor irmos — disse Regina. — Foi uma noite muito agradável.

— Posso dizer-lhe a mesma coisa, Regina; foi realmente

Somos todos aprendizes 259

muito agradável estar com você e gostaria de vê-la novamente. O que me diz, posso ter esperanças?

— Claro, Geraldo, eu também gostaria de voltar a vê-lo.

— Que bom. Amanhã tenho um compromisso ao qual não poderei faltar. Que tal no sábado?

— Para mim está ótimo. A que horas?

— Vinte horas está bom para você?

— Está ótimo. Onde nos encontraremos?

— Gostaria de buscá-la em casa, pode ser?

— Claro, é muita gentileza sua.

— Então está combinado: sábado às vinte horas. Só preciso saber seu endereço, ou então levá-la agora até em casa, assim aprenderei o caminho.

Regina ficou em dúvida por achar que não era prudente, afinal, acabara de conhecê-lo.

Enquanto dava um tempo para pensar sobre o que deveria fazer, se aceitava ou não, Geraldo, parecendo adivinhar seu pensamento e receio, disse-lhe:

— Não precisa ficar receosa. Posso mostrar-lhe meu R.G., carteira de motorista e mostro-lhe também uma conta de luz para comprovar meu endereço, está bem assim? Estou aprovado?

Regina sorriu.

— Devo considerar o silêncio como um consentimento?

— Deve! — exclamou Regina. — Espero não me arrepender.

— Não irá, pode acreditar.

Assim que chegaram em sua casa Regina desceu do carro e disse a Geraldo:

— Você é mesmo um cavalheiro!

— Acho que sou! — exclamou Geraldo sorrindo. — Se não fosse lhe daria um beijo agora.

— Nem pensar! — falou Regina, e entrou em casa.

Geraldo tomou a direção da sua casa. Em sua cabeça povoavam os pensamentos mais contraditórios e confusos. A imagem de Regina confundia-se com a de Bernadete, provocando em Geraldo ansiedade por não saber, na realidade, qual delas causava-lhe maior prazer. "Eu amei muito Bernadete, e sempre lhe fui sincero e fiel. Mas, como homem, sinto necessidade de reconstruir minha vida, ter uma família, filhos, enfim, viver o que sonhamos tanto e não foi possível realizar. Isso não quer dizer que a esqueci. Ela estará sempre no meu coração como a melhor parte de mim. Quero que ela seja muito feliz na espiritualidade, assim como quero ser também feliz aqui no mundo físico."

Ao abrir a porta de casa encontrou seu pai sentado na sala, sozinho, lendo um livro.

— Sozinho, pai? E mamãe, já se deitou?

— Letícia estava com dor de cabeça e foi deitar-se. Você demorou hoje, meu filho.

— Demorei sim, pai. Aconteceu hoje algo inesperado, mas que me proporcionou muito prazer.

— Posso saber?

— Claro!

Geraldo narrou sem nada omitir o seu encontro com Regina, a maneira como aconteceu e a grande afinidade que sentiram um pelo outro. Terminando, perguntou a seu pai o que achava de tudo isso. Pedro, satisfeito com a confiança do filho, respondeu-lhe:

— Filho, que bom que surgiu essa oportunidade de voltar a ser o Geraldo alegre e sorridente que sempre foi. Já era tempo, meu filho, de voltar a se relacionar com alguém. Já se passaram pouco mais de dois anos e a vida precisa continuar.

— Calma aí, senhor Pedro. Eu não disse que estava me relacionando com Regina, disse que vamos nos encontrar novamente; o que irá acontecer, não sei.

— Mas eu sei. Acontecerá o que é absolutamente normal e natural entre um homem e uma mulher. Você é jovem, bonito

Somos todos aprendizes 261

e saudável, pelo que me contou esta moça também possui os mesmos predicados. A partir daí poderá acontecer o que sempre acontece quando dois jovens estão juntos.

— Pai, o senhor está indo depressa demais — exclamou Geraldo, divertindo-se com as conclusões de seu pai.

— Estou. Estou sim. É que sonho ver meu filho feliz outra vez ao lado de uma moça decente, educada e gentil, que saiba amá-lo como você merece. Não quero que fique preso ao passado mais do que o permitido pelo bom senso.

— O senhor talvez tenha mesmo razão. Vou me permitir voltar a ser feliz. Regina impressionou-me bastante. Pode ser que seja ela a pessoa indicada para mim.

— Filho, pode ser que eu tenha exagerado, mas o que mais quero é vê-lo realizado junto a uma companheira que o ame de verdade. Não foi possível com Bernadete, mas Deus colocará alguém especial ao seu lado; como disse outras vezes, você já sofreu demais.

— Gostaria muito, pai, muito mesmo. Sinto-me sozinho. Queria poder reconquistar meus ideais, meus sonhos tão brutalmente cortados e a esperança de construir meu lar.

— Você irá, filho, creio nisso.

— Tenho certeza que sim. Tudo tem a sua hora. Bem, pai, se me der licença, vou dormir. Amanhã preciso ir bem cedo para o escritório.

— E encontrar Regina!

— Quem sabe? — respondeu sorrindo.

CAPÍTULO XXVII

Bernadete sente ciúmes

Sara preocupava-se com o estado de Bernadete. Seu equilíbrio não se efetivava.

Ora permanecia serena, ora desorientava-se completamente. Não conseguia se concentrar e tomar uma postura firme e segura quanto à sua estada no hospital.

Passava dias apresentando uma felicidade aparente e outros tantos questionando o porquê de tudo ter acontecido e lamentando a separação de Geraldo no mesmo instante em que seu sonho se realizava.

Sentira a fraqueza de Geraldo quando ele conversava com Regina, e isto foi o bastante para acalentar a idéia de retornar à Terra e ficar ao lado dele.

Bernadete não se dera conta ainda que tanto Jacob quanto Sara podiam ler os seus pensamentos, e isso era feito sempre para trazer benefício. Imaginava em seu delírio espiritual que podia enganá-los, comportando-se de maneira adequada à sua condição na espiritualidade e de acordo com os ensinamentos de ambos.

— Preocupo-me muito com Bernadete, Irmão Jacob. Ela quer e pensa estar nos enganando comportando-se, como imagina, devem comportar-se aqueles que estão internos aqui no hospital.

— Já tinha observado isso e também me preocupo. É um espírito inteligente, mas voluntarioso e muito ligado à teimosia. Por conta disso sempre comete atos impensados que provocam sua queda. Nessa última encarnação dominou seus impulsos e conseguiu retomar o caminho do equilíbrio e do bom senso, mas, no instante de cumprir a prova que ela mesma pediu ao se reencarnar, não aceitou o fato de se separar de quem ela ama e mergulhou outra vez na teimosia, revoltando-se. E é essa teimosia que a está impedindo de evoluir, querer o que não se pode ter.

— A sua vontade é retornar à Terra e ficar ao lado de Geraldo cobrando-lhe a promessa de amá-la por toda a eternidade. Julga ter sido vítima de uma injustiça e acredita que, a partir do momento que encontrou Deus e permitiu que entrasse em seu coração, estaria isenta de qualquer sofrimento. Os encarnados precisam tomar consciência de que ter Jesus no coração não significa que a lei não irá se cumprir. Mas sim que é essa presença divina que nos dá a força necessária para enfrentar as aflições com coragem, fé e esperança, tendo consciência que todo sofrimento não é eterno, e cabe a nós agirmos com prudência e sabedoria. Como sempre falo, sofrimento com Jesus é sofrimento equilibrado, que, em vez de nos derrubar, nos salva.

— Não está na hora de saber o porquê do seu desencarne violento e precoce, irmão?

— Não é chegado o momento ainda, Sara. Ela ainda não tem condição de tomar conhecimento de seus atos do passado. Entrará em desequilíbrio muito grande e de difícil reabilitação.

— Imagino que ela deve estar pensando em ir embora daqui.

— É exatamente o que está pretendendo.

— E o que poderemos fazer para ajudá-la?

— Nada. O livre-arbítrio deve ser sempre respeitado. Todos

têm o direito de decidir o rumo que querem dar a sua existência, seja encarnado ou desencarnado. Se a decisão for contrária ao bom senso e à prudência, mesmo assim deve ser respeitada. Cabe-nos orientá-la quanto ao perigo de uma atitude leviana e inconseqüente dessas, mas sempre respeitar a sua decisão. Muitos espíritos só aprendem depois de vários sofrimentos. A decisão final será sempre dela.

— Que Jesus tenha misericórdia desta irmã tão necessitada de luz. O que pretende fazer, Irmão Jacob?

— Vou ter com ela e, mais uma vez, esclarecê-la sobre a inutilidade de alimentar sentimentos menores, que satisfazem apenas a nós, e de ser vítima da própria teimosia.

Dizendo isso, Jacob dirigiu-se até o lugar onde Bernadete estava. Encontrou-a sentada em um banco de um lindo jardim que circundava todo o hospital, enfeitando-o com flores linda e perfumadas. Bernadete estava absorta, aparentemente admirando a perfeição com que tudo era feito na espiritualidade onde o amor pelo Divino Amigo era o único sentimento presente.

Jacob se aproximou e, antes de dirigir-se a ela, percebeu uma névoa cinzenta envolvendo-a, acentuando-se na altura de sua cabeça, resultado de pensamentos nebulosos. Jacob pôde registrar os pensamentos de Bernadete sem que nenhum esforço fizesse para isso.

— Vou embora daqui — pensava Bernadete. — Irmão Jacob disse que ninguém fica aqui se não for por vontade própria. Eu já me restabeleci, sinto-me muito bem e forte, não preciso mais de hospital. Vou voltar à Terra e ficar com Geraldo; sei que ele ainda me quer.

Jacob, antes de se aproximar, orou ao Mais Alto pedindo ajuda. Chegou mansamente, dizendo-lhe:

— Como está passando, irmãzinha?

— Muito bem! Que bom vê-lo, ia mesmo procurá-lo. Desejo lhe falar.

Somos todos aprendizes 265

— Já que estou aqui pode dizer.

— Estou pensando em ir embora daqui; sinto-me forte e completamente restabelecida. Não preciso mais de hospital, quero retornar à Terra, ver meus pais e Geraldo.

— Não posso impedi-la de ir embora, mas posso aconselhá-la a não cometer essa imprudência.

— Imprudência? Posso saber por quê?

— Claro, irmã. Você não está preparada e apta para enfrentar os perigos lá fora.

— Desculpe, mas quem tem de saber isso sou eu.

— Sei disso e respeito.

— Então?

— Você está indo tão bem. Por que mudar seu caminho e correr o risco de cair em uma armadilha da qual não tem nenhuma experiência para se livrar?

— Vou direto para casa de Geraldo. Ele está me traindo e preciso impedir enquanto é tempo.

— Bernadete, a atitude dele não caracteriza nenhuma traição em relação a você.

— Mas ele me quer perto dele, senti isso quando ele falava de nós para outra pessoa, que não sei quem é; fragilizou-se e teve-me em seu coração. Por breves momentos, é verdade, mas o importante é que estive lá.

— Você disse bem, por breves instantes. Isso é perfeitamente normal, Bernadete. É natural que a lembrança traga novamente a saudade e a dor que sentiu ao perdê-la; mas, como você mesma disse, por breves instantes. Ele se reergueu, equilibrou-se e voltou a sentir prazer no momento que estava vivendo e com a pessoa com a qual conversava.

— Ele me esquece, e eu aqui tenho de aceitar isso?

— Vamos por partes, Bernadete. Ele não a esqueceu. Tem apenas a consciência de que determinadas situações são impossíveis de recuperar; fatos que não se pode mudar porque aconteceram pela vontade de Deus. Deve-se aceitá-los e tentar viver da melhor maneira que se consegue, vencendo-se a si mesmo. Isso é sabedoria, não se pode ou não se deve ir contra a vontade do Criador. Ele conhece cada um de nós, nossa história com os erros e os acertos que todos nós cometemos. Deus sabe exatamente do que necessitamos para avançar na evolução. O Criador é justo sempre, para com todas as criaturas, Bernadete, e não se engana jamais.

— Mas por que fui vítima de tanta violência?

— Tudo que sofremos está diretamente ligado à proporção do sofrimento que causamos ao semelhante.

— O que me confunde, Irmão Jacob, é não saber onde, de verdade, está esse Deus que não consigo ver, nem aqui na espiritualidade. Pensei que quando morresse encontraria Deus, mas vejo que é tudo um engano. É isso que assalta meu espírito e me confunde fazendo-me duvidar das coisas que ouço aqui. Não O encontro em lugar algum!

Jacob sentiu um carinho muito grande por aquele espírito inteligente, mas tão incapaz de perceber a presença de Deus na magnífica paisagem que estava à sua volta, mostrando-lhe que o Criador cuida de a sua criação da menor à maior forma de vida, que é o homem.

Com muita paciência e cautela, respondeu-lhe:

— Bernadete, como já lhe disse em outra ocasião, nem todos têm a visão de Deus neste magnífico Universo de amor. Somos seres pequenos, comuns e por demais imperfeitos para usufruir da presença do Criador; mas nem por isso estamos abandonados à nossa própria sorte. O seu infinito amor está aqui, agora, beneficiando a você e a mim, e, como nós, todas as suas criaturas estão sendo beneficiadas neste instante com este mesmo amor.

— Mas se não O vemos como saber ao certo da sua existência?

— Percebendo Suas marcas deixadas em cada canto do

Somos todos aprendizes 267

Universo e sentindo Sua presença em nós, na respiração que fazemos sem perceber ou dar maior importância, mas que é a vida entrando e nos mantendo em pé; em cada sopro de vida existente neste Universo infinito. Podemos notá-Lo também em cada ato generoso que dirigimos ao nosso próximo, como em cada mão que se estende para nós. Podemos senti-Lo na paz que invade nosso coração quando nos propomos a fazer o bem.

Bernadete sentiu-se acalmar e se envergonhou de sua atitude.

— Eu piorei muito, não é verdade?

— Não, minha irmã, vamos dizer que você apenas se descuidou e deixou-se impressionar pela possibilidade de exercer influência nos encarnados para conseguir satisfazer seus desejos. Veja, Bernadete, é necessário que sejamos sempre sinceros conosco e com o nosso próximo. A pureza dos nossos sentimentos em relação ao semelhante, seja ele um amigo ou um afeto mais profundo, é que vai determinar o grau de felicidade que merecemos viver.

— Como assim, Irmão Jacob? Não compreendo o que está querendo me dizer.

— Quero dizer que, se o seu sentimento por Geraldo for realmente sincero e verdadeiro como você diz, jamais irá querer interferir na possibilidade de ele encontrar novamente alguém que o faça feliz na Terra. Você não poderá fazê-lo, Bernadete. Vivem em mundos diferentes, vidas diferentes e possuem corpos diferentes. Seu corpo é etéreo, o dele é carnal; suas necessidades atualmente devem ser outras relacionadas à espiritualidade e à sua própria evolução, e as dele estão, como é natural, relacionadas à matéria. Se você o ama como diz, deve sentir-se feliz em vê-lo se equilibrando, retomando suas tarefas terrenas, procurando seguir a rotina de sua vida corpórea, e isto, Bernadete, inclui o encontro com outra pessoa que está na mesma situação e no mesmo mundo que ele.

— Como poderei ser feliz novamente?

— Sua felicidade deve estar na proporção da felicidade dele. Pelo fato de você querer tão bem a Geraldo, encontrará a paz quando descobrir que, se você não pode dar, deve permitir que outra irmã, encarnada como ele, cumpra essa tarefa. Se agir assim, verá, com o passar do tempo que a luz divina brilhará tão intensa em você que passará a se realizar, auxiliando a humanidade a encontrar a paz e conseqüentemente a felicidade.

Bernadete cada vez mais sentia-se envergonhada.

Fora ajudada, resgatada do seu lar terreno, recebera cuidado e amor, entretanto fingira, tentando enganar seus benfeitores. Começara a perceber que tudo o que fizera quando encarnada não era tão sincero como ela imaginava.

Jacob percebeu a fragilidade em que se encontrava Bernadete e, temendo que se desequilibrasse mais ainda, interveio, tentando fazê-la voltar à energia positiva e ao pensamento nobre direcionado a Jesus.

— Não fique assim tão abatida, Bernadete. Reaja a esse pensamento depressivo e lembre-se do nosso criador e peça-Lhe auxílio e força para sustentá-la neste período de adaptação. Verá que se sentirá reconfortada e em paz.

— Quando poderei visitar meu lar terreno?

— Ainda é cedo. Não está fortalecida o suficiente para rever seus afetos terrenos. O que mais importa a você agora é manter o pensamento no Divino Amigo e iniciar sua jornada de evolução e, nessa jornada — lembre-se —, não estão incluídos pensamentos e desejos que pertençam aos encarnados. Descubra as belezas do reino de Deus, as conquistas espirituais por meio do aprendizado do amor, do perdão e da gratidão ao Criador pela oportunidade de ter resgatado algumas dívidas do pretérito, de ter devolvido a outrem o que a outrem pertencia.

— Não consigo entender, por mais que tente, o que quer dizer com isso.

— Entenderá no momento certo; no momento propício,

Somos todos aprendizes 269

quando estiver apta a conhecer toda a história que gerou o seu desencarne atual.

— E quando acontecerá esse momento?

— Como eu disse, quando estiver pronta e forte o suficiente para isso. Não é fácil, Bernadete, olhar no espelho da nossa vida. Nossos superiores saberão a hora exata.

Mais uma vez Bernadete ficou pensativa.

Ouviu-se um som suave, a princípio baixo, posteriormente na altura suficiente para ser ouvido em toda a área. Vários espíritos passavam indo na direção de onde provinha a música encantadora.

Bernadete observou o semblante radioso daqueles irmãos, desencarnados como ela, mas equilibrados na nova vida. Em nenhum deles via-se sombra de desespero ou revolta. Pela leveza com que caminhavam podia-se deduzir serem espíritos com um certo grau de conhecimento e amor.

— Para onde estão indo, Irmão Jacob? Que música é essa que ouço e toca meu espírito, trazendo-me esperanças?

— Eles se dirigem ao salão onde todos os dias às dezoito horas é realizada uma oração de louvor a Deus, seguida de uma palestra edificante para maior aprendizado dos irmãos desta Colônia.

— Eu poderia comparecer a essa palestra?

— Poderia, não. Pode e deve! Aprenderá a importância da sinceridade em nosso espírito. Mas antes quero lhe fazer uma pergunta cuja resposta encontra no lugar mais nobre do seu ser, onde você guarda os seus melhores sentimentos.

— Pode fazer!

— Você ainda pensa em sair deste lugar, trocar o hospital Maria de Nazaré pelo seu lar terreno?

— Não, Irmão Jacob. Sei que não mereço ser acreditada, mas estou lhe dizendo a verdade e da maneira mais sincera possível. Quero realmente mudar, melhorar, e vou me esforçar para isso. Depois de ouvi-lo dizer todas essas coisas certas e sensatas, meu espírito se abriu de verdade para o Senhor. Errei e não quero errar mais. Peço-lhe que me ajude; quero ficar aqui aprendendo a amar e não a ser amada; quero esclarecer-me e anular em mim esta mania de posse. Quero compreender de verdade a dádiva da vida, aprender a libertar as pessoas que amo para que possam ir em busca da felicidade que merecem e trabalhar para proporcionar ao semelhante a paz que está me proporcionando agora. Que Jesus tenha misericórdia de mim e permita que eu vá trabalhar no Educandário, empregando meu tempo de maneira útil. Quero deixar de ser tola e aprender a ser cristã.

Jacob gostou do que ouviu. Enquanto Bernadete expunha seu pensamento a névoa cinzenta que até então a envolvia foi se dissipando e seu corpo etéreo sendo envolvido por uma luz azulada intensa. O desejo sincero de Bernadete proporcionou-lhe o merecimento de receber do Alto a energia de paz.

Jacob emocionou-se e agradeceu ao Mestre pela redenção daquela irmãzinha que se esforçara na Terra para exercitar o bem e que desencarnada quase se deixou levar pela paixão terrena.

Bernadete olhou para Jacob esperando sua permissão para ir ao salão participar da palestra. Sentindo o desejo de Bernadete, Jacob disse.

— Vamos ao salão, irmã. É hora de nos deliciarmos com as sábias palavras do querido Irmão Venâncio.

Bernadete seguiu Jacob.

Os dois entraram no salão no exato momento em que Venâncio iniciava a prece.

— Senhor Deus, Criador de todo o Universo, peço-Lhe por todos nós, que sejamos merecedores de novas oportunidades de realizações espirituais para que possamos continuar nossa caminhada de evolução dentro do princípio das leis divinas que Vós criastes.

Que saibamos aproveitar todas as chances oferecidas,

Somos todos aprendizes 271

sem perder um só momento de realizar o bem para nossos semelhantes.

Que saibamos andar com passos seguros e sem medo, buscando a cada dia a possibilidade de tornarmo-nos um pouco mais nobres.

Que nosso espírito não recue diante das tarefas, provas ou expiações que estiveram inseridas na nossa história.

Que a verdade esteja sempre presente em nossas palavras, atos e pensamentos, assim como o amor, a justiça e a caridade.

Que jamais façamos um ato sequer para prejudicar ou impedir o semelhante encarnado ou desencarnado de conquistar sua felicidade pelas suas conquistas espirituais.

Que nossos pés consigam suportar qualquer empecilho que encontrarmos no caminho e que saibamos vencê-los com dignidade, compreensão e aceitação da vossa vontade.

Assim seja!

Após a prece Irmão Venâncio iniciou a palestra.

Explanou sobre a importância de aceitar os desígnios de Deus e esforçar-se para promover a própria evolução seja na Terra ou na espiritualidade.

Assim que terminou, todos saíram em silêncio. Levavam o espírito fortalecido e agradecido ao Pai pela oportunidade do aprendizado.

Bernadete olhou para Jacob e este sentiu a grande emoção que tomava conta daquele espírito que vivera em busca do Criador e que ainda não conseguira encontrá-Lo em si próprio.

— É uma questão de tempo — disse feliz para si mesmo —, de muito pouco tempo.

CAPÍTULO XXVIII

CRESCEM AS AFINIDADES

Três meses haviam se passado desde o episódio de Bernadete.
    Geraldo e Regina encontravam-se com regularidade, e a cada encontro descobriam mais afinidades entre eles, aproximando-os cada vez mais.
    Durante todo esse tempo, Geraldo, apesar de sentir-se atraído por Regina e constatar o início de um sentimento mais forte, não se declarara à moça. Percebia que Regina sentia o mesmo por ele, mas ambos preferiam ir com mais cautela neste relacionamento, esperando que o sentimento que os envolvia se solidificasse.
    Assim que Regina entrou no pequeno restaurante onde costumavam jantar e viu Geraldo sentado à mesa esperando-a, sentiu uma emoção tão grande que a fez tremer dos pés à cabeça. "Acho que estou mesmo apaixonada por ele", disse a si mesma. "Receio não ser correspondida com a mesma intensidade. Até hoje, ele nunca se declarou para mim, nunca disse algo mais concreto sobre nosso namoro. Meu Deus, tenho medo de vir a sofrer por causa dele."
    Geraldo, vendo-a entrar, levantou-se e pensou: "O que pensava não acontecer mais, aconteceu. Vejo um sentimento

muito forte crescer dentro do meu peito e, cada vez que a vejo sinto um desejo enorme de tê-la para sempre comigo".

Regina aproximou-se.

— Como vai, Geraldo?

— Agora melhor — respondeu e deu-lhe um beijo no rosto.

— Demorei?

— Claro que não! Pela hora, não; mas pela minha ansiedade, sim.

— Ia saindo do escritório quando tive de voltar e atender um telefonema, por causa disso atrasei-me um pouco.

— Por favor, Regina, dez minutos não é atraso.

Acomodaram-se.

— Quer beber alguma coisa antes de pedirmos o jantar?

— Um suco!

Geraldo solicitou ao garçom que trouxesse dois sucos.

Segurou as mãos de Regina e perguntou-lhe como tinha sido seu dia no escritório.

— Ótimo! O telefonema que recebi foi de um cliente que irá fazer o projeto de um restaurante. Ele quer um ambiente de luxo, mas acolhedor. Quer atingir a classe social mais alta. Para nós é um ótimo projeto.

— Que coisa boa, Regina, fico feliz por você e Mariana.

— Obrigada Geraldo. E você, como foi seu dia?

— O dia-a-dia de um advogado é mais estressante do que de uma arquiteta, nosso trabalho nada tem de charmoso.

— Imagino que não seja mesmo. Mas sabe, Geraldo, o trabalho que mais me realiza fazer são projetos de residências.

— Por quê?

— Acho fascinante projetar o lugar onde as pessoas vão realizar seus sonhos, viver a felicidade que almejam, propiciar a elas a realização do lugar onde sonharam iniciar sua vida familiar, enfim, a residência nos aproxima das emoções das pessoas e nos faz participar intensamente delas. É muito gratificante quando terminamos um projeto e ouvimos: está exatamente como eu sonhava!

— Deve mesmo ser muito bom!

Geraldo olhava para Regina e cada vez mais se certificava que estava amando aquela moça, simples, sem afetação alguma e naturalmente bela.

Regina percebeu a maneira diferente que Geraldo olhava para ela. Perguntou-lhe:

— Está me olhando de maneira diferente, Geraldo, por quê?

Sem se intimidar, Geraldo respondeu:

— Regina, talvez não seja a hora adequada, não sei, mas gostaria muito de confessar-lhe uma coisa.

— O que foi Geraldo, pode dizer o que quiser, sem constrangimento.

— Eu... eu estou apaixonado por você.

Regina empalideceu.

— O que você disse?

— Disse que estou apaixonado por você; se a ofendi, me perdoe.

— Ofendeu?! Nada me deixaria mais feliz do que acabei de ouvir de você.

— Verdade? Está falando sério?

— Nunca falei tão sério. Geraldo, quando cheguei e o vi sentado me esperando, percebi o quanto você é importante para mim e descobri que estou realmente apaixonada por você, e não sei desde quando.

Geraldo não podia esconder a sua felicidade. Parecia um colegial falando com sua primeira namorada.

— Regina, eu estava receoso de declarar-me a você. Tinha medo de ser rejeitado, mas depois do que você me falou, meu coração explode de alegria.

Somos todos aprendizes 275

Ficaram se olhando durante alguns instantes, as mãos entrelaçadas e, sem se darem conta do lugar onde estavam, beijaram-se, selando assim a descoberta do amor.

O jantar transcorreu animadamente, conversaram muito e descobriram-se mais ainda.

— Gostaria que fosse conhecer meus pais — disse Geraldo.

— Gostaria muito. Irei a hora que você quiser. Terei o maior prazer, acredite.

— Vou conversar com eles, dizer-lhes que encontrei novamente uma pessoa maravilhosa que fez meu coração bater mais forte outra vez.

— Eu amo você, Geraldo!

— Eu também a amo, Regina! Gostaria de conhecer seus pais, também. Dizer a eles que podem ficar tranqüilos porque cuidarei muito bem da filha deles.

Os olhos de Regina se entristeceram, apagando o brilho que os deixava tão lindos. Geraldo não deixou de notar.

— O que foi, querida? Parece-me que ficou triste de repente. Alguma coisa relacionada a seus pais?

Com voz entrecortada Regina respondeu.

— Eu não tenho pais.

— Eles... morreram?

— Sim. Quando eu tinha quinze anos.

— Sinto muito por você, querida. O que aconteceu, acidente?

— Sim. Voltávamos, meus pais, eu e mais dois irmãos, da nossa viagem de férias quando nosso carro foi atingido por um ônibus de turismo que perdeu o freio. Bateu violentamente no carro, rodopiou e caiu em uma ribanceira. Nosso carro também rodopiou, capotou e bateu em uma árvore. Meus pais e meus dois irmãos morreram na hora. Eu fiquei gravemente ferida, mas fui socorrida, e depois de permanecer quarenta dias em um hospital, recebi alta. Dos passageiros do ônibus, doze deles morreram, os outros ficaram feridos e como eu foram socorridos no hospital da cidade mais próxima.

— E depois disso, foi morar sozinha?

— Não. A princípio fui morar no interior, com uma tia, irmã de minha mãe. Quando completei a idade para prestar vestibular, vim para a capital estudar e realizar meu sonho de ser arquiteta, o que, graças a Deus consegui. Minha tia continua morando no interior; eu aluguei um apartamento e moro sozinha.

— E sua tia, você a vê com regularidade?

— Duas ou três vezes por ano, mais especificamente, no Natal, Carnaval, essas datas em que os feriados são prolongados.

— Sou muito grata a ela por haver me amparado no momento mais doloroso de minha vida. O bem que ela me fez, jamais vou esquecer.

— E não deve mesmo. Querida, que momentos aflitivos deve ter passado.

— Passei, é verdade, mas não gosto de me lembrar deles. Prefiro recordar dos meus pais e meus irmãos que eu amava tanto. Lembrar dos momentos em que estávamos todos juntos, meus irmãos sorrindo e fazendo-me sorrir também. Hoje o que mais ambiciono é ter minha família, filhos e um companheiro que me ame e que eu possa amá-lo muito também.

Geraldo estava emocionado. Apertou com carinho a mão da namorada e disse-lhe:

— O companheiro que a ame de verdade você já encontrou, só falta você amá-lo muito.

Os olhos de Regina voltaram a brilhar.

— Então não falta mais nada — respondeu —, eu já o amo muito.

Durante todo o resto da noite trocaram idéias, falaram de seus sonhos e projetos. Realizavam-se um com o outro. Quando Geraldo deixou-a em sua casa, disse-lhe amorosamente:

Somos todos aprendizes 277

— Regina, eu sei que é ainda muito cedo para falar em casamento, mas gostaria que pensasse nisto. Meu relacionamento com você é sério e se você realmente quiser poderemos nos preparar e caminhar para isto.

— O meu sentimento também é sério, Geraldo. Se eu tiver que ter uma família, quero que seja com você. Não tenho medo de dizer que te amo.

Despediram-se. Cada um à sua maneira administrava as emoções vividas naquela noite.

Geraldo acordou sentindo-se confiante no futuro. Levantou-se e, após fazer sua higiene pessoal, desceu para tomar seu desjejum. Entrou na cozinha e encontrou seus pais já se servindo.

— Bom dia, mãe e pai.

— Bom dia, filho — responderam os dois ao mesmo tempo.

— Belo dia, não?

Seus pais olharam pela vidraça e viram as gotinhas de chuva molhando os vidros. Olharam-se e responderam.

— Claro, um belo dia. Alguma novidade para estar vendo a beleza da chuva na vidraça? — perguntou Pedro.

— Chuva? Nem notei que está chovendo.

— Alguma boa novidade para impedi-lo até de escutar a chuva batendo no telhado?

— Bem... sim e não.

— Como assim, filho?

— Se a novidade que pensam está relacionada a Regina, sim. Se for profissionalmente, não.

Letícia entusiasmou-se.

— Filho, quer dizer que vocês se acertaram?

— Acertaram, mãe? Não estávamos desacertados — brincou Geraldo, ressaltando o seu bom humor.

— Filho, você sabe o que quero dizer. Vamos, conte-nos

logo o que aconteceu que o deixou assim com este astral lá em cima, disposto e sorridente.

— Calma, mãe, também não é assim. Ontem fomos jantar e descobrimos que estamos gostando um do outro.

— Gostando?! — exclamou Letícia. — Pensei que era algo mais profundo.

— Tudo bem, D. Letícia, é algo mais profundo. Estamos apaixonados, sim.

— Filho, que notícia boa é esta! — disse Pedro.

— É verdade. Voltar a vê-lo feliz e sorridente era tudo o que seu pai e eu mais queríamos.

— Bem, nosso relacionamento é sério e vamos investir nele para chegarmos ao casamento no momento certo.

— Gostaríamos de conhecê-la, Geraldo.

— Claro, mãe. Vou trazê-la aqui para que a conheçam. Creio que gostarão dela.

— Com certeza, filho. Se faz você feliz, nos faz também.

— Obrigado, pai. Se me derem licença, preciso ir.

— Vá com Deus, filho — disseram seus pais.

Assim que Geraldo saiu, Letícia dirigiu-se ao marido.

— Alegra-me imensamente ver nosso Geraldo feliz novamente, cheio de planos e objetivos.

— Eu também, Letícia, principalmente por ter acompanhado todo o seu sofrimento. A perda de Bernadete foi um golpe muito grande para ele, tudo o que mais almejo é vê-lo reconstruindo sua vida sentimental.

— Sabe o que observei, Pedro? A partir do momento que fomos ao Centro com Tiago, parece-me que Geraldo começou a melhorar.

— É verdade — concordou o marido. — Criou ânimo, recuperou suas forças e coragem, voltou a ser praticamente o que era antes.

— A partir do momento que aprendemos, Pedro, conse-

Somos todos aprendizes 279

guimos mudar nossa postura perante a vida. É bem provável que Tiago tivesse razão.

— Como assim, Letícia?

— Pode ser que Bernadete o tivesse influenciando. O senhor Tomás explicou que quando o espírito se nega a seguir os socorristas ou responsáveis, e permanecem na Terra, em seu lar terreno, pode ocorrer uma influência que não é benéfica aos encarnados.

— Você acredita que isso ocorreu com Bernadete?

— Acredito. Seus pais agiam como se ela fosse uma santa, veneravam seu quarto, suas coisas, e mantinham aquele vestido de noiva estendido sobre a cama. Não sei Pedro, penso que do mesmo jeito que o senhor Tomás orientou Aurora e João, o mentor da casa, Irmão Jacob, deve ter orientado Bernadete para que não sofresse e seguisse seu caminho.

— Mas ela era uma moça tão boa, ajuizada. Tinha conhecimento da vida futura, conversava muito com Tiago, Fagundes e o próprio Geraldo. Por que aconteceria isso?

— Não sei responder, mas aprendi que nem todas as ações elogiadas aqui na Terra são compatíveis com as leis divinas. Nós encarnados vemos a aparência; na espiritualidade, é vista a essência.

— É, você pode estar certa. Com Geraldo deve ter acontecido a mesma coisa. Ele vivia fechado naquele quarto, olhando sem parar aquelas fotos, preso a umas palavras ditas no momento de entrega total, palavras essas que qualquer pessoa encarnada diz nesses momentos.

— Graças a Deus, às orientações recebidas e ao entendimento de Aurora, João e Geraldo tudo voltou à normalidade. Hoje todos retomaram a própria vida, não esqueceram, mas se equilibraram.

— Será que quando os pais de Bernadete souberem do relacionamento de Geraldo e Regina irão se magoar?

— Não. Tenho certeza que não. Hoje eles estão conscientes que nada, nem ninguém poderá modificar o que aconteceu, e principalmente que ninguém teve culpa de nada. Depois, Pedro, Tiago é uma pessoa especial. Auxilia os pais com carinho e conhecimento. Acredito até que ficarão contentes em ver Geraldo com possibilidade de ser feliz novamente.

— Você tem razão, Letícia. Geraldo sofreu muito, merece reconstruir sua vida ao lado de uma pessoa que o ama.

— Como será esta moça, hein, Pedro?

— Não sei, mas deve ser uma ótima moça, senão Geraldo não se apaixonaria por ela.

— Se ela fizer meu filho feliz, para mim é o suficiente.

— Bem, Letícia, preciso ir, estou atrasado.

— Vá, Pedro, Deus o acompanhe.

— E proteja você também, querida.

Pedro saiu.

Letícia arrumou a louça que estava sobre a mesa e, antes que iniciasse seu trabalho diário, resolveu telefonar para Jane. "Faz algum tempo que não falo com ela", pensou.

Dirigiu-se ao telefone, ligou para a amiga e esperou que ela atendesse.

Após vários toques, sem que ninguém atendesse, o telefone desligou. "Ela deve ter saído", pensou. "Bem, mais tarde tento novamente."

Mal começara a arrumação de seu quarto escutou o telefone tocar. Correu a atender e escutou do outro lado da linha a voz de Aurora.

— Letícia?

— Aurora! Como vai?

— Tudo ótimo, amiga. Pedro e Geraldo, como estão?

— Graças a Deus estão bem.

— Fico muito contente em saber que Geraldo está bem, trabalhando. Agora é hora de construir, não é mesmo, Letícia?

Somos todos aprendizes

— Concordo com você, Aurora, todos já sofreram muito.

— Bem, liguei para convidá-los para um jantar aqui em casa no próximo sábado.

— É aniversário de alguém?

— Aniversário não, mas uma comemoração.

— E o que vamos comemorar?

— O noivado de Tiago e Gracinha.

— Aurora! — exclamou. — Que coisa boa. Fico tão feliz por vocês, e por Tiago. Gracinha é uma ótima moça. Eles se parecem na maneira de pensar e agir, serão muito felizes.

— Nós acreditamos muito nisso. Gostamos muito de Gracinha e de seus pais. Eles queriam realizar o jantar na casa deles, mas atendendo ao pedido meu e de João, concordaram em fazer aqui em casa. Sabe, Letícia, queríamos muito trazer alegria para nosso lar, e uma comemoração desta é a melhor alegria que podíamos ter.

— Amiga, como estou feliz por você. Conquistaram a paz e a harmonia. Vocês terão muitos motivos para sorrir, tenho certeza disso. Agora mesmo liguei para Jane e não a encontrei em casa.

— Elas saíram. Foram providenciar o vestido para o noivado. Essas coisa de mãe.

— Sei bem como é isso.

— Preciso desligar, Letícia. Espero vocês no sábado. Diga a Geraldo que fazemos questão da presença dele.

Letícia ficou sem saber se dizia ou não que Geraldo estava namorando.

— Letícia, você ouviu o que eu disse?

Diante da insistência de Aurora, achou melhor falar logo a verdade.

— Aurora, preciso contar-lhe uma coisa e não sei se você irá entender ou não, mas acho melhor saber por mim.

— O que foi, Letícia? Diga.

— O Geraldo está namorando, Aurora, e para ele ir terá

de levar sua namorada. Talvez cause algum constrangimento para vocês. Se preferir, ele não irá.

— Letícia, para que tanto cuidado em me dizer isso? Fico feliz demais em saber que Geraldo retomou sua vida e tenho certeza que João também. Ele é jovem e precisa viver e agir de acordo com sua juventude. Faço questão que ele venha e traga sua namorada. E vou lhe dizer uma coisa, Letícia, de coração aberto: ele não está traindo ninguém, está apenas vivendo.

— Obrigada, Aurora, Muito obrigada mesmo.

— Um beijo, amiga, até sábado.

— Até sábado.

Aurora desligando o telefone elevou seu pensamento até sua filha e orou.

— Filha, não fique transtornada por causa de Geraldo. Lembre-se que ele a tem no coração como alguém que ele muito amou, mas agora necessário se faz reconstruir sua felicidade aqui na Terra. Construa a sua no reino de Deus, todos a amam e sentem saudades, mas, o que mais queremos é a sua evolução espiritual e, conseqüentemente, que encontre a felicidade que perdura, na espiritualidade. Que Jesus a abençoe, filha do meu coração.

Bernadete onde estava recebeu o pensamento de sua mãe. Comovida, pensou: "Obrigado, mãe. Hoje não sofro, encontrei de verdade o amor de Jesus e quero cada vez mais crescer em direção a Deus".

CAPÍTULO XXIX

A União de Tiago e Gracinha

Assim que Geraldo entrou em sua casa, retornando do escritório, encontrou sua mãe ansiosa para contar-lhe a novidade.
— Filho, que bom que chegou! — exclamou.
— Que foi mãe, que aflição é esta, algum problema?
— Problema nenhum, estava aflita para lhe contar o que conversei com Aurora.
— E o que foi que a senhora conversou com D. Aurora, fale de uma vez, mãe.
— Logo que você e seu pai saíram, Aurora me ligou convidando para irmos jantar à sua casa no sábado.
— Esta é a grande novidade?
— Claro que não, Geraldo. É que o jantar é para comemorar o noivado de Tiago e Gracinha.
— Noivado de quem? — exclamou Pedro que acabara de chegar.
Aurora repetiu.
— De Tiago e Gracinha. Não é ótimo? Eles formam um casal tão bonito, combinam em tudo.
— Mas ele ainda não está cursando a faculdade?
— Está, Geraldo. Aurora me disse que o tempo que falta

para ele se formar é o tempo que Gracinha precisa para aprontar todo o enxoval.

— Fico contente por eles, também acho que formam um bonito casal. Tiago é como um irmão para mim, uma pessoa especial, nobre, trabalhadora e muito generosa. Quero muito que seja feliz.

— Aurora frisou bem que faz absoluta questão de sua presença, Geraldo.

Geraldo demonstrou uma certa preocupação. Letícia e Pedro logo entenderam seu receio.

— Sei o que está pensando, Geraldo. Fique tranqüilo que não haverá nenhum problema.

— Não sei se devo ir, mãe; posso causar constrangimento.

— Não, creio que não. Contei a Aurora que você está namorando e ela demonstrou contentamento em saber que está retomando a sua vida, procurando ser feliz novamente. Como disse, não haverá problema.

— Foi o que ela disse?

— Sim. Deixou claro quem faz questão de sua presença e de Regina. Não se preocupe, filho, disse-lhe que você e Regina iriam com o maior prazer, e ela ficou feliz. Não causará nenhum constrangimento, pode acreditar.

— O que o senhor acha, pai?

— Penso como sua mãe. Acho que deve ir, sim. Sempre foi muito amigo de Tiago e também de seus pais, que são pessoas muito boas e gentis. Além do mais, eles agora estão muito tranqüilos quanto à desencarnação de Bernadete. Sabem perfeitamente o quanto você amou a filha deles e o tanto que sofreu com a separação. Têm consciência que é justo que retome sua vida sentimental, é ainda muito jovem para se enterrar no passado, anulando todas possibilidades de ser feliz outra vez. Se a sua história com Bernadete, pelo menos nesta vida, acabou, você tem o direito de começar a escrever outra história.

Somos todos aprendizes 285

— O senhor realmente pensa assim?

— Penso. Pode ir sem receio e levar sua namorada. Serão bem recebidos, tenho certeza.

— E depois — disse Letícia —, é uma boa oportunidade para conhecermos Regina.

Geraldo se animou.

— Está bem. Vou falar com Regina e iremos sim.

— Isso, filho, vamos participar da felicidade de nossos amigos.

Gracinha, assim como seus pais, estava animada com o noivado que se aproximava.

Providenciaram as roupas adequadas para o evento e ajudaram Aurora e João nas despesas do jantar, apesar da relutância dos pais de Tiago.

— Fazemos absoluta questão — disse Juca. — Gracinha é nossa única filha e fazemos questão de colaborar neste jantar. Sabemos ser um dia muito importante para ela e Tiago, não queremos nos omitir. Por favor, aceitem.

Gracinha mal acreditava estar vivendo a realização de seu sonho. Preparou-se com cuidado para o dia especial que viveria ao lado de Tiago e de pessoas tão queridas.

— Tiago, não esqueça de convidar o senhor Fagundes — dissera.

— Querida, jamais esqueceria do senhor Fagundes; ele é uma pessoa muito querida para todos nós.

Assim, em meio às expectativas e ansiedade, a noite de sábado finalmente chegara. Os convidados traziam cada um gracioso presente para os noivos. Faltava apenas Geraldo e Regina.

— Por que Geraldo não veio, Letícia? — perguntou Aurora.

— Ele virá, Aurora. Deve ter se atrasado, sabe como são as moças para se arrumarem. Sempre demoram e nunca sabem o que vestir.

— Tem razão. Vamos aguardar mais um pouco para servirmos o jantar.

— Obrigada, Aurora.

Às vinte e uma horas Geraldo chegou com Regina. Todos os olhares se voltaram para a moça que conseguira trazer de volta a alegria no coração de Geraldo.

Feitas as apresentações, Geraldo chamou seus pais e os de Tiago e lhes disse.

— Esta é Regina, como vocês já sabem. Vocês são pessoas muito importantes para mim, esta é a razão pela qual quero apresentá-la em particular.

— Muito prazer, Regina!

Aurora e João, sensibilizados com a consideração de Geraldo, disseram.

— Geraldo, somos muito gratos a você pela consideração conosco, mas não queremos nos colocar na mesma posição de seus pais, por isso, fiquem à vontade para conversarem e se conhecerem melhor. Estaremos lá na sala.

Pedro, de imediato, respondeu.

— Fiquem, por favor. São nossos amigos e quase ficamos parentes, sempre trataram Geraldo como um verdadeiro filho e lhes somos gratos por isso. Gostaria que ficassem mais um pouco e ouvissem o que Geraldo tem a dizer.

— Obrigado, pai; gostaria muito que ficassem, sim. São pessoas importantes e queridas para mim. O que quero dizer se relaciona também com vocês.

Regina timidamente completou o que Geraldo dissera.

— Por favor, não se intimidem com a minha presença; não tenho a intenção e nem a pretensão de me impor e nem de ocupar o lugar de ninguém. Apenas desejo ser feliz ao lado de Geraldo e fazê-lo feliz também. Respeito-os o bastante para querer que façam parte, ou melhor, que continuem fazendo parte da vida de Geraldo e recebam-me, se puderem, com um pouco de carinho.

Somos todos aprendizes 287

Aurora e João se emocionaram. Admiraram a simplicidade e a naturalidade de Regina.

— Nada temos contra você Regina e somos gratos por suas palavras. Acreditamos que poderemos construir uma grande família, enquanto você nos aceitarem – disse João.

— Senhor João e D. Aurora, quero deixar claro o quanto amei sua filha e a respeito até hoje. A sua lembrança está guardada em meu coração e estará sempre. O destino quis que eu e Regina nos encontrássemos e nos apaixonássemos um pelo outro, e este amor não invalida o que senti por Bernadete. Admiro-os e os respeito demais e gostaria que não saíssem e nem nos tirassem das suas vidas. Tiago é como se fosse meu irmão e quero muito que tudo continue como antes; isso se quiserem nos aceitar, a mim e a Regina.

João e Aurora foram surpreendidos pelas lágrimas que caíram de seu rosto. Sem nada dizerem por conta da enorme emoção que os assaltava, aproximaram de Geraldo e Regina e os abraçaram, comovidos.

— Vocês serão felizes, com a bênção de Jesus, e nós estaremos por perto para acompanhar esta felicidade que merecem.

Letícia e Pedro também se emocionaram. Abraçaram os amigos e agradeceram pelo gesto generosos que tiveram com Geraldo e Regina.

— Bem — disse Aurora —, vamos nos unir aos outros, participar da alegria de Tiago e Gracinha.

— Antes, gostaria de dizer ao senhor Pedro e D. Letícia que tive um enorme prazer em conhecê-los e que amo muito o seu filho.

— Nós também tivemos, Regina, muita alegria em conhecê-la. Ver nosso filho feliz é tudo o que almejamos.

— Vamos, então — insistiu Aurora.

— Vamos — responderam todos.

— Querido, eles todos me aceitaram. Acho que encontrei a família que sempre sonhei, desde que perdi a minha.

— Terá, Regina, seremos uma grande e feliz família. Só nos resta agora investir neste amor para que ele cresça cada vez mais e possamos nos unir mais e mais.

A festa prosseguia com alegria.

Os convidados reparavam na alegria contagiante de Tiago e Gracinha, que exibia sua beleza em um lindo vestido verde. Com graciosidade abraçara os futuros sogros e dissera com meiguice.

— Não tenho nenhuma pretensão, a não ser a de ocupar um lugar em seus corações. Eu os respeito muito e gostaria de realmente fazer parte da família. Sou filha única e sempre sonhei em ter uma família grande, por isso podem esperar um montão de netos.

— Que é isso, Gracinha, desse jeito vou ter de trabalhar dobrado — disse Tiago, feliz.

— Tudo bem; mas uns quatro ou cinco vamos ter!

— Por nós está ótimo. Não é mesmo, Jane? A gente pode ir revezando.

— Vamos ver quanto tempo dura essa animação dela!

— Puxa, mãe, a senhora sabe que adoro crianças.

— Sei sim, filha, mas ainda é cedo para pensar nisso.

— Gracinha — disse João —, com filho ou sem filho, saiba que já ocupa um lugar em nosso coração, tanto você quanto seus pais. Admiramos muito sua família.

— Obrigada, senhor João!

A noite transcorria com serenidade.

Juca, a uma certa hora, percebeu que Fagundes permanecia muito quieto. Demasiadamente quieto. Aproximou-se dele, sentou-se ao seu lado e perguntou:

— Está tão quieto amigo, não está bem?

— Mais ou menos Juca. Sinto-me um pouco cansado e doem-me muito as costas. Parece que peguei um resfriado forte.

— Já falou com o médico?

Somos todos aprendizes 289

— Não, ainda não.

— Mas você trabalha para um, Fagundes. Faça uma consulta com ele.

— Não sei se é necessário. Deve ser mesmo um resfriado muito forte, nada de mais grave.

— Isso quem poderá dizer é um médico, insistiu Juca. Volto a dizer, fale com o médico, só ele poderá dizer o que é na realidade.

— Pensando bem, acho que você tem mesmo razão. Assim que encontrar com o Dr. Ivan, pedirei uma consulta.

— Faça isso, meu amigo, com saúde não se brinca.

— Farei, Juca.

Passaram-se mais umas duas horas e a festa terminou.

Todos se retiraram.

Sentados na sala estavam Aurora, João e Tiago.

— Feliz, filho?

— Muito, pai. Obrigado pela linda noite que nos proporcionaram.

— Você a ama muito, não é mesmo, Tiago?

— Claro, Aurora, por isso ficou noivo.

— Também, pai, eu e Gracinha namoramos há tantos anos, estava mesmo na hora de ficarmos noivos. E pode ficar tranqüila, D. Aurora, eu a amo muito mesmo. Temos certeza, eu e Gracinha que queremos passar o resto da nossa vida juntos.

— O que acharam da namorada de Geraldo? — perguntou Aurora.

João respondeu primeiro.

— Pareceu-me uma ótima moça. Gostei dela.

— Eu também, concordou Tiago. Desejo muito que Geraldo volte a ser feliz. Os dois combinam bem, formam um lindo casal. Ela é uma moça muito bonita.

— Também achei — confirmou João.

Aurora parecia não escutar o que os dois diziam. Olhar

perdido, ar absorto, deixava seus pensamentos divagarem e se dirigirem ao passado. João, apreensivo com a postura que a sua esposa tomara, perguntou-lhe.

— Aurora, em que pensa? Está tão distraída que nem prestou atenção ao que dizíamos.

Como que saindo de um torpor, Aurora respondeu.

— Desculpem-me. Meus pensamentos voltaram-se ao passado e o trouxeram de volta. Não pude evitar, mas parecia ver Bernadete e Geraldo, felizes no dia em que ficaram noivos. Sinto muita saudade dela, João.

— Acredito, Aurora, sei o quanto sente a falta de nossa filha, eu também sofro com essa saudade. Tiago está certo quando diz que nunca a esqueceremos, mas está certo também ao pedir que lutemos contra a melancolia e o desânimo. A nossa menina precisa de paz para que possa seguir seu caminho evolutivo. Não temos o direito de prejudicá-la ou retardar seu adiantamento espiritual, chorando e lamentando. Com as lamentações desarrazoadas demonstramos falta de fé.

— Papai está certo, mãe. Aquele momento, aquele noivado passou, agora é a hora de viver o meu noivado, a minha felicidade junto de Gracinha. Bernadete está vivendo o momento dela na espiritualidade. Aprendendo a amar e perdoar de verdade.

— Desculpe-me, filho. Acredite, eu estou muito feliz por vocês. Foi apenas uma fraqueza. Amo você tanto quanto amo Bernadete. Perdoe sua mãe, mas quando vi Geraldo com Regina deixe-me levar pelas lembranças.

— A senhora não gostou da Regina, é isso?

— Ao contrário, gostei muito. Parece-me uma excelente moça, sensata e educada. Quero muito que eles sejam felizes. Ele merece, sei o quanto já sofreu.

— A felicidade de Bernadete, mãe, será diferente da nossa Ela alcançará o estado maior de se tornar uma tarefeira espiritual,

Somos todos aprendizes 291

auxiliando os encarnados ou desencarnados que necessitarem da misericórdia divina.

— Você tem mesmo certeza disso, meu filho?

— Claro que tenho, mãe. Oro a Deus para que ela perceba a inutilidade de querer o que não pode ter mais e ir em busca do equilíbrio real, que proporcionará a ela a felicidade que perdura.

João, querendo mudar o rumo da prosa, disse:

— Vocês repararam como Fagundes estava quieto, tristonho?

— É verdade, pai. Reparei isso também, será que está doente?

— Não sei, tomara que não.

— É tarde, vamos dormir.

Subiram.

As luzes se apagaram.

Enquanto os encarnados se entregaram ao sono reparador, três espíritos que estiveram presentes durante toda a noite, conversavam.

— Como se sente, Bernadete?

— Bem. Para mim tudo é novidade, Irmão Jacob. Ver minha família; a felicidade de meu irmão e de Gracinha reconfortaram meu espírito. Tiago registrou minha presença?

— Sim. Tiago possui uma sensibilidade muito desenvolvida e educada. Sempre foi bem orientado pelo querido Tomás. Registrou sua presença e tudo o que falou foi com a intenção de orientá-la, fazendo-a perceber onde a sua atenção deve estar. Ele a ama muito, Bernadete.

— E meus pais?

— Eles não registraram. Sua mãe foi tocada pela sua vibração e, inconscientemente, registrou pela saudade que sentiu, isso é comum quando nos aproximamos dos encarnados que nos amam.

Bernadete estava emocionada. Sara aproximou-se dela e fortaleceu-a, emitindo-lhe energia salutar.

— Equilibre-se, irmãzinha, não permita que seus sentimentos interfiram em sua harmonia. Você recebeu uma grande bênção, a autorização para estar aqui esta noite, junto dos seus familiares. Não permita que nada, nenhum pensamento menor possa atingi-la.

— Eu sei e estou me esforçando.

— O que sentiu ao ver Geraldo com Regina?

— Não posso esconder que fiquei abalada, não sabia que iria encontrá-lo com outra pessoa.

— Mas encontrou, irmã. Ele está seguindo o caminho dele aqui na Terra e você deve seguir o seu na espiritualidade. Cada um, Bernadete, deve cumprir sua tarefa com coragem, e fazendo o melhor que pode.

— Já compreendi, Irmão Jacob. Só não entendo por que me desequilibro tão facilmente. Quando encarnada já tinha entendido a importância do bem, da generosidade e acreditava que estava no caminho seguro. Tentei fazer tudo certo, para mim tomava as atitudes corretas e tudo fazia-me crer que aprendera a amar e respeitar o meu próximo. Entretanto, ao desencarnar não agi dentro do que seria previsto, esperado. Fiquei aqui no meu lar terreno, influenciei meus pais e Geraldo, até que recebi a misericórdia de Jesus e fui socorrida. Recebo todo o carinho e tratamento necessário para me reerguer, todavia quando sinto-me forte, engano meus benfeitores e quero voltar à Terra para influenciar novamente Geraldo. Pelo amor de Deus, Irmão Jacob, quem sou eu na verdade, por que agi de maneira tão leviana, contrariando o bom senso, a lógica e o amor com os quais devemos direcionar nossa vida aqui na espiritualidade? Fui uma ingrata e inconseqüente. Por que mudei após o meu desencarne?

Jacob, com o amor das grandes almas, respondeu:

— Bernadete, você ainda é um espírito imperfeito como

Somos todos aprendizes 293

geralmente todos nós somos. Você não mudou após o desencarne, mas reagiu de acordo com sua maneira de ser, sua personalidade como espírito; você é assim. Quando encarnada aprendeu muitas coisas que modificaram seu comportamento, mas algum ponto não foi modificado, ficou escondido, protegido, porque nada aconteceu que o despertasse.

— E o que é esse ponto que não sei ainda?

— A sua relutância em perder. Você sempre quer ganhar, irmã, não importa a que preço. Esse lado de sua personalidade não apareceu porque tudo corria como desejava. Mas a vontade de Deus é soberana e tudo será como Ele quiser. No dia em que realizava seu maior sonho, Deus a retirou do mundo dos encarnados, seu sonho e desejo foram impedidos de se realizar. Você perdeu e não pôde fazer nada. Veio à tona então a sua arrogância de querer impor a sua vontade. Isso fez com que se revoltasse e quisesse permanecer na Terra para impedir que as pessoas amadas a esquecessem. Essa é a razão de sua atitude contrária à maneira como se comportava na Terra.

— Irmão Jacob, como sou tola!

— Não, Bernadete, você não é tola. Vamos dizer que foi um pouco distraída e deixou-se levar pela ilusão. Como disse Tiago há poucos instantes: a partir de agora a sua felicidade é diferente da felicidade terrena, mas tenha certeza que é a felicidade mais real.

— Por quê?

— Porque a felicidade terrena está ligada às conquistas de nossos sonhos e à realização dos nossos desejos, sem prestar atenção no outro e na necessidade alheia. É uma felicidade frágil; a felicidade espiritual é duradoura, pois está relacionada às conquistas espirituais e, a partir dessas conquistas, realizar a felicidade alheia e sentir-se feliz na proporção do bem que se promove a outrem. É essa felicidade que você deve se esforçar para conquistar. Olhar seus afetos na Terra e sentir paz e serenidade em vê-los felizes e cumprindo seus objetivos com dignidade cristã.

Bernadete estava impressionada.

— Mais uma pergunta, Irmão Jacob. Quando poderei conhecer a história que ocasionou meu desencarne precoce e violento?

— Creio que em pouco tempo. Trazê-la aqui esta noite faz-me crer que já está pronta para conhecer sua história.

— Agora posso dizer que me sinto preparada, afinal, já faz tanto tempo que desencarnei; já é hora de aprender para crescer.

Jacob, dando por encerrada a visita ao lar de Bernadete, convidou-a e a Sara para retornarem. Assim os três espíritos retornaram ao Educandário, enquanto os pais de Bernadete, adormecidos, ignoravam que estiveram tão perto da filha querida.

CAPÍTULO XXX

DOENÇA INESPERADA

Geraldo surpreendeu-se com o telefonema do Dr. Ivan. Há algum tempo não se falavam. Pelo que sabia tudo corria de maneira satisfatória em relação ao trabalho de Fagundes na clínica. Tanto Ivan quanto Fagundes estavam contentes um com o outro, ambos cumpriam suas obrigações, e nada faziam que pudesse magoar ou deixar insatisfeito o outro. Viviam em harmonia, respeitando-se mutuamente.

Ao receber o recado de Ivan, pedindo-lhe que se comunicasse com ele com uma certa urgência, realmente não conseguiu imaginar qual seria o motivo.

— O que mais me surpreende — dizia — é essa colocação de urgência. É melhor que eu ligue já, assim saberei mais rápido do que se trata.

Discou o número e aguardou.

— Alô! — ouviu a voz da secretária.

— Por favor, meu nome é Geraldo, estou retornando uma ligação do Dr. Ivan.

— Um momento.

Passados poucos minutos, escutou a voz amiga de Ivan.

— Geraldo?

— Como vai, Ivan?

— Tudo bem, e você, Geraldo?

— Estou ótimo.

— Soube que está namorando. Fiquei surpreso, mas contente. Já era hora, não, amigo?

— É verdade, Ivan, estou sim e como disse já era hora.

— Diga-me, onde você a conheceu?

— No elevador do prédio onde trabalho. Ela é arquiteta e seu escritório é no mesmo prédio, no quarto andar, veja que coincidência. Nosso encontro foi constrangedor para mim; estava saindo do elevador quando esbarrei nela e derrubei todos os papéis que carregava.

— E aí?

— Aí que mais tarde, quando já ia embora, nos encontramos novamente no elevador. Bem, após vários jantares acabamos nos apaixonando e pretendemos nos casar no próximo ano.

— Como ela se chama?

— Regina.

— Bonito nome. Parabéns, amigo. Que tudo dê certo para vocês.

— Obrigado, Ivan. Mas estou preocupado para saber o motivo pelo qual você me chamou. Relaciona-se com Fagundes?

— Infelizmente sim.

— Ele o aborreceu em alguma coisa?

— Não. Nada tem a ver com o seu trabalho aqui na clínica.

— Então o que é?

— Bem, Geraldo, liguei para você porque sei que ele não tem família e, que eu saiba, nenhum parente próximo. Como foi você quem o apresentou achei que deveria avisá-lo.

— Mas, pelo amor de Deus Ivan, o que esta acontecendo?

— No início da semana ele me procurou dizendo não se sentir bem e se eu poderia consultá-lo. Encaminhei-o imediata-

Somos todos aprendizes 297

mente para a minha sala a fim de examiná-lo adequadamente. No exame detectei seu pulmão muito congestionado e suspeitei de pneumonia. Pedi um raio X e qual não foi minha surpresa quando vi na radiografia algo que me chamou a atenção e deixou-me com uma suspeita. Fizemos uma tomografia, posteriormente uma ressonância e, infelizmente, se confirmou o que eu suspeitava.

— E o que você suspeitava, Ivan? Pelo amor de Deus, o que ele tem?

— Sinto muito lhe dizer isto, Geraldo, mas ele está com câncer no pulmão.

Geraldo do outro lado da linha empalideceu e mal conseguiu continuar a conversa com Ivan.

— Alô — dizia Ivan.

— Pode continuar, Ivan.

— O que aconteceu, Geraldo?

— Desculpe-me, foi fraqueza minha, Ivan.

— Não, amigo, não foi fraqueza, foi amizade.

— Mas continue.

— Como ia dizendo, ele está com os dois pulmões comprometidos.

— Mas como é, na realidade, o seu estado? Pode falar claramente.

— É grave, Geraldo, muito grave.

— E o que se pode fazer por ele, onde ele está?

— Geraldo, vamos fazer o seguinte: estou aqui na clínica, venha até aqui. Esta não é uma conversa que se tem por telefone.

— Posso ir agora?

— Pode. Estarei aguardando na minha sala, você sabe onde é.

— Estarei aí em trinta minutos.

— Até já.

Desligaram o telefone. Geraldo sentou-se e com as mãos entre o rosto desabafou todo o seu pesar em ver o grande amigo nesta situação. Levantou-se e foi ter com Ivan.

Encontrou-o realmente em sua sala, esperando-o.

— Sente-se, Geraldo.

— Pelo amor de Deus, Ivan, ele não tem família, não tem ninguém. Seus únicos amigos somos nós e a família de Tiago, que, a bem da verdade, trata-o como se da família fosse. O que você pretende fazer?

— O caso dele é grave, Geraldo, e na realidade não temos muito o que fazer. Constatou-se pelos exames que o tumor já atingiu outros órgãos e, além disso, ele é diabético. Sua diabetes esta altíssima e sua pressão arterial também.

— Mas onde ele está, não pode ficar sozinho, precisamos levá-lo para minha casa ou para casa de D. Aurora.

— Calma, Geraldo, você não está entendendo. Ele não irá para casa de ninguém, precisa ficar aqui, internado, com os recursos de que dispomos para ajudá-lo de alguma forma.

— Ele esta internado aqui?

— Sim.

— Posso vê-lo?

— Claro. Coloquei-o em um apartamento para que pudessem vir vê-lo sempre que quiserem.

— Qual é o apartamento?

— Quinhentos e doze. Pode ir, mais tarde irei ter com você.

Geraldo nem se despediu. Correu para o elevador e num instante entrava no apartamento de Fagundes. Este estava adormecido, mas Geraldo, querendo certificar-se se estava realmente dormindo perguntou à enfermeira que estava no quarto no momento em que ele entrou.

— Diga-me, ele está mesmo só dormindo?

— Sim, senhor Geraldo. Tomou um medicamento porque

Somos todos aprendizes 299

queixou-se de dor e estava muito ansioso. O próprio medicamento proporciona um relaxamento e o paciente acaba dormindo.

— Posso ficar aqui e esperar que ele acorde?

— Fique à vontade. Com licença.

Saiu. Geraldo acomodou-se em uma cadeira ao lado da cama e olhava o grande amigo com o coração completamente angustiado.

"Querido amigo", dizia, "que inesperado acontecer essa doença. Mas não vamos desanimar, é preciso lutar muito e confiar em Deus. Iremos vencer, é preciso acreditar nisso".

Mais ou menos uma hora e trinta minutos que ele estava sentado ao lado da cama, Fagundes acordou. Assim que o viu seu rosto demonstrou a alegria que sentiu.

— Geraldo!

— Como está, senhor Fagundes?

— Bem, meu rapaz, bem. Pelo menos é o que imagino. É só uma gripe muito forte, logo estarei bom. Descuidei-me, tomei vento, chuva, enfim, fui imprudente e acabei pegando este resfriado. Mas, tratando-me, logo estarei bom.

— Com certeza, meu amigo.

Geraldo percebeu que Fagundes não tinha conhecimento de sua real condição. Ivan nada lhe dissera, e não seria ele que lhe daria a notícia que, com certeza, machucaria muito seu coração.

— Senhor Fagundes, assim que sair daqui irei à casa de D. Aurora e senhor João avisá-los que está internado. Eles virão aqui com certeza.

— Não quero incomodá-los, por favor, não diga nada.

— O que é isso, senhor Fagundes, incomodá-los? Se não os avisar jamais me perdoarão. Tenho certeza que assim que souberem virão correndo visitá-lo.

— São amigos queridos, tenho uma enorme dívida com eles, dívida esta que jamais conseguirei pagar.

— E quem disse que eles querem pagamento, senhor Fagundes? Querem apenas receber e usufruir da sua amizade, que é importante para todos nós.

— Obrigado, Geraldo.

— E por falar em D. Aurora, se o senhor me der licença vou até sua casa avisá-los.

— Pode ir, Geraldo, e muito obrigado por ter vindo me ver.

— Jamais deixaria de vir vê-lo, nem que fosse no fim do mundo — brincou. — Pode apostar nisso.

— Aposto! — exclamou Fagundes sentindo já uma dificuldade em falar.

Geraldo percebeu e logo perguntou-lhe:

— O que o senhor esta sentindo? Percebo que está com dificuldade para falar.

— Nada de mais, apenas um pouco de falta de ar, acho que logo passa.

— Quer que eu chame Dr. Ivan?

— Creio não ser preciso. Pode ir Geraldo, estou bem.

Geraldo despediu-se e, preocupado, foi ter com Ivan.

— Que foi, Geraldo, ele apresentou alteração em seu estado?

— Não sei, Ivan. Estávamos conversando e de repente pareceu-me cansado e falou com certa dificuldade.

— Estava justamente examinando seus exames.

— E aí, o que querem dizer?

— Como disse, ele não está nada bem ou, melhor dizendo, seu estado é muito grave. Vou pedir que coloquem o oxigênio.

— Mas como, assim de repente?

— Acredito que não foi de repente, Geraldo. Ele contou-me que vinha se sentindo mal, com dores nas costas, enfraquecido e sem ânimo havia alguns dias. Sem vontade de se alimentar, enfim, há algum tempo não está bem.

Somos todos aprendizes 301

— E agora, Ivan?

— Entrei em contato com o Dr. Euclides. Ele é oncologista, e dos melhores. Pedi que viesse vê-lo; ele é especialista e quero ouvir sua opinião.

— Faça tudo o que for possível, Ivan. Tenho algumas economias e me prontifico a pagar todas as suas despesas do tratamento. O importante é que ele tenha acesso ao que há de melhor.

— Fique tranqüilo que ele terá tudo que estiver ao nosso alcance para dar-lhe a melhor condição; cura, você sabe que é impossível, mas o tratamento paliativo para que não sofra. Quanto às despesas, assumo todas; ele é meu funcionário, esta clínica é minha, enfim, faço questão. Vou ver com o Euclides se há condição de fazer o tratamento aqui mesmo. Caso haja necessidade de transferi-lo, levaremos para o hospital onde ele trabalha. De qualquer jeito, Geraldo, não quero que se preocupe, tenho meios de custear as despesas dele.

— Ivan, não sei como posso agradecer-lhe. Você é realmente um grande amigo e um grande ser humano. Vou agora avisar D. Aurora e senhor João. São muito amigos dele e tenho certeza de que gostarão de estar ao lado dele neste momento de aflição.

— Pode ir, Geraldo, irei agora mesmo tomar outras providências.

Geraldo ia saindo e de repente voltou e perguntou a Ivan.

— Percebi que ele não sabe ainda o que realmente tem.

— Não, não sabe. Achei por bem chamá-lo primeiro e deixar que resolvam se deve ou não saber; vocês o conhecem melhor do que eu.

— Vou indo, então. Até mais tarde.

— Até mais tarde, Geraldo.

Geraldo ganhou a rua. Ia entristecido com tudo que soubera a respeito do amigo. Ligou o carro e antes que se dirigisse à casa de Aurora, andou aleatoriamente pela cidade. Parou próximo a um parque, desceu e foi até uma pequena cascata de águas cristalinas. Sentou-se bem próximo e deixou que as gotinhas de água caíssem em seus braços, molhando suas mãos e deixando-o sentir o frescor da água que caía em abundância.

"Meu Deus", pensava, "quanta aflição passamos nesta vida. Como é triste presenciar o sofrimento das pessoas de que gostamos e que sabemos ser do bem, e nada poder fazer para amenizar. Não sei quase nada Senhor, mas conheço e confio na vossa misericórdia. Olhai pelo querido amigo que inicia sua jornada de sofrimento em um leito de hospital. Fortaleça seu espírito para que não perca a fé e nem a esperança em Vós. Não sei se a minha vontade é a Vossa, mas aceitarei a Vossa, mesmo que seja contrária à minha. Eu me engano e erro, mas Vós, Senhor, jamais, por essa razão o Vosso desígnio nunca será questionado por mim".

Geraldo percebeu que algumas gotinhas de lágrimas molhavam seu rosto, misturando-se às gotinhas de água da cascata. Levantou-se, passou as mãos sobre o rosto, dirigiu-se ao carro e foi cumprir a triste tarefa de avisar Aurora e João sobre Fagundes.

Chegou à casa de Tiago por volta das vinte horas. Eles estavam sentados à mesa para jantar. Convidado para se juntar a eles, Geraldo aceitou, achando mesmo que seria mais conveniente que terminassem a refeição em paz e depois daria a notícia que, tinha certeza, iria magoá-los muito.

— Que surpresa agradável recebê-lo, Geraldo — disse João.
— Causa-nos imenso prazer tê-lo para jantar conosco.

— Obrigado, senhor João.

— Como estão seus pais?

— Muito bem, D. Aurora. Esperam recebê-los em casa para um jantar ou um chá, como preferirem.

— Iremos visitá-los, sim, com certeza. Temos muito apreço por eles.

— E Regina, como está, por que não veio com você?

— Regina está bem e, para falar a verdade, ela nem sabe que estou aqui.

— Nós gostamos muito de sua namorada — disse Tiago. Desejo que sejam muito felizes.

— Obrigado.

João percebeu que Geraldo estava muito reticente, estranhou porque normalmente é mais alegre, mais falante. Perguntou-lhe o porquê dessa atitude mais reservada.

— Desculpe-me, Geraldo, mas estou achando você diferente. O que está acontecendo? Por que Regina não sabe que você está aqui? Vocês brigaram?

— Não, senhor João, conosco esta tudo muito bem. Não é relacionada a ela a minha preocupação.

— Então o que é, meu filho? Diga-nos. Existe algum motivo especial para estar aqui esta noite?

— Infelizmente sim, senhor João.

— Infelizmente? Então a notícia não é boa — falou Aurora.

— Vamos dizer que não é das mais agradáveis. Terminem primeiro o jantar, depois conversaremos.

O clima ficou tenso entre eles. Cada um, sem nada dizer, fazia uma conjectura, tentando adivinhar que notícia seria essa que Geraldo trouxera. Terminaram a refeição, Aurora serviu o café e foram sentar-se na sala de visitas. Aurora, não agüentando mais a expectativa, perguntou a Geraldo.

— Por favor, Geraldo, tire-nos desta ansiedade. Que noticia é essa?

— D. Aurora, é sobre o senhor Fagundes.

— Ele está doente? — perguntou Tiago nervoso.

— Infelizmente sim, Tiago, muito doente.

— Pelo amor de Deus, o que ele tem?

— Sinto muito ter que dar esta notícia, mas ele está com câncer no pulmão e seu estado é grave.

Os três disseram ao mesmo tempo.

— Câncer?!

— Sim.

— Como você soube, Geraldo? Quem lhe afirmou isso?

Geraldo pausadamente contou-lhe tudo exatamente como acontecera. Relatou o que o Dr. Ivan lhe afirmara, os exames, enfim, não lhe omitiu nada e nem a gravidade do seu estado.

— Meu Deus, meu querido amigo internado com uma doença tão grave — repetiu Tiago.

— É inacreditável!

— Realmente inacreditável — repetiu Geraldo.

— E como ele está, como o deixou?

— Do modo como já relatei, senhor João. O estado dele é grave, mas por enquanto parece que está tranqüilo. Ele já deve estar no oxigênio. Dr. Ivan solicitou a presença de um especialista seu amigo, Dr. Euclides. Quanto ao atendimento, não devemos nos preocupar, ele terá todo o necessário.

— E as despesas?

— Ivan assumirá tudo. Disse-me que faz questão absoluta de arcar com todas as despesas.

— Precisamos ir vê-lo, João.

— Claro que iremos vê-lo e dar toda a assistência necessária.

— Podemos ir hoje, agora?

— Suponho que não, D. Aurora. É tarde, já passa das dez da noite, é preciso deixá-lo descansar. É melhor irmos todos amanhã.

Todos concordaram.

— E ainda tem uma coisa que preciso lhes dizer.

— Pelo amor de Deus, o que mais?

— Nada pior do já sabem. O senhor Fagundes não sabe o que tem realmente.

Somos todos aprendizes 305

— Não!

— Ivan preferiu esperar para ver o que vocês, que o conhecem bem, pensam a respeito. Se concordam ou não que ele saiba a gravidade de sua doença.

— E o que ele pensa que tem?

— Uma gripe forte.

— Meu Deus, como dizer a alguém que sofre de uma doença grave e que pode morrer? — exclamou Aurora.

— É o que eu também me pergunto, D. Aurora.

Tiago que até então mantivera-se calado, sofrendo pela dor do querido amigo, disse:

— Calma, gente. O importante é ter muita calma nesta hora. Vamos pensar, ir vê-lo e sentir de perto como ele está. Talvez, dependendo de sua condição, nem será preciso dizer nada, é só ampará-lo com carinho, amizade, deixando-o sentir o quanto é querido por todos nós.

— Tiago está certo — disse Geraldo. — Não vamos nos antecipar. Amanhã irei com vocês até a clínica e conversaremos mais detalhadamente com Ivan. A partir daí, do que ele disser, decidiremos qual atitude devemos tomar.

— Eles têm razão, Aurora. Vamos dormir e amanhã decidiremos o que vamos fazer.

Geraldo despediu-se e retornou à sua casa.

Assim que seus pais souberam, espantaram-se com a notícia tão triste.

— No dia do noivado do Tiago — lembrou Pedro —, Juca confidenciou-me que Fagundes não estava se sentindo muito bem. Sentia fortes dores nas costas, cansaço e dificuldade para respirar. Acreditava ser uma gripe. Juca aconselhou-o a procurar um médico, pois mesmo uma gripe forte como ele dizia era necessário ser tratada.

— É, pai, ele tinha razão.

— Podemos fazer alguma coisa por ele, Geraldo?

— Na medicina tudo será feito, podemos oferecer-lhe amizade e atenção. O estado dele é muito grave, pai.

— Meu Deus, que coisa mais triste! — exclamou Letícia.

Na realidade, nenhum dos envolvidos conseguiu dormir satisfatoriamente. A preocupação e o receio de perder o amigo tiravam-lhes o sono e o descanso.

Assim que o dia clareou Aurora levantou-se, seguida de João e Tiago.

— A que horas Geraldo ficou de passar aqui, mãe?

— Às nove horas; é a partir deste horário que está liberado para visitas.

— E por que a senhora levantou-se tão cedo?

— Pelo mesmo motivo que você e seu pai também se levantaram: preocupação.

— É verdade — completou João. — Não consegui pregar o olho esta noite.

— Eu também não — repetiu Tiago.

— Vamos tomar nosso café, assim quando Geraldo chegar estaremos prontos.

Tomaram o café em silêncio. Parecia que o medo de reviver a dor de uma separação impediam-nos de falar. Sentiam-se impotentes diante da situação, por essa razão fragilizavam-se e tornavam-se mais suscetíveis à aflição.

Geraldo chegou com pontualidade. Entraram no carro e seguiram para a clínica.

Assim que chegaram dirigiram-se primeiro à sala de Ivan.

— Bom dia, Ivan!

— Bom dia, Geraldo. Bom dia aos senhores, como estão, todos bem?

— Bom dia, doutor. Estamos bem, mas muito preocupados com o estado de saúde do nosso amigo.

— Têm razão para estar preocupados.

Somos todos aprendizes 307

— Como ele está, doutor?

— Bem, D. Aurora, o especialista esteve aqui e examinou-o. As notícias não são boas.

— O que ele achou?

— O tumor que ele tem é um dos mais agressivos e rápidos. Achou que não terá diferença ele ficar aqui ou ser transferido para outro hospital. O importante é que ele receba um tratamento paliativo para que não sofra o desnecessário, controlar sua diabetes e a pressão arterial. Temos aqui ótimas condições para atendê-lo.

— Ele já sabe o que tem?

— Não, D. Aurora, ainda não.

— Podemos ir vê-lo?

— Claro, fiquem à vontade o tempo que quiserem.

Abriram a porta devagar, Fagundes dormia. Estava no soro, com o oxigênio e parecia estar bem. Tentaram não fazer nenhum ruído para não acordá-lo.

Acomodaram-se nas cadeiras disponíveis no apartamento e logo ouviram a voz fraca de Fagundes.

— Fiquem à vontade, meus amigos.

Surpreenderam-se. Levantaram-se ao mesmo tempo e aproximaram-se do leito.

— Como se sente, meu amigo? — João foi o primeiro a se pronunciar.

— Tire suas próprias conclusões, amigo. Acho que Deus está exigindo minha presença.

Tiago segurou-lhes as mãos.

— O que é isso, senhor Fagundes? Por que fala deste modo, logo estará curado desta gripe e tudo voltará como antes.

— Tiago, sabemos quando estamos sendo esperado. Não me pergunte como e baseado em que estou falando isso, mas sinto que chegou a hora de partir.

— Não, senhor Fagundes, o senhor não irá nos deixar, ainda tem muito que me ensinar e muito que viver.

— Você já aprendeu tudo que eu poderia lhe ensinar, Tiago, e se saiu melhor do que o professor. Viver, eu vou continuar vivendo, e você sabe disso.

Geraldo aproximou-se.

— Senhor Fagundes, o Dr. Euclides virá todos os dias vê-lo. Ele é um especialista e muito experiente. Tudo vai dar certo.

— Eu sei que vai dar certo, Geraldo, nosso Pai que está no céu não faz nada errado. Confio e me entrego à Ele. Meus amigos, escutem bem o que tenho para lhes dizer. Sei que não tenho uma gripe forte e não vou me enganar. Estou com câncer no pulmão, as dores fortes que venho sentindo há tempo confirmam isso. Lamento deixá-los, mas não me queixo. Sempre respeitei a vontade de Deus, mesmo que seja completamente oposta à minha, e vocês também precisam respeitar. Devemos confiar Nele sempre, mesmo que venhamos a sofrer muito, por que Ele sabe todos os porquês, e nós, na realidade, não sabemos nada.

— Não fale, Fagundes, poupe suas forças — disse João, emocionado em ver tanta força espiritual.

— Amigo João, deixe-me falar enquanto tenho forças para isso. Quero deixar com você o meu agradecimento pelo fato de terem me acolhido em sua casa, tratando-me como a um membro de sua família. Serei grato aqui, e onde estiver na espiritualidade. Quando tudo parecia negro em minha vida, sem que eu visse uma saída, vocês me receberam, abriram os braços e me abrigaram; acenderam uma luz para iluminar meus dias e meu coração, que mal podia suportar a dor. Peço ao nosso Criador que os ilumine e proteja sempre. Que tenham saúde para continuar a caminhada de vocês, e que tenham muitos sorrisos pela frente, abraçando com amor seus netinhos, que virão com a graça de Deus. Que você, Tiago, seja muito feliz com a Gracinha, que é uma excelente moça e o ama tanto. Você é um grande rapaz, nobre e digno. Que você também encontre a felicidade ao lado de Regina, Geraldo.

Somos todos aprendizes 309

Dê meu abraço a seus pais. Tiago, diga ao meu amigo Juca que ele tinha razão, é mais grave do que uma gripe forte. Abrace-os por mim, ele e D. Jane.

— Por favor, senhor Fagundes, o senhor parece que está indo embora, despedindo-se de todos.

— Estou mesmo, Tiago. Preciso despedir-me das melhores pessoas que conheci.

A porta se abriu e entraram Dr. Ivan e Dr. Euclides. Educadamente pediram que todos se retirassem para que novamente Fagundes fosse examinado.

Saíram todos, atendendo ao pedido dos médicos.

Aurora, que nada dissera, deu vazão às lágrimas, as quais caíram em abundância pelo seu rosto.

— Pobre senhor Fagundes. Que Jesus o ampare para que não sofra.

— Não sofrerá, mãe — disse Tiago.

Após mais ou menos trinta minutos a porta se abriu e os dois médicos saíram. Aproximaram-se dos presentes e relataram-lhes como estava na realidade o paciente.

— Tornei a examiná-lo minuciosamente e com bastante cuidado e o que tenho a dizer-lhes não é nada animador. Revi seus exames e agora, após revê-lo e constatar uma significativa piora, volto a confirmar que seu estado é realmente gravíssimo e é bom esperarem pelo pior. Não tenho a intenção de iludi-los, mesmo porque não vejo benefício nenhum em enganá-los.

— O que se pode fazer, doutor?

— Na realidade, nada. Seu coração está muito fraco e respira com muita dificuldade. O tumor atacou órgãos vitais, é um tumor muito agressivo. O meu parecer é que não aumentemos o seu sofrimento tomando medidas dolorosas e que de nada adiantariam. Não existe a menor possibilidade de reverter este quadro, seus órgãos estão completamente tomados pelo tumor. Acredito que o melhor é minimizar seu sofrimento, com remédios que diminuam as dores, enfim, dar-lhe a melhor condição possível. É uma questão de humanidade. Os senhores decidem o que preferem para ele. Minha postura é esta, fiquem à vontade para consultar outro profissional.

Todos ficaram em silêncio, sem saber que atitude tomar.

Geraldo perguntou-lhe diretamente.

— Quanto tempo o senhor acha que ele ainda tem de vida?

— Isso só quem sabe é Deus. Se eu for responder baseado somente na medicina, diria que alguns dias ou algumas horas, mas acima dos médicos está a vontade de Deus. Só Ele decide.

— Acredito no que está dizendo, doutor, e não gostaria de vê-lo sofrer. Por mim está bem como o senhor colocou.

— Mas temos de tentar tudo — disse João —, não podemos simplesmente deixá-lo morrer. Quero que seja transferido para o melhor hospital.

— Concordo com meu marido — completou Aurora.

Tiago estava tão abatido que não conseguia emitir nenhuma opinião.

— Bem, os senhores é quem decidem. Se querem assim, providenciaremos sua transferência.

Dizendo isso, Dr. Ivan e Dr. Euclides afastaram-se e, ao sair, escutaram a voz da enfermeira chamando-os.

— Doutores, por favor.

— O que foi, senhora?

A enfermeira disse alguma coisa em voz baixa e se afastou.

Os médicos voltaram-se e, consternados, falaram aos presentes.

— Nada mais tem importância. Nosso amigo deixou-nos, teve uma parada cardiorrespiratória. Acaba de falecer.

Todos eles ficaram sem saber o que fazer ou dizer. Apenas se entregaram à emoção e à tristeza de perder o grande amigo e choraram.

Somos todos aprendizes 311

— Conforme-se — disse o Dr. Ivan — e agradeçam a Deus por tê-lo poupado do sofrimento, que seria intenso. Foi um grande merecimento dele.

— Ele mereceu — falou Tiago —, ele mereceu. Sabia que havia chegado a hora, despediu-se de todos nós. Era um dos melhores homens que conheci na minha vida.

— É verdade — completou Geraldo. — Sentirei sua falta, meu amigo. Que Deus o receba na espiritualidade.

— Que Deus o receba — repetiram todos.

Se os encarnados pudessem ver, veriam Fagundes aconchegado nos braços de Jacob sendo levado para o hospital de refazimento espiritual.

CAPÍTULO XXXI

Conhecendo o passado

B ernadete, achando-se preparada para tomar conhecimento de sua história pretérita, a qual deu origem à desencarnação precoce e à separação de Geraldo, solicitou aos superiores permissão para tanto.

Aquietara seu espírito, confiando que realmente tudo tem um motivo para acontecer. Não insistia mais em visitar seu antigo lar terreno, mas procurara aprender algum trabalho e passara a ser útil no Educandário. Fora aos poucos se acostumando à nova vida e à sua transformação. Entendera que, todos nós, espíritos encarnados ou desencarnados, somos seres circulantes, vamos e voltamos, e assim será até que um dia, não importa quanto tempo passe, possamos alcançar verdadeiramente a nossa evolução.

— As duas vidas se completam, se integram, Bernadete — dizia-lhe Jacob nas numerosas vezes que a aconselhava.

— Qual é a mais importante? —perguntara-lhe.

— A vida espiritual é a verdadeira vida do espírito, mas a vida terrena, na qual o espírito se encontra preso ao corpo físico, é de suma importância para a evolução espiritual. Deus não cria nada inutilmente, por essa razão deve-se cuidar bem da encarnação na Terra. Cuidar do corpo e do espírito porque os dois têm sua importância. O corpo é o veículo que proporciona ao espírito poder voltar e se reajustar com as leis divinas, saldando seus débitos. O espírito é a vida eterna, aquele que avança para Deus pelas virtudes e pelo amor aprendido. Devemos nos conscientizar que somos responsáveis pela conquista da felicidade, tanto física quanto espiritual. Somos os agentes principais da nossa evolução e herdeiros de nossos próprios atos.

Bernadete sempre ouvia Jacob com o mais profundo respeito e interesse. Percebia que várias questões eram explicadas de maneira semelhante à que Tiago explicava.

— Bernadete, Tiago é um espírito nobre, estuda sistematicamente o Evangelho de Jesus e, mais do que isso, vive no seu dia-a-dia os ensinamentos do Mestre.

— É, Irmão Jacob, Tiago auxiliou-me muito quanto às minhas dúvidas. Amo muito meu irmão e sou grata a ele.

— Que bom que reconhece, minha irmã. Uma das virtudes que engrandece a alma humana é, com certeza, a gratidão. Faz bem a quem sente e a quem recebe. Sensibiliza alma e nos dá a conscientização de que não somos auto-suficientes durante todo o tempo, e nos faz perceber que não podemos tudo. Ajuda-nos a reconhecer que em algum momento nos fragilizamos e necessitamos da generosidade e da sabedoria do outro.

Bernadete muito aprendera com Jacob. Admitia que agira na Terra mais para se igualar a Tiago e Geraldo do que por altruísmo e fraternidade verdadeiros. Reconhecia também que ainda não anulara totalmente o ciúme que assaltava seu espírito toda vez que pensava em Geraldo ao lado de Regina.

Esta era a razão pela qual queria tanto saber o porquê desse sentimento, o que fizera no passado que gerou toda a sua aflição presente. Por que sua felicidade tinha sido retirada no auge, no momento exato que alcançava a plenitude do amor.

Esperava com ansiedade. Sara sempre a aconselhava.

— Aquiete-se, Bernadete. Ansiedade traz desequilíbrio;

não é bom para você. Tudo acontecerá no momento previsto e permitido pelos superiores.

— Eu sei, Sara. Creio que irá me ajudar a superar este ciúme que ainda persiste em mim. O que será que fiz no passado? É isso que me tortura e machuca meu espírito.

Conforme o tempo passava, Bernadete se integrava mais nas suas tarefas no Educandário. Era merecedora da confiança de seus superiores devido ao amor com que executava o trabalho que lhe era destinado. Aos poucos aprendera a dominar seus impulsos, estava mais serena e equilibrada. Freqüentava as palestras e ampliava seus conhecimentos espirituais.

Certa tarde estava cumprindo suas obrigações quando Sara se aproximou e disse-lhe que Jacob queria vê-la e esperava-a na sala oito do Educandário.

— Quando? — perguntara.

— Agora, Bernadete.

— Mas e o meu trabalho? Ainda não acabei.

— Deixe-o, atenda à solicitação de Jacob.

— Estou indo.

Dirigiu-se apressadamente ao encontro de Jacob. Assim que entrou na sala, ele lhe disse:

— Bernadete, tenho a resposta que tanto espera. Conseguiu autorização para conhecer a história de sua encarnação passada.

Bernadete agitou-se. Jacob, sempre sensato e prudente, pediu-lhe que se controlasse, caso contrário não poderia levar adiante o que ela tanto queria.

— Perdoe-me, Irmão Jacob; deixei-me dominar pela emoção e a grande ansiedade. Vou me controlar, quero muito conhecer minha história.

— Acredita mesmo que está preparada, suportará o peso da revelação?

— Estou, estou sim. Quero muito acabar de vez com essa mania de achar que fui injustiçada, vítima da fatalidade. Preciso

Somos todos aprendizes 315

tomar conhecimento Irmão Jacob, saber quem eu sou na verdade, dar um sentido às minhas emoções, para recomeçar com mais inteligência e sabedoria., não cometendo o mesmo erro e, se sair vitoriosa, saber agradecer a Deus pela oportunidade.

— Vamos, então.

Saíram. Bernadete acompanhava Jacob em silêncio. Assim que chegaram ao Departamento próprio para esse procedimento, Jacob apresentou Bernadete ao espírito responsável.

— Esta é Bernadete, irmão. Já lhe falei sobre ela.

— Como vai, Bernadete?

— Muito bem, mas muito ansiosa.

— Ansiedade não será uma boa companhia, irmã, é melhor se acalmar.

— Vou me esforçar.

— Podem entrar.

Entraram em uma sala equipada com aparelhos nunca vistos por ela quando na Terra. Assemelhava-se ao cinema, diferenciando-se pela capacidade muitas vezes maior e mais potente.

— Admirada, irmã?

— Sim. Nunca poderia imaginar que aqui na espiritualidade existisse um equipamento desses. Chega a ser inacreditável. Nunca vi na Terra algo parecido.

— Bernadete, toda a modernidade eletrônica da Terra é uma cópia imperfeita das que existem aqui. As descobertas humanas são inspiradas aos inventores pelos espíritos que trabalham nesta área.

— Explique-me com mais detalhes, irmão.

— Os inventores, cientistas, enfim, os homens destinados a descobrirem ou inventarem este ou aquele aparelho ou uma vacina, ou um remédio que trará benefícios para a humanidade, são trazidos aqui durante o sono físico e preparados para essa missão. Chegará o dia em que a Terra terá um aparelho como este, no momento em que o Mais Alto decidir.

— Mas então por que muitas coisas se transformam em coisas nocivas, prejudiciais, usadas para matar ou arruinar comunidades inteiras, se são inspiradas para o bem?

— Porque entra o homem, Bernadete, e o homem possui o livre-arbítrio, desvia do caminho do bem quando percebe que pode tirar alguma vantagem para si mesmo. Esquece-se do compromisso assumido e, o que foi feito para curar, levar benefícios para a humanidade, de uma forma ou de outra, o homem em seu desvario espiritual, sua ganância e falta de amor fraternal transforma invenções e descobertas importantes em um veículo do mal.

— Por quê?

— Porque o mal sempre vem de dentro, Bernadete. O orgulho, o egoísmo, a vaidade desvairada transformam o homem no agente da perdição. Querem sempre mais, encontram sempre um meio de tirar proveito próprio em tudo, desviando as coisa da rota original e usando-as para satisfazer seus desejos nem sempre louváveis.

— E quando isso vai mudar?

— Quando o homem descobrir verdadeiramente o amor, aprendendo que só o amor constrói e transforma o homem.

Santiago aproximou-se e gentilmente disse a Jacob.

— Sua pupila está preparada? Podemos começar a projeção?

— Sim, Santiago.

Deu uma última recomendação a Bernadete.

— Mantenha-se com o pensamento voltado para Jesus, não permita que nada desvie sua atenção e não esqueça que é o seu passado que irá ver, não o seu presente. Se sentir-se angustiada ao ponto de entrar em desequilíbrio, a projeção será interrompida imediatamente. Qualquer imprevisto ou desejo que pare, é só dizer. Estarei todo o tempo ao seu lado.

— Sim.

Somos todos aprendizes 317

— Pode começar, Santiago.

— Ajude-me, Senhor — orou Bernadete.

Era o ano de 1784.

Os imensos campos verdejantes da imponente fazenda do senhor Caio eram o cenário das cavalgadas diárias de Berenice, filha mais nova do fazendeiro.

Moça bonita, altiva e cheia de mimos, considerava-se superior aos empregados que a serviam, satisfazendo com presteza todas as suas vontades e necessidades.

Seus dois irmãos mais velhos, Cauê e Joana, satisfaziam-na em tudo, mimando-a por conta de ser a caçula da casa e ter perdido o colo da sua mãe quando ainda bem pequena, vítima de uma doença, na época incurável. Amavam muito a irmã, assim como seu pai, que tinha idade um pouco avançada.

Seu maior prazer era diariamente cavalgar nas terras da fazenda, preenchendo seu tempo com o único trabalho de agradar a si mesma.

Certa manhã, cansada do Sol forte que castigava os campos, dirigiu-se até o riacho que cortava as terras de seu pai. Apeou do cavalo e sentou-se à margem para refrescar-se do calor intenso. Passados alguns minutos viu chegar Januário que, descendo do seu cavalo, permitiu que o animal saciasse a sua sede e se refrescasse também.

Berenice logo notou o porte e os modos elegantes do rapaz. Este, notando a presença da moça, cumprimentou-a gentilmente.

— Bom dia, senhorita.

— Bom dia — respondeu.

— Lindo dia apesar do calor, não?

— Tem razão; parei aqui para refrescar-me do calor que chega a ser insuportável.

— Costuma cavalgar por estas bandas?

— Diariamente; estas terras são do meu pai.

— Do senhor Caio?!

— Sim. Sou Berenice, sua filha caçula.

— Que coincidência — disse. — Meu nome é Januário e estou exatamente indo para a fazenda do seu pai.

— Verdade! — exclamou Berenice, visivelmente entusiasmada e sem preocupar em esconder.

— Sim. Devo negociar com ele em nome de meu pai. Tenho muito prazer em conhecê-la senhorita Berenice.

— Eu também, senhor Januário.

— Permite que eu me sente ao seu lado para descansar um pouco?

— Pois não, fique à vontade; se seu pai é amigo do meu pai, acredito que posso confiar no senhor.

— Obrigado.

Januário sentou-se e logo os dois já conversavam animadamente. Dissertaram sobre diversos assunto e Berenice cada vez mais se entusiasmava com o rapaz. Não percebiam as horas passarem e Berenice começou a alimentar o desejo de se relacionar com ele de uma maneira mais íntima.

Como de costume, agia sempre com impulsividade, sem qualquer prudência ou cautela. Suas atitudes fugiam sempre dos padrões convencionais da época e, mais uma vez, com uma atitude não muito comum nas donzelas, mas comum na sua maneira de ser, indagou ao rapaz:

— O senhor é casado?

Januário estranhou, mas sorriu e respondeu:

— Não, ainda não, mas logo serei. Sou noivo e devo casar-me ainda este ano, logo após a colheita que nos toma, a mim e a meu pai, toda a atenção.

No rosto de Berenice passou uma leve sombra de desapontamento.

— Como se chama sua noiva? Ela é bonita?

Somos todos aprendizes 319

— Seu nome é Adélia e é muito bonita e gentil. É uma moça muito educada e de moral elevada.

— Gosta muito dela?

— Imensamente — respondeu Januário sem entender o porquê da pergunta.

Berenice calou-se e disse para si mesma:

— Engano seu, Januário. Você irá casar, sim, mas não com ela, comigo. Nunca senti nada por homem algum, mas você conseguiu mexer com meu coração e sempre consigo o que quero. Você será meu, custe o que custar.

Neste ponto Bernadete agitou-se na poltrona. A lembrança de sua encarnação passada voltava lentamente em cada cena que passava.

— Quer parar? — perguntou Jacob.

— Não — respondeu Bernadete —, quero ir até o fim. Pode continuar.

Jacob fez sinal para Santiago e o filme de sua vida fez-se de novo na tela.

Agora aparecia Berenice e Januário conversando animadamente com a família dela no grande salão da casa.

— Para quando é o seu casamento? — perguntou o senhor Caio para Januário.

— Como disse à senhorita Berenice, pretendemos nos casar logo após a colheita. É o tempo necessário para Adélia preparar o enxoval.

O coração de Berenice disparou em seu peito.

— Você vai ser meu, Januário, eu prometo. Como, ainda não sei, mas que vai é certo — pensou.

A projeção da vida pretérita de Bernadete sucedia apresentando as cenas mais importantes e que realmente haviam sido palco da leviandade agressiva de Bernadete.

Na tela apareceu o casamento de Januário e Adélia. A Igreja toda revestida de finos tapetes e decoradas com brocados e as mais lindas flores. Berenice compareceu na companhia de seus familiares. Ricamente vestida, condizente com as posses elevadas de seu pai, trazia ao pescoço um camafeu de diamantes que ostentava com vaidade e orgulho. Tinha consciência do seu poder, adquirido pela sua família, que era considerada uma das mais nobres da região e, como se apenas isto não lhe bastasse, usava com maestria o seu poder de sedução.

Berenice estava tranqüila, como se soubesse que aquele casamento jamais se realizaria.

Olhava Januário no altar, elegante, ao lado de seus pais e padrinhos e pensava: "Dei-lhe todas as oportunidades, meu querido, você não as aproveitou, agora não tem mais como reverter a situação. Jurei que você seria meu e sempre cumpro os meus juramentos".

O sacerdote entrou e, ao som da música que invadia a Igreja, as portas se abriram e Adélia surgiu linda em seu vestido de noiva, de braço dado com seu pai, que a conduzia com um brilho nos olhos. Sua beleza tornava-se mais exuberante por conta da simplicidade e singeleza, virtudes naturais em seu coração apaixonado. Seu rosto e seu sorriso refletiam os verdadeiros sentimentos de sua alma generosa e cristã.

Todos os olhares se voltaram para ela admirados e encantados com sua presença naturalmente bela.

Berenice sentiu um avassalador sentimento de inveja e ciúme, tanto pela sua beleza única, que não tinha necessidade de subterfúgios, quanto pelo amor de Januário que, por mais que tivesse tentado, não conseguira roubar dela.

— Aproveite este momento, Adélia, porque serão os últimos que passará aqui na Terra. Januário será meu, sinto muito que para conseguir tê-lo tenha sido obrigada a tomar medidas tão drásticas — continuava a pensar.

A cerimônia iniciou. Dos olhos de Januário e Adélia podia-se ver à distância o brilho de felicidade, fruto do grande amor que sentiam um pelo outro.

Somos todos aprendizes 321

No momento em que a cerimônia atingira o seu auge, chegando quase ao fim, ouviu-se um forte estampido de um tiro, e uma bala certeira disparada em direção ao peito de Adélia atingiu-a no coração, derrubando-a ao solo sem vida. Na confusão que se instalou, no corre-corre, gritos, choro, cada um dando vazão ao pavor que sentia ao presenciar cena tão violenta, ninguém se lembrou de ir atrás do assassino, que fugiu em disparada não sendo nunca encontrado.

Berenice ensaiava algumas lágrimas, mas na verdade seu coração se alegrava por ter conseguido o seu intento: tirar Adélia do seu caminho. "Januário", pensava, "você agora é meu, irei conquistá-lo sendo a melhor amiga que já teve, consolando-o desta tristeza. Estarei presente na sua vida até que o tenha para sempre".

Nesse ponto as cenas se apagaram e novas surgiram. Berenice se encontrando escondida com o assassino e dando-lhe o pagamento prometido pelo trabalho feito com precisão.

Bernadete novamente se agitou na poltrona. Tudo viera à tona como se tivesse acontecido naquele momento. Sem precisar olhar na tela viu-se assediando Januário durante o tempo que ele passou na fazenda de seu pai para recuperar-se da desgraça que se abateu sobre sua cabeça. Fingiu ser sua melhor amiga, inconsolável com a partida de sua noiva de uma maneira tão inesperada e violenta. Mostrou-lhe virtudes que estava longe de possuir e tanto arquitetou planos que conseguiu seu objetivo. Januário apaixonou-se por ela e, em menos de um ano do desencarne de Adélia, casaram-se.

Enquanto estiveram encarnados nunca ninguém soube que Berenice tinha sido a mandante do crime, contratando um capanga para fazer o serviço para ela.

A tela apagou.

Jacob perguntou a Bernadete como se sentia.

— Não sei, Irmão Jacob. Envergonhada, entristecida e cheia de remorsos.

— Compreende agora por que a sua desencarnação seguiu apenas a lei de causa e efeito? Você tirou de Adélia a felicidade no momento em que ela a conquistava. Quando retornou à espiritualidade, sofreu muito nas zonas infelizes até que, pedindo sinceramente a misericórdia de Deus, foi socorrida e após anos de preparo solicitou ao Mais Alto a oportunidade de retornar à Terra e devolver à Adélia o que lhe tirou em uma armadilha sórdida e cruel. Você pediu esta prova, passar pela mesma situação, perder Geraldo no momento de sua união com ele. Queria passar pelo mesmo sofrimento; queria aprender a perder e a respeitar as decisões e os sentimentos alheios. Quis devolver a Adélia o homem que ela amava, quitando assim sua dívida com ela e com Januário, permitindo que fossem felizes e vivessem a ventura que você impediu.

— Tudo agora me parece tão claro, Irmão Jacob. Mas quem é Adélia atualmente?

— Adélia é Regina, espírito nobre que a perdoou na espiritualidade, mas você, para encontrar novamente o seu equilíbrio e sua paz, necessitou devolver a Geraldo à mulher que ele amava realmente. Quis sofrer o que fez os dois sofrerem.

— E quase coloquei tudo a perder!

— Sim, por pouco não colocou tudo a perder, quando se entregou ao desvario de querer viver ao lado de Geraldo, influenciando-o, quase ao ponto de impedir seu encontro com Regina.

— Quer dizer que Geraldo é...

— Sim. Geraldo é Januário.

— E meus irmãos, Cauê e Joana?

— Espírito forte e nobre, Cauê se prontificou a reencarnar como seu irmão e ajudá-la a encontrar o que não conseguia; Deus no seu coração, antes que se cumprisse a lei.

— Ele é Tiago?

— Sim. Joana, sua irmã, é hoje Aurora, sua mãe. Veja, Bernadete, como a bondade e misericórdia de Deus beneficia sempre

Somos todos aprendizes 323

suas criaturas. Os espíritos que a amaram naquela encarnação ajudaram-na nesta atual para que você não se perdesse mais.

— Mas Irmão Jacob, e meu pai? Ele esteve longe de mim nesta encarnação?

— Por algum tempo, sim. Estava envolvido em outra história, na qual muito errou em relação a alguém, em vida passada, ocasionando seu desequilíbrio. Para saldar seu débito reencarnou junto a esta irmã que imprudentemente prejudicou e suportou seu desequilíbrio até que ela desencarnasse. A partir daí, terminada a questão, aproximou-se de você e muito a ajudou, Bernadete.

— Mas quem é ele?

— Fagundes!

— O senhor Fagundes!? Meu Deus, por essa razão sentia por ele um enorme carinho desde que o conheci na minha viagem. Eu coloquei tudo a perder, não é mesmo, Irmão Jacob? Voltei com mais dívidas, não?

— Não é verdade, Bernadete. Você aprendeu muito, principalmente a superar o seu orgulho. Necessita apenas ver Geraldo não como o grande amor de sua vida por toda a eternidade.

— Por quê?

— Porque ele foi um amor transitório, é necessário que compreenda que ele e Regina são espíritos afins que se amam por várias encarnações.

— Mas como vou conseguir isso, Irmão Jacob?

— Não se preocupe, a solução já foi encontrada.

— E qual é?

— Calma, Bernadete, no momento adequado saberá. Como sempre lhe digo, tenha paciência.

— Terei. O que faço para esquecer que fui uma assassina?

— Entregue-se a Deus. Encontre-O definitivamente dentro do seu ser e procure seguir as leis divinas em qualquer situação. Quanto a ser uma assassina, você já cumpriu as penas, Bernadete, já está quites com a lei, agora é hora de prosseguir com harmonia,

324 *Sônia Tozzi / Irmão Ivo*

inteligência e Deus no coração. Procure-O sempre no lugar onde Ele está: no bem, no amor incondicional ao nosso semelhante.

— Não sei se me será permitido, mas poderei voltar à Terra e ver meu pai anterior a esta encarnação atual, isto é, poderei ver o senhor Fagundes?

— Poderá vê-lo, sim, mas não na Terra.

— Se não for na Terra, onde poderei vê-lo?

— Aqui na espiritualidade. Ele acaba de retornar e encontra-se no hospital Maria de Nazaré.

— O senhor Fagundes desencarnou?

— Sim.

— Poderia vê-lo então, irmão?

— Sim. Mas não poderá revelar-lhe sua identidade anterior. É muito cedo para ele ainda.

— Prometo.

Agradeceram a Santiago e retornaram ao Educandário. Bernadete sentia-se mais leve, como se lhe fosse tirado um enorme peso; suas esperanças voltaram limpas e verdadeiras. De repente pensou em João, seu pai. "Qual será a ligação dele com a minha vida anterior?", pensou.

Jacob captou seu pensamento e respondeu:

— Nenhuma, Bernadete. É apenas um espírito amigo que se propôs ajudá-la nesta prova, ajudando a si mesmo pela dor que sentiu com sua separação. Tudo tem um aprendizado e um porquê. Nada no conceito de Deus é inútil.

Seguiram até o hospital.

Fagundes continuava dormindo. Ainda não se dera conta que desencarnara.

Bernadete aproximou-se.

— Querido amigo — disse —, agora sei a razão pela qual eu simpatizei com o senhor desde o momento em que o conheci. Já fomos pai e filha no passado. Muito obrigada por ter me ajudado tanto. Sou-lhe realmente muito grata.

Somos todos aprendizes 325

— Vamos, Bernadete, deixe-o dormir. Sara disse-me que tem orientação para deixá-lo adormecido por mais alguns dias.

Dirigindo-lhe mais uma vez um olhar carinhoso, afastou-se com Jacob e se encaminhou mais uma vez ao salão para ouvir uma palestra edificante.

CAPÍTULO XXXII

Comemoração em dobro

O relacionamento de Geraldo e Regina se fortalecia cada dia mais. Ambos tinham a absoluta certeza de que o amor que sentiam um pelo outro era forte, sincero e duradouro. As afinidades eram muitas e eles se completavam, proporcionando-lhes confiança e segurança. Regina costumava dizer, apesar de Geraldo não gostar muito, que o amor deles era para sempre; sempre que ela dizia, ele lhe respondia:

— Regina, o nosso amor é forte e verdadeiro, mas não vamos colocar datas e nem tempo neste sentimento, o importante é apenas vivê-lo com intensidade e ser feliz com ele.

Apesar do amor que sentira por Bernadete, Geraldo tinha a impressão de que finalmente encontrara o amor de verdade, o seu grande amor, que, por motivos desconhecidos para ele, era o amor destinado à sua vida.

Pedro e Letícia relacionavam muito bem com a futura nora e esta agradecia a Deus ter permitido que encontrasse uma família que viesse preencher o vazio do seu coração desde que perdera seus pais e irmãos.

O tempo passou. Mais um ano chegara ao fim.

Tiago preparava-se para viver o dia tão esperado por ele.

O dia em que todos os seus esforços seriam coroados de êxito e que conquistaria seu objetivo: sua formatura.

— Mal posso acreditar, mãe, que venci as barreiras e finalmente posso ter em minhas mãos o tão desejado diploma.

— Filho, você merece viver esta alegria. Lutou muito para conquistar seu objetivo, hoje recebe o prêmio pelo seu esforço.

— E que esforço, hein, filho! — exclamou João, sem esconder a imensa alegria de participar da realização de Tiago.

— Por que diz isso, pai?

— Ora, Tiago, você sempre trabalhou, estudou e nunca deixou que nada interferisse no seu envolvimento com a Mocidade do Centro. Dedicou-se com vontade à assistência social, amparou, compreendeu e auxiliou as pessoas com uma fraternidade real, filho. Você é mesmo uma pessoa especial.

— Por favor, pai, não me julgue melhor do que sou. Fiz o que tinha de fazer, só isso. Lembro-me bem de uma frase que o Espírito Dr. Klein disse em uma das reuniões espirituais do Centro e desde então tento ser o mais útil possível.

— E qual é esta frase, filho?

— Ele disse: "Quando achamos que fizemos mais do que o suficiente é porque, na realidade, não fizemos nem o necessário".

— Nossa, nunca pensei dessa maneira — disse Aurora que a tudo ouvia.

— Mas é bom pensarmos nisso, mãe. No livro *Ideal Espírita*, psicografado por Chico Xavier, o Espírito Scheilla nos mostra dez sinais de alarme que indicam queda provável na obsessão, e três deles chamaram-me muita atenção, apesar de todos serem de suma importância.

— E quais são, meu filho?

— "Quando supomos que o nosso trabalho está sendo excessivo. Quando passamos o dia a exigir esforço, sem prestar o mais leve serviço. Quando julgamos que o dever é apenas dos outros." Veja bem, mãe, como se relaciona com o trabalho que na maioria das vezes as pessoas reclamam de executar. Lamentam trabalhar demais, esquecendo-se de que o trabalho é uma bênção. Feliz daquele que possui condições físicas e mentais para executar algum trabalho, seja ele qual for. Quantos jazem impossibilitados de trabalhar porque estão presos a um leito, enquanto outros reclamam de limpar o próprio quarto.

— Como eu admiro você, filho, por todos os ensinamentos que nos passa com o seu próprio exemplo.

— Deixa disso, D. Aurora, sou uma pessoa absolutamente comum. Tento apenas ser útil, dando movimento ao meu próprio corpo e ao meu cérebro. Esse movimento é o agente de que eles necessitam para não parar de funcionar.

João, aproveitando, disse ao filho:

— Tudo isso é verdade, Tiago, mas o principal é o estímulo que se dá ao coração para que ele não pare de amar.

— Pai! — exclamou Tiago emocionado. — Que lindo o que acabou de falar.

Abraçou os pais com carinho e expressou-se com emoção:

— Se possuo um pouco do que vocês falam, é porque tenho pais maravilhosos que sempre me ensinaram o caminho seguro de Deus.

— Bem, deixe-me arrumar sua gravata. Nossa, você está muito elegante, filho.

— A senhora é que sempre foi muito coruja.

A cerimônia de formatura transcorreu em clima de perfeita alegria. A euforia de Tiago e Gracinha era contagiante. Os dois sabiam o que significava para eles aquele dia. Era o início de uma conquista bem maior, a união definitiva, a consolidação do amor que sentiam há tantos anos um pelo outro.

— Gracinha, você está pensando o mesmo que eu?

— Claro, Tiago, você acha mesmo que eu poderia esquecer, se não pensei em outra coisa senão nesse dia.

Os dois andavam por entre as pessoas irradiando felicidade.

Somos todos aprendizes 329

Assim que a cerimônia terminou, Tiago reuniu seus pais, os pais de Gracinha e os de Geraldo, assim como ele e Regina.

— Quero convidá-los para irmos jantar todos juntos, e tudo por minha conta.

João adiantou-se.

— Não, senhor, de forma nenhuma. Vamos todos jantar juntos, sim, mas quem vai pagar as despesas sou eu.

— Pai!

— Por favor, Tiago, é o mínimo que posso oferecer a você que hoje nos proporciona, a mim e a sua mãe, tanta alegria. Eu insisto.

— Tudo bem, pai. Fico muito agradecido ao senhor.

— Aonde iremos? — perguntou João.

Geraldo e Regina olharam-se, certos de que haviam pensado a mesma coisa.

— Posso dar uma sugestão?

— Claro, Geraldo. Onde sugere?

— Regina e eu conhecemos um restaurante muito bom, comida excelente e ambiente acolhedor. Costumamos freqüentar com assiduidade.

Tiago, animado, disse.

— Vamos lá, então. Confio no seu gosto Geraldo; vá na frente que nós o seguimos.

Seguiram rumo ao restaurante.

Ao chegar ao local, guardaram o carro no estacionamento e, no instante em que se aproximavam da porta da entrada, foram abordados por uma senhora, quase maltrapilha, segurando uma criança no colo enrolada em trapos.

— Por favor, meus senhores, podem me ajudar? Meu filho está com fome, não come nada desde cedo; não tenho condições de comprar nada, nem um pedaço de pão.

O segurança do restaurante que ficava logo na entrada aproximou-se da mulher pedindo-lhe rispidamente que se afastasse do local, dizendo-lhe não ser ali local apropriado para pedinte.

— Eu só quero matar a fome do meu filho!

— Por favor, afaste-se, senão vou ter de tomar outra providência — insistiu o homem.

Tiago, ao presenciar aquela cena, viu naquela mulher uma outra. Em segundos seu pensamento voltou ao passado, quando ele e Bernadete pararam para se alimentar, durante a viagem que faziam. Uma senhora igual àquela com seus filhos também famintos pedira auxílio e fora enxotada pelo proprietário do estabelecimento e ele a defendeu.

"Tudo se repete", pensou. "A situação é outra, o lugar é outro e as pessoas são outras, mas a cena da miséria existente no país é a mesma".

Vendo o segurança se aproximar e tentar retirá-la para não incomodar os clientes do restaurante, Tiago não pensou duas vezes.

— Entrem vocês e me aguardem. Logo estarei de volta, é só um instante.

Virou as costas, aproximou-se da mulher e pediu-lhe que o acompanhasse. Aurora imediatamente disse ao filho.

— Tiago, não se meta, meu filho, hoje é um dia muito importante para você, estamos comemorando sua formatura. Fique com seus amigos e sua família.

— Mãe, se eu não fizer o que manda meu coração e o meu respeito pelas pessoas, principalmente pelas que sofrem, para mim este dia deixará de ter qualquer importância. Amparar os desvalidos é um desafio que precisa ser vencido, se quisermos realizar o sonho de um mundo melhor. Nós vamos nos alimentar para comemorar porque estamos felizes, e ela, mãe, quer alimentar o seu filho porque ele sente fome, para sobreviver. Eu volto em um instante.

— Vou com você, amor — disse Gracinha e seguiu-o.

Somos todos aprendizes

Todos, inclusive o segurança que continuava observando, ficaram impressionados com a firmeza e o grande coração de Tiago. Vendo-o sair acompanhado de Gracinha e levando a mulher com o filho nos braços, cada um refletia sobre si mesmo, sobre as suas próprias ações perante as adversidades da vida.

Tiago levou-a a uma lanchonete distante mais ou menos quatro quarteirões. Pagou-lhe uma refeição e comprou leite para a criança. Assim que a viu sentada alimentando seu filho tranqüila e profundamente agradecida, retornou com Gracinha ao restaurante.

De mãos dadas vieram os dois conversando. Gracinha parou de repente, deu-lhe um beijo e lhe disse:

— Eu o amo, Tiago, cada vez mais, porque você representa para mim a direção do bem e é esta direção que quero seguir com você.

Tiago, feliz, abraçou Gracinha.

— É só isso que eu quero, meu amor, que você caminhe comigo.

Todos os aguardavam.

Ele sentou-se e como se nada tivesse acontecido retomou a conversa referente à formatura. Não disseram uma só palavra, todos sentiram como era nobre aquele rapaz tão jovem e que, na plenitude de sua juventude, portava-se como um gigante quando exercitava a fraternidade existente em seu coração.

Jantaram e aproveitaram o máximo aquele momento de realização e descontração. Tiago, pedindo licença, demonstrou vontade de dizer algumas palavras. Segurou as mãos de Gracinha e, dirigindo-se aos futuros sogros, lhes disse.

— Sr. Juca e D. Jane, agora estou formado e por conta desse diploma serei promovido na empresa que trabalho. Penso que passarei a ganhar o suficiente para que Gracinha e eu possamos ter uma vida confortável, sem ocasionarmos preocupações para os senhores e para meus pais. Por essa razão gostaria, se os senhores permitirem, de marcar a data do nosso casamento.

— Tiago! — exclamou Gracinha no auge da felicidade e dando um beijo no noivo.

— Espero que você esteja de acordo, meu amor.

— De acordo? Mas é claro que estou de acordo. Eu amo você e o que mais quero é estar ao seu lado para sempre.

— Os senhores concordam, senhor Juca?

— Não temos nenhuma objeção a fazer, Tiago. Admiramos você, meu rapaz, e o estimamos como a uma filho. Para nós está muito bem, podem marcar a data que quiserem.

— E o senhor e mamãe? — falou, dirigindo-se a seus pais.

— Filho, seu desejo é o nosso desejo; só queremos vê-los felizes. Conte conosco sempre que necessitar. Você é nosso filho e a Gracinha, para nós, é como se nossa filha fosse. Só queremos a felicidade de vocês.

— Vocês já têm uma data prevista? — perguntou Geraldo.

— Vou deixar que Gracinha decida. Geralmente é a mulher que faz mais questão de escolher tudo, não é verdade, mãe?

— Tem razão, deixe que Gracinha escolha.

— Por mim, tudo bem, só quero é me casar com ela, seja que data for.

Pedro e Letícia até então nada haviam dito, até que Letícia brincou.

— É Pedro, acho que nós dois estamos sobrando aqui.

— Não sei por que, D. Letícia. Desde quando os padrinhos do noivo ficam sobrando?

— O que foi que disse, Tiago?

— D. Letícia e Sr. Pedro, ficaria muito feliz se aceitassem ser meus padrinhos de casamento.

— Mas a felicidade é nossa, Tiago. Aceitamos com o maior prazer, estamos honrados com o convite, não é mesmo, Pedro?

Somos todos aprendizes   333

— Claro! É muita honra ser padrinhos de vocês e agrade-cemos. Mas você me permite fazer uma observação?

— Por favor — disse Tiago —, faça, senhor Pedro.

— Imaginei que fosse escolher Geraldo e Regina, você dois sempre foram tão amigos.

— Para ser sincero, senhor Pedro, realmente eu ia convidar Geraldo, mas Gracinha não deixou.

— Não deixou!?

— Não! — respondeu Gracinha —, não deixei porque Geraldo e Regina vão ser meus padrinhos.

Regina olhou para Geraldo, demonstrando surpresa.

— Por que a surpresa, Regina? — voltou a falar Gracinha.
— Sempre gostei de Geraldo e sempre o admirei muito, aprendi a gostar de você também, ficaria realmente feliz se aceitassem o meu convite.

— Você não imagina como me fez feliz, Gracinha. Serei sua madrinha com o maior prazer do mundo e, pode acreditar, vibrando muito para que seja cada dia mais feliz.

— Então vocês aceitam?

— Claro que aceitamos — respondeu Geraldo. Vai ser um grande prazer vê-los casados. Meu Deus, como desejo que sejam felizes.

— Eles serão — completou Regina.

A data foi marcada.

Discutiam sobre a cerimônia, convites, festa e todos os requisitos que compõem um casamento. Estavam animados, contentes e unidos como uma grande família. Em dado momento, Geraldo percebeu uma leve sombra de tristeza nos olhos de Tiago.

— Que foi meu amigo? Ficou calado, triste. O que se passa?

— Nada, é que me lembrei de duas pessoas que foram muito importantes para mim e que muito amei nesta vida.

— Bernadete e Fagundes! — exclamou Geraldo.

— Sim. Em certos momentos a saudade bate forte, mas logo acalma. Nessas horas, Geraldo, faço uma oração, porque a prece exterioriza a nossa emoção real.

— É verdade, Tiago. Tenho esse hábito também.

— Na realidade quando permitimos que a emoção saia do coração, ela voa livre em direção ao infinito, como uma águia, com toda a liberdade, e nos aquietamos novamente.

— Você é mesmo muito especial, Tiago, quero-o muito bem, como a um irmão.

— Eu também, Geraldo, como a um irmão.

Enquanto todos conversavam animados com a proximidade do casamento dos jovens que todos queriam tão bem, Tiago, isolando sua mente, orou ao Senhor, ainda tocado sensivelmente pela miséria que presenciara mais uma vez. "Obrigado Senhor por ter podido me aproximar de Ti por intermédio do meu próximo. Obrigado, Senhor, por conseguir sentir a necessidade de um irmão carente e ter o desprendimento necessário para ajudá-lo. Obrigado, Senhor, por ter me colocado na posição de dar. Sinto-me feliz por ter ouvido a Tua voz. Sinto-me feliz por não me fechar em mim mesmo no egoísmo pernicioso. Entrego-me a Ti, Senhor, de corpo e alma e digo que Te amo, e o meu amor por Ti viverá sempre pelo amor que dedicarei ao meu próximo".

— Tiago, você não me escuta, amor? Estou chamando você faz um tempão.

— Desculpe-me, Gracinha, estava pensativo.

— Pensando em mim?

— Claro!

— Então está perdoado. Eu te amo!

— Eu também te amo Gracinha, muito!

Somos todos aprendizes 335

CAPÍTULO XXXIII

Ainda o ciúme

Gracinha e Tiago, assim que retornaram da sua viagem de núpcias, instalaram-se no apartamento que decoraram com entusiasmo. Como previra, Tiago realmente conseguira a promoção. Tudo sucedia de conformidade com o que imaginara.

Continuavam a freqüentar o Centro e agora integravam o grupo que distribuía sopa aos mendigos duas vezes por semana. Tanto Tiago quanto Gracinha tinham a mesma forma de pensar e agir, um completava o pensamento do outro. O que Tiago imaginava, Gracinha aprovava de imediato e o mesmo acontecia em relação a ela. Seguiam a rotina da vida com equilíbrio e trabalho: eram realmente duas pessoas bem resolvidas e felizes.

Geraldo e Regina haviam marcado a data do casamento. Pedro e Letícia eram para a futura nora os pais que havia perdido. Auxiliavam na preparação do seu enxoval e tornavam-se presentes em todos os momentos importantes para Regina, tratando-a realmente como a uma filha.

Os três casais a cada dia solidificavam mais a amizade que os unia.

Se no mundo físico tudo transcorria dentro da normalidade, no mundo espiritual não era diferente.

Fagundes soubera de sua ligação passada com Bernadete, e os dois espíritos trabalhavam juntos nas tarefas do Educandário. Fagundes, por mérito, desfrutava de uma posição mais elevada que Bernadete e poderia ser transferido para uma outra Colônia, mas pedira aos seus superiores permissão para permanecer ao lado de Bernadete até que se cumprisse o que havia sido programado e solicitado pela própria Bernadete, inconformada ainda, ou melhor, envergonhada pelos seus atos impensados do passado: reencarnaria ao lado de Geraldo e Regina.

— Preciso voltar, Irmão Fagundes, acalmar meu espírito, livrar-me desta culpa de uma vez por todas; preciso crescer e evoluir e não ficar presa em um ponto, como estou. Quero dar a Geraldo e Regina um amor verdadeiramente fraternal, preciso aprender a amar.

— Acha-se fortalecida para tanto, Bernadete?

— Acredito que sim. Supliquei muito o perdão de Deus, implorei ao Todo-Poderoso uma nova oportunidade para tentar aprender como encarnada os valores reais que nos fazem crescer e retornar sem trazer a tristeza de ter fracassado. Esse sentimento tira-me o ânimo.

— Você não fracassou, minha irmã — disse Jacob, que acabara de chegar.

— Irmão Jacob! Por que o irmão diz isso?

— Bernadete, quantas e quantas vezes, anteriores a esta, disse-lhe que você não retornou fracassada? Isso já lhe foi explicado, irmã. Por que permanece na teimosia dessa crença? Para todos os propósitos existe um tempo, o seu tempo agora é de sair de uma vez das suas lamentações e se preparar para o futuro, encarar com coragem suas tarefas e quitar com a lei o que julga ser um fracasso.

— Mas...

— Mas você prefere continuar com a mesma história, Ber-

Somos todos aprendizes 337

nadete. Nega-se a mudar o rumo dos seus sentimentos, insiste na mesma questão e não percebe a inutilidade da sua teimosia.

Bernadete ficou desolada.

— O Irmão pensa mesmo assim?

— Penso. Penso sim. Você pediu ao Plano Maior nova oportunidade de reencarnação ao lado de Geraldo e Regina. Quer aprender a amá-los com um sentimento puro e sem outra intenção senão a de promover sua evolução. Porém lhe pergunto, Bernadete: será que sua intenção é esta realmente?

— Claro que é, Irmão!

— Não sei, quem deve saber é você mesma. Minha irmã, preste bem atenção no que vou lhe dizer: nesta sua última encarnação você melhorou, progrediu, aprendeu muitas coisas e tornou-se um espírito um pouco mais nobre. Ao desencarnar, após passar por momentos aflitivos, vamos dizer assim, também progrediu, melhorou, aprendeu muitas coisa e tornou-se um espírito mais nobre — repetiu. — Mas uma questão não está ainda resolvida em você, Bernadete, apesar de julgar que sim.

— E qual é essa questão, Irmão Jacob?

— O seu apego a Geraldo, apego este que você insiste em dizer que é amor. Fora essa questão, você vai muito bem, Bernadete. É um espírito bom e gentil, ligado ao trabalho e interessado em aprender cada vez mais. Mas você se modifica interiormente toda vez que a questão está ligada a Geraldo.

—Talvez seja por isso que pedi para voltar para perto dele. Irmão Jacob, devo confessar que está com a razão. Por mais que eu me esforce, todo este sentimento volta em mim sem que eu me dê conta disto. O que devo fazer?

— Orar, minha irmã. A força de prece sincera é poderosa. Se você aliar à oração o esforço para compreender que nossa liberdade termina no instante em que esbarra na liberdade do outro. Você possui o direito de querer e amar quem você quiser, mas é bom que não esqueça que o outro, seja o seu alvo ou não, também tem este direito, e nem sempre os sentimentos se enquadram.

— Obrigada pela ajuda que me deu, realmente sou um espírito muito necessitado da misericórdia de Deus.

— Todos nós somos necessitados da misericórdia, e é ela que nos abre as portas do caminho verdadeiro. Não tem o que me agradecer. Quero apenas que se prepare e se fortaleça; arme-se de coragem e fé para saber aproveitar esta nova oportunidade que lhe foi concedida.

Os preparativos para o casamento de Geraldo e Regina estavam quase todos prontos. Ao contrário de anos atrás, Geraldo não sentia nenhuma sensação ou pressentimento quanto à sua união com Regina. Estava feliz e para ele era o que bastava.

Regina saía às compras sempre acompanhada de Letícia ou de Mariana. Adquirira os mais bonitos vestidos, e seu enxoval, apesar de não ostentar nenhum luxo, era de bom gosto e cheio, de charme.

— Mariana, às vezes parece-me um sonho tudo o que está me acontecendo.

— Por que, Regina, você acha que não merece?

— A questão não é merecer ou não, é que para mim tudo está tão perfeito que mais parece o sonho da carochinha.

— Pára com isso, amiga. O seu encontro com Geraldo, a maneira com se conheceram, enfim, acho que isto é obra mesmo do destino.

— Mariana — disse Regina a amiga —, eu já lhe contei que tempo atrás, quando era ainda quase uma adolescente namorei firme uma rapaz e quase me casei com ele?

— Verdade? Você nunca me disse isto. E por que não se casou?

— Porque descobrimos em tempo que iríamos fazer uma bobagem, um grande engano. Percebemos ainda em tempo que o sentimento que nutríamos um pelo o outro na realidade não era e nunca tinha sido amor.

— Como assim, Regina?

— Jair, esse era o seu nome. Era filho único de pais abastados que o dominavam demasiadamente. Ele sentia-se preso na sua própria casa, sem nenhuma liberdade, ao lado de pais dominadores e enérgicos em excesso. O único intuito dele era casar para conseguir sair de perto de seus pais. Por outro lado, eu também sentia muito desejo de construir uma família, enfim, compreendemos a tempo de evitar um grande erro. Entendemos que o nosso sentimento era fruto de uma carência grande e desejo de termos nosso próprio lar. Ele, para ter condições de agir por si mesmo, sem interferência dos pais, e eu para possuir minha própria casa. Como éramos muito jovens acabando confundindo nosso sentimentos. Terminamos e nos tornamos amigos.

— Vocês ainda se falam?

— Não muito. Ele se mudou para outra cidade, no litoral. Conseguiu seu intento de sair das casa dos pais. Mas sempre que vem a capital nos falamos por telefone.

— Você contou esta história para Geraldo? Que eu saiba, ele é muito ciumento.

— Não, Geraldo não é tão ciumento assim. Tem o ciúme natural e normal entre duas pessoas que se amam. Ele sabe de tudo sobre a minha vida, não lhe escondi nada, mesmo porque ele já foi apresentado a Jair.

— Apresentado? Você não disse que ele mora em outra cidade?

— Disse, e é verdade. Mas, agora, pasme: ele é amigo do marido da irmã de Geraldo. Ele o conheceu na casa dela, quando foi visitá-la. Em conversa tocou no meu nome dizendo que éramos namorados. Jair identificou-se e contou-lhe o episódio do nosso namoro, exatamente com eu havia contado. Ele não se abalou e disse a Jair que já sabia de tudo. Hoje se encontram sempre que Geraldo vai à casa da irmã.

Riram e o único comentário que fizeram foi:

— Como este mundo é pequeno!

— Por esta e outras razões, Mariana, que acredito que não devemos alimentar mentiras nem omitir fatos, sejam quais forem, a pessoa que amamos.

— Você tem razão Regina.

Os dias que antecederam o casamento de Geraldo e Regina foram passando e deixando mais perto o momento de realizarem seu sonho.

Finalmente o grande dia chegou.

O casamento se realizou com a presença dos familiares, amigos e muita alegria. Regina entrou no salão com um lindo vestido de noiva que valorizava as formas de seu corpo, realçando ainda mais sua beleza.

Gracinha e Tiago foram os padrinhos e esta compareceu orgulhosa de sua barriga de dois meses de gravidez. Apesar da gravidez ainda estar no início, Gracinha apresentava na serenidade de seu rosto como se sentia realizada e feliz por abrigar dentro de si o tão sonhado filho.

Após a cerimônia viajaram para o Nordeste com o propósito de desfrutarem das belíssimas praias da região.

Os recém-casados passeavam pela orla de mãos dadas, quando Regina, cada vez mais enamorada, perguntou.

— Você me ama de verdade, Geraldo? Sem guardar nenhuma sombra do seu amor antigo?

— Regina, isto está me parecendo excesso de ciúme. É claro que a amo de verdade, casei-me com você, meu bem. Posso garantir-lhe também que não guardo nenhum sentimento por Bernadete que não seja um grande carinho e profundo respeito. Não vou mentir, como nunca o fiz, que não a amei. Amei, sim, e muito. Mas gostaria que não confundisse o que senti no passado,

Somos todos aprendizes 341

com o meu sentimento presente. São dois momentos distintos e cada um possui a sua importância, porque existem separados por um tempo, uma época diferente. Um é passado o outro é presente. Não queira trazer o passado e misturá-lo com o nosso presente. O que vivo com você hoje, agora, é a realização plena de um amor que, acredito eu, aguardava apenas o momento certo para se exteriorizar e explodir com toda a sua força. É importante que entre nós não exista qualquer sombra de dúvida que possa ofuscar a maravilhosa realidade que vivemos.

Regina sentiu-se constrangida por ter tocado em um assunto já esquecido.

— Desculpe-me, Geraldo. Fui uma boba, você é o melhor homem que já conheci, o mais digno e sincero. Foi por isto que me apaixonei tão intensamente por você.

— Então, querida, não permita que dúvidas e medos interfiram no nosso relacionamento, que para mim é definitivo.

— Para mim também, Geraldo. Meu amor por você é transparente e sincero.

Beijaram-se e com esta atitude deram por encerrada uma questão do passado.

Jacob encontrou Bernadete sentada em frente do lago, como sempre fazia em suas horas de descanso.

Percebeu-a triste e sem ânimo. De imediato sentiu o que se passava com aquela irmã, que conquistara o seu encontro com Deus por meio da bondade que alimentava seu espírito. O desvelo com que realizava sua tarefa, a humildade presente em suas horas de aprendizado transformavam-na em uma verdadeira tarefeira de Jesus. Mas, como ainda acontecia, uma questão não conseguia resolver por mais que se esforçasse: Geraldo.

— O que a faz tão pensativa, Bernadete?

— Olá, Irmão Jacob!

— Noto-a triste, algum problema de difícil solução?

— O problema é sempre o mesmo, Irmão. Chego ao desespero e não consigo encontrar solução para este sentimento que teima em me perseguir. Cada vez que sinto a felicidade de Geraldo com Regina enfraqueço-me porque me entrego ao ciúme e ao desejo de estar com ele. Não quero nenhum mal para ele e nem para Regina, ao contrário, Irmão Jacob, almejo para eles a felicidade que merecem, mas não consigo administrar e acabar com esta sensação que me aniquila e me enfraquece. Ajude-me, irmão. Pelo amor do Nosso Pai.

— Vim justamente para ajudá-la, Bernadete.

— Verdade?

— Trago-lhe boas notícias.

— Diga-me, por favor. Não me deixe mais angustiada.

— Vim cumprir as orientações dos meus superiores para que transfira de lugar.

— Transferir-me? Mas por que, se gosto tanto de estar aqui?

— Bernadete, a única maneira de ajudá-la nesta questão que a atormenta é fazendo-a esquecer por um período de tempo.

— Como assim, Irmão Jacob?

— Fui orientado para lavá-la ao Departamento de Reencarnação.

— Eu vou reencarnar, foi-me concedida essa bênção?

— Sim, Bernadete. Você acumulou méritos para conseguir o que queria. Mas, antes, terá de se preparar para fortalecer-se e não correr tanto risco.

— Como assim?

— Ficará por um período se preparando e em breve irá reencarnar como a segunda filha de Geraldo e Regina.

— Deus seja louvado! — exclamou com euforia Bernadete. — Estarei perto de Geraldo.

— Estará perto para aprender a amá-lo com um sentimento filial, a ele e a Regina. É importante que tenha essa consciência, Bernadete, para que não coloque tudo a perder.

Somos todos aprendizes 343

— Não me esquecerei disso, Irmão Jacob.

— É o seu espírito que tem de esquecer, irmã. Estará presa em um corpo e sob o esquecimento necessário, para que o espírito aprenda de uma forma natural, sem estar pressionado pelo passado. Esta é a razão pela qual deve-se fortalecer o espírito, ele estará se sujeitando aos limites do corpo físico e aos desejos deste corpo. É importante prestar atenção às inspirações que nos mostram o bem, que nos ajudam a distingui-lo do mal e tomar a conduta mais adequada para não agredir as leis de Deus. Nossa consciência é a nossa bússola, Bernadete, é necessário prestar atenção ao que ela nos fala e não sufocá-la tanto a ponto de deformar-lhe e afastá-la do bem.

— Irmão Jacob, neste tempo que terei de preparo, farei o maior esforço para que meu espírito consiga assimilar todos os ensinamentos, evitando que os esqueça quando encarnada.

— Ninguém fica perdido no caminho, Bernadete, é como eu lhe disse. Preste atenção, não ande na Terra tão distraída que não possa ver nosso Pai lhe mostrando o rumo. Os bons espíritos apenas cumprem a missão de inspirar o bem aos encarnados, e feliz daquele que percebe a direção a seguir, sem enganos e crenças inúteis.

Dando por encerrada a orientação, Jacob, acompanhado de Bernadete, seguiu com sua pupila para o Departamento de Reencarnação, iniciando assim para Bernadete uma nova etapa de evolução.

CAPÍTULO XXXIV

Chance renovadora

Regina e Geraldo haviam preenchido seu lar com a presença de Luísa. Garotinha esperta e inteligente, era a alegria de Geraldo e Regina. Proporcionava-lhe uma felicidade até então desconhecida por eles.

— Ao casarmos pensava estar vivendo o auge da felicidade que alguém pudesse alcançar — dizia Regina ao marido —, mas hoje, ao olhar Luísa, fruto do nosso amor, consigo superar todo e qualquer momento de felicidade que tenha vivido. É a felicidade plena e total, Geraldo.

— Você tem razão, Regina. Acompanhar o seu crescimento, suas reações infantis e ingênuas, aconchegá-la nos braços e receber seu carinho inocente é a realização maior que um homem pode ter.

— O filho é o complemento de um sonho, é a melhor parte, porque é o único pedaço desse sonho que permanece, a salvo de qualquer leviandade de seus pais. O amor pelos filhos permanece apesar de muitas vezes o casal passar pelas aflições e dificuldades de um relacionamento.

— Assim deveria ser, Regina. Esta é a proposta da evolução: amar e orientar os filhos sem envolvê-los nas questões mal resolvidas dos casais.

— Mas nem sempre é assim, não é, Geraldo?

— Infelizmente é verdade, nem sempre acontece assim, porque os homens se esquecem de cumprir a lei do amor. Colocam as paixões temporárias no lugar do amor definitivo e verdadeiro. Nas paixões nem sempre há lugar para filhos, ao contrário do amor, que os tem como presença prioritária. Quando os relacionamentos se baseiam unicamente nos prazeres, Regina, torna-se difícil respeitar os próprios limites e acaba se esquecendo que além do corpo existe a entidade real, que é a própria essência do ser, ou seja, o espírito.

— Talvez seja por esta razão que aconteça tanto aborto.

— Sem dúvida. O aborto acontece unicamente pela falta total de amor e respeito a Deus e ao próximo.

— E muita vaidade também, Geraldo. Muitas mulheres não querem deformar seu corpo, têm medo que ele não volte a ser o que era antes da gravidez.

— Você disse uma verdade, Regina. Não querem deformar o corpo ou não querem que nada as impeça de progredir profissionalmente, porque querem alcançar o topo no mundo dos homens, ou mesmo para não ter que assumir nenhum compromisso de educação, não ter de orientar ou mesmo custear aquele ser que, para alguns, não passa de um intruso em suas vidas.

— Aí entra um total egoísmo.

— Falou bem, Regina. Vaidade e egoísmo, essa é a junção que impede o crescimento do amor. A vaidade coloca o tolo bem no alto, mas esquece de dizer-lhe que o tombo é inevitável. De uma forma ou de outra o vaidoso e o egoísta acabam no chão como todos os homens, com a diferença que para o justo, aquele que viveu em sintonia com as leis divinas, a terra se torna mais leve.

Regina calou-se por uns instantes. Geraldo, reparando no ar pensativo da esposa, perguntou-lhe:

— Ficou pensativa de repente, em que está pensando querida?

— Eu pensava se não está na hora de encomendarmos um irmão ou uma irmãzinha para Luísa. O que você acha?

— Acho ótimo, querida. Você não sonhava em ter uma família grande? Vamos providenciar e satisfazer seu desejo, que é também o meu.

— Bernadete, o momento está se aproximando — disse-lhe Jacob assim que a viu.

— Estou esperando as orientações, irmão.

— Você ficará acomodada na casa de seus futuros pais e assim que a fecundação se consumar, será ligada ao corpo em formação. Já tem conhecimento de como tudo acontece. Irá aos poucos perdendo a consciência de si mesma a partir do momento que a gestação for se adiantando. Não tenha medo, mantenha quanto possível seu pensamento em Jesus. Você está fortalecida e apta para cumprir a tarefa proposta por você mesma.

— Estou ciente de tudo, Irmão Jacob.

— Uma última recomendação — disse Jacob. — Não se esqueça, falaremos com você pela sua consciência. Dê importância a suas intuições sérias, dignas e prudentes e que possam levá-la a atitudes corretas, condizentes com o amor de Deus. O amor de Deus, Bernadete, você já aprendeu, está ligado ao bem que se faz. A finalidade primeira é que aprenda a amar, mas o amor altruísta, que existe sem nada pedir ou exigir. Tudo o que receber será conseqüência do que promover à sua volta. Não se iluda com as fantasias inúteis da Terra, o que se quer é algo muito maior e mais elevado. Alguma pergunta?

— Não, irmão. Estou tranqüila e confiante. Tudo vai dar certo. Não se esqueça de mim, Irmão Jacob e, se precisar ser lembrada, o que com certeza irá acontecer, traga-me até aqui durante o sono físico, mas não me deixe cair. Se assim o fizer poderei acordar mais forte e consciente da minha posição na Terra e

Somos todos aprendizes 347

lutarei com mais coragem e sabedoria, porque meu espírito estará mais consciente do dever.

— Tem aqui um irmão que veio se despedir de você, Bernadete. Quer vê-lo?

— Claro!

Fagundes entrou e, unidos pela afinidade de sentimento, os dois espíritos se abraçaram e se despediram.

— Bernadete, Deus, como o amor infinito, deixa sempre uma porta aberta para que seus filhos se arrependam e possam ter novamente oportunidade de rever, reconstruir e progredir. A sua nova porta está se abrindo agora, não a feche, aproveite cada minuto e construa sua felicidade; você já sabe que terá 42 anos na Terra para aprender, evoluir e construir sua felicidade futura. Nosso Criador está permitindo que você realize nesta nova existência tudo o que aqui como espírito desencarnado você se conscientizou que é necessário modificar. Você adquiriu experiência, aproveite-a nesta nova existência. A vida passa a ter maior valor quando alicerçada no amor, quando passamos a entender que todos têm direito à felicidade, mesmo que nós não façamos parte dela.

"Uma das finalidades da reencarnação é a expiação, melhoramento progressivo da humanidade. Sem isso, onde estaria a justiça?

A cada nova existência o espírito dá um passo na senda do progresso; quando se despojou de todas as suas impurezas, não precisa mais das provas da vida corpórea. O número das encarnações não é o mesmo para todas os espíritos. Aquele que avança rapidamente poupa-se das provas. Não obstante, as encarnações sucessivas são sempre muito numerosas, porque o progresso é quase infinito. Depois da última encarnação, o espírito transforma-se em Espírito bem-aventurado; um Espírito puro." (*Livro dos Espíritos*, Capítulo IV, Item I, perguntas 167 e seguintes)

— Obrigada, Fagundes. Sinto-me e sei que estou amparada pelo Plano Maior e por todos os bons espíritos que querem o bem da humanidade.

— Vamos, Bernadete?

— Até a volta, Bernadete!

— Até a volta, Fagundes!

Bernadete acompanhou Jacob. Foi levada ao Departamento Reencarnatório para as últimas orientações, e posteriormente encaminhada à terra, instalada na casa de Geraldo e Regina para que fossem se afinando e conhecendo melhor aquela que seria sua mãe na terrena.

— Fique em paz, Bernadete. Pensamento em Jesus. Daqui a 24 horas estaremos aqui novamente para ligá-la ao corpo físico que irá iniciar sua formação pela fecundação que se realizará.

Regina entrou ofegante.

Segurando um envelope nas mãos, não cabia em si de contentamento. Mostrou-o a Geraldo, que ficara em casa tomando conta de Luísa.

— Sabe o que é isto? — perguntou mostrando o envelope bem alto.

— Claro, um envelope!

— E sabe o que tem dentro dele?

Geraldo inquietou-se.

— O resultado do exame.

— Acertou.

— Fale logo, Regina, estou ansioso.

— Amor, deu positivo estou grávida. Cristina ou Vítor estão a caminho de casa.

— Verdade, meu amor? Estamos "grávidos"? — brincou Geraldo.

— Estamos!

Geraldo correu a abraçar a esposa.

Somos todos aprendizes 349

— Obrigada, amor, por me dar mais este presente. Eu te amo.

— Eu também o amo, papai.

— Você está se sentindo bem?

— Calma, papai, estou ótima. Saúde perfeita.

— Mamãe, "puquê" tá tão feliz. Ganhou um doce? — perguntou ingenuamente Luísa. Eu também quero.

— Querida, a mamãe ganhou muito mais que um doce. Papai do céu vai mandar um presente muito valioso para a mamãe, papai e para minha querida filhinha Luísa.

— O que é o presente, mamãe? Uma boneca?

— Não sei ainda se é uma boneca ou um bebê, mas sei que será lindo como você. Iremos ensiná-lo a falar, andar, comer, enfim, tudo o que você já sabe fazer. Você vai ajudar a mamãe, não vai?

— Vou, mamãe, já sei fazer muitas coisas, até rabiscar a parede.

Geraldo e Regina sorriram.

— Escute o que a mamãe vai lhe dizer e ensinar, Luísa. Nós não vamos ensinar rabiscar a parede porque é feio fazer isso e a mamãe quer que você não faça mais, combinado?

— Por quê?

— Porque suja a parede, e mamãe e papai querem que você seja uma menina educada; e quem é educado não suja a casa que mora e nem a casa dos outros.

— Mas onde vou escrever, mamãe?

— No papel, filha. Papel é o lugar próprio para escrever.

— Então me dá, mamãe.

Geraldo foi até o escritório de Regina, que passara a trabalhar em casa desde o nascimento de Luísa. Pegou algumas folhas brancas e entregou à filha.

— Aqui está, filha. No papel você pode escrever sempre que quiser.

— Mamãe, a gente vai ganhar uma menininha ou um menininho?

Regina olhou com enorme carinho para sua filha de apenas três anos e três meses e pensou como ela era esperta e saudável. "Senhor, que esta criança também venha gozando de perfeita saúde, tanto física quanto espiritual." Depois dirigiu-se à filha e lhe disse:

— Luísa, não importa se vai ser uma menina linda como você ou um belo menino como o papai. O que importa, filha, é que iremos amá-lo muito e ficaremos felizes seja qual dos dois vier.

A gestação de Regina corria dentro da normalidade. Seus exames pré-natais atestaram sua ótima saúde e também da criança. Geraldo a mimava, tratando-a com o maior carinho.

Luísa todos os dias colocava suas mãozinhas na barriga da mãe para sentir o nenê que estava ali dentro. O lar de Geraldo e Regina era uma constante alegria por conta do grande amor que sentiam entre si, como também pela chegada de mais um filhinho.

Conforme a gestação de Regina avançava, os laços que uniam Bernadete a este corpo iam se apertando. Ela já entrara em inconsciência e permanecia como se estivesse dormindo.

Regina fizera o exame e já sabiam que seria outra menina. Luísa ficara contente em saber que teria uma irmãnzinha para brincar com ela de boneca. Sempre que ia dormir, Regina acariciava sua barriga e conversava com Cristina, o pequenino ser que estava abrigado ali dentro.

— Querida filhinha, já sinto um amor muito grande por você e estamos, papai e eu, felizes demais em receber você na nossa família. Você tem uma irmãnzinha linda e meiga que está muito contente com a sua chegada. Fique bem calma e tranqüila, logo estaremos frente a frente, e tenha a certeza que iremos nos amar muito, o amor verdadeiro, longe de posses e medos, mas

Somos todos aprendizes 351

bem perto da essência real desse sentimento, bem perto de Jesus. Venha confiante, meus braços estão abertos para você e a esperam com ansiedade.

Regina assim falava, mas nem de longe imaginava a importância de suas palavras para aquele espírito reencarnante.

Os meses restantes finalmente passaram e a data prevista para o parto se aproximava.

— Mamãe, quando que minha irmãnzinha vai chegar? Eu preciso ensinar ela brincar de casinha comigo.

— Já, já ela chega, querida. Mas no começo só a mamãe pode cuidar dela, viu?

— Por quê?

— Porque ela é muito pequenininha e pode se machucar. A mamãe cuidou direitinho de você e vai saber cuidar dela também.

— Tá bom, mamãe, eu espero ela crescer.

E assim, entre expectativas e ansiedades, o dia do parto finalmente chegou. Regina estava trabalhando em seu escritório quando sentiu algo novo e percebeu que a bolsa de água se rompera. Pegou o telefone e chamou Geraldo, que em poucos minutos entrava em casa, ofegante.

— Como está, querida? Vou pegar sua mala e já vamos para o hospital.

— Calma, Geraldo. Primeiro telefone para o meu médico, depois chame sua mãe para vir buscar Luísa. Enquanto aguardamos vou me arrumar. Leve a bolsa que já está pronta para o carro e, por favor, fique calmo. Tudo está certo, eu estou bem e, se Deus quiser, logo estaremos com nossa Cristina nos braços.

— Querida, você está sentindo muitas dores, contrações?

— Por enquanto não estou sentindo dor alguma. Fique calmo, Geraldo, por favor.

Geraldo tomou todas as providências necessárias e enquanto aguardavam a chegada de Pedro e Letícia, Geraldo colocou Luísa em seu colo e, juntos, unidos e confiantes oraram a Deus.

— Meu Deus, senhor da vida, mais um espírito, vossa criatura se prepara para adentrar ao mundo físico a fim de viver a nova oportunidade que deste a ele. Do nosso coração ele já faz parte porque o amamos e o esperamos com o mais puro sentimento. Antes de Vos pedir, queremos Vos agradecer pelo fato de nos agraciar com mais um filhinho, fruto do nosso sincero amor mútuo. Que sejamos gigantes para defendê-las, sábios para orientá-las e nobres o suficiente para dar a elas o amor que merecem e têm direito. Que sejamos uma família tarefeira, que tenhamos saúde física, moral e espiritual e, antes de tudo, que saibamos usar nossos sentidos para perceber a Vossa luz, ouvir as boas inspirações e sermos úteis à humanidade pelos bons exemplos. Assim seja.

Ouviram a campainha da porta. Pedro e Letícia chegaram aflitos para buscar Luísa.

Saíram juntos.

Geraldo levava Regina para o hospital. Assim que os procedimentos foram feitos, encaminharam Regina para a sala de cirurgia, acompanhada de Geraldo, que assistiria ao parto.

Passado pouco tempo, embalada pela emoção e o amor de seus pais, Bernadete reentrava no mundo físico para prosseguir sua evolução rumo ao seu encontro com Deus.

Encontrar Deus no coração é em primeiro lugar aprender a falar com Jesus, para que se dê testemunho do conhecimento da nossa fragilidade condizente com nosso estado ainda muito imperfeito.

— Jesus... preciso da Tua paz.

Necessito sentir Teu olhar penetrando-me a alma,

Elevando-me para o amor divino.

Preciso muito, meu amigo, sentir em mim,

A força da Tua complacência

... diante da minha imperfeição.

A esperança me ilumina, porque sei que faço parte da criação divina,

Somos todos aprendizes 353

E posso ser beneficiado por Tua misericórdia.
Abro-me sem reservas e entrego-me,
Sem medo ao Teu doce embalo.
Encho-me de força e certeza e,
Em meio a harmonia suprema que se faz presente,
Consigo perceber o quanto poderei ser forte
Para superar minhas dificuldades e meus medos,
Se compreender e ver no Teu olhar,
O farol a iluminar as trevas que a minha imprudência
criou.
Levanto-me!
Na certeza do Teu amparo,
Confiante no amanhã, vou em busca do meu equilíbrio,
E da minha paz.

PALAVRAS DO AUTOR ESPIRITUAL

B ernadete, agora Cristina, iniciava sua nova etapa de aprendizado na Terra. Como acontece a todas as criaturas, foi-lhe dado o direito de tentar o melhoramento de sua alma por intermédio da bênção da reencarnação. O seu retorno ligava-se mais acentuadamente à finalidade de aprender a amar verdadeiramente a Deus e a seu próximo, enquanto Berenice confundiu-se neste mesmo aprendizado e equivocou-se quanto a esse sentimento. Desejou o amor de Januário e o obteve à custa de lágrimas e sangue. Posteriormente, encontrou-o como Geraldo e toda aquela paixão se fez novamente presente, levando-a a atitudes inconseqüentes após seu desencarne.

Hoje, como filha de Geraldo, leva a proposta de aprender na realidade a essência do amor filial. Recebeu de Deus nova oportunidade, novo espaço na matéria para lutar contra suas más tendências, invalidando assim as ações impensadas do pretérito pelo aprendizado e pelo exercício do amor.

Aprender a compreender e a perdoar os erros alheios leva tempo. É necessário tomar consciência primeiro que também erramos e, assim, do mesmo jeito que acontece com os outros, acontece conosco: o arrependimento sempre vem depois, chega tarde e nem sempre a tempo de salvarmos o estrago que fizemos no coração e na vida dos nossos semelhantes.

Reprovamos muitas atitudes dos outros e geralmente somos muito complacentes com nosso erros. O certo seria ao contrário, exigir cada vez mais de nós mesmos e sermos mais tolerantes com os outros.

Sempre que um novo tempo se inicia, deve-se considerar ser o momento oportuno para se reavaliar os conceitos e a postura diante da vida e diante de Deus. Deve esforçar-se para conhecer a si próprio e, a partir desse conhecimento, ir em busca da verdade. Buscar a verdade não é absolutamente se entregar às práticas bizarras ou a comportamentos místicos. Deus não se reveste nem usa subterfúgios banais ligados ao homem desavisado; a Sua verdade está e sempre estará nas Suas próprias leis, nas leis que regem o Universo.

O espírito, ao retornar à Terra, agraciado com a bênção da reencarnação, vem com o propósito de começar de novo, alicerçado e mais fortalecido nos conceitos justos de Deus, mas muitos se perdem no caminho longo que têm de percorrer, e recuam diante das provas que eles próprios pediram. A finalidade da reencarnação é sempre o burilamento da alma. Quitam-se os débitos que escreveu em uma história não muito edificante, mediante provas que o próprio reencarnante escolheu quando na erraticidade, envergonhado dos atos cometidos e consciente da necessidade de avançar para o Criador pela própria evolução.

No entanto, é bem verdade que a partir do momento em que o espírito se encontra preso na matéria, irá sofrer as limitações de seu corpo, o esquecimento de suas propostas feitas com o intuito de promover o burilamento da sua alma. Apesar do esquecimento, que é sem dúvida uma bênção que nosso Pai nos proporciona, todo o conhecimento adquirido em vidas passadas fica em estado latente, e não raro aflora diante uma necessidade. A matéria possui muitos atrativos, é necessário fortalecer o espírito no amor de Deus; caso contrário, lança-se nos desvarios da inconseqüência e é aí exatamente que o espírito se perde.

Tudo precisa ser equilibrado, o fanatismo não leva ninguém a lugar algum, muito menos a Deus. O Criador não quer fanáticos; Ele quer trabalhadores conscientes do porquê da sua estada na Terra, conscientes da importância de dar à vida um sentido maior e mais digno, reconciliar-se com seu próximo e transformar seus inimigos em amigos, senão íntimos, apenas cordiais.

A personagem desta história, Bernadete, apesar de todo o seu esforço e preparação na espiritualidade, deixou-se novamente encantar pelo brilho da matéria. Formou-se novamente em Direito, prestou concurso e conseguiu receber o título de Juíza. Foi considerada um juíza intolerante, rígida e autoritária. Se o seu amor excessivo a Geraldo transformou-se no doce e encantador amor filial, suas tendências de prejulgar os outros e ser absolutamente radical voltaram a dominar sua nova existência. Bernadete — Cristina — ofertou todo o seu amor à própria família. Sua irmã Luísa e seu irmão mais novo se casaram; Bernadete, ao contrário, preferiu permanecer solteira, ajudando sua mãe a cuidar da casa e de seu pai que jazia em uma cama, vítima de uma doença degenerativa que paralisava os membros, impedindo-o de andar. Mas se por um lado era toda atenção e generosidade com sua família, por outro não perdoava quem quer que fosse, sendo fiel ao conceito de que quem fez paga, sem se importar com a intenção ou a necessidade do envolvido.

Bernadete, ou Cristina, desencarnou como previsto, vítima de um câncer de mama. Pela doença e pelo sofrimento que passou, abriu verdadeiramente seu coração e começou a permitir que a verdade fosse infiltrando levemente em seu coração. Em seu leito de dor, aliviava sua aflição aproximando-se de Deus com a prece. Conseguiu se reconciliar com algumas pessoas que foram vítimas de seu julgamento severo e foi, pouco a pouco, aprendendo a distinguir o que era do homem e o que era de

Somos todos aprendizes 357

Deus. Aproveitou o final do tempo que lhe restava e, mesmo presa a uma cama, consertou algumas injustiças que cometera.

Em uma manhã fria de inverno, rodeada pelos seus irmãos e sua mãe, ainda abatida pelo desencarne de Geraldo, Cristina fechou os olhos para o mundo físico e abriu-os para a espiritualidade.

O tempo continuava seu caminho, e passava rápido, sem se importar com o que os encarnados ou desencarnados fizessem dele; apenas cumpria sua missão: trazer o futuro para o presente e sustentar o passado perdido nele mesmo.

Após um período na erraticidade, Cristina/Bernadete solicitou novamente a bênção da reencarnação. O seu propósito agora era espalhar por onde andasse o que já tinha forte em seu espírito: o amor fraternal. Queria ser na verdade a grande missionária de Cristo, dedicar sua vida aos sofredores, ensinar o amor e a compreensão das aflições da vida, falar de Deus, explicando para os desavisados o único lugar onde pode-se procurar e encontrar Deus: no próprio coração do homem.

Cristina/Bernadete reencarnaria em uma cidade pobre, castigada pela seca, no Nordeste do país. Seria uma missionária e andaria por entre os casebres levando comida, remédios, roupas. Falaria de Jesus e da vida futura, mostraria aos sofredores que ao lado deles andava alguém muito especial que os amparava, e que era lindo conversar com Ele nos nossos momentos de sofrimento e, se a dor fosse tão grande que os impedisse de falar, que eles apenas se calassem, porque Deus sempre escuta o que pede o nosso coração. Seria, nessa reencarnação, a voz que não se calaria em defesa dos mais fracos; incluiria os excluídos, enfim, viveria de verdade o amor sem limites. Em cada espinho que machucaria seus pés, sangrando-os, aspiraria o perfume da flor.

O que vocês, meus irmãos, acabaram de ler, é uma história verídica, que mostra a trajetória de uma alma. A cada reencarnação aprendemos mais um pouco, isto é o que se espera. Os dois mundos se completam, integram-se bem mais do que se pode imaginar. Nossa vida é cíclica, vamos e voltamos quantas vezes forem necessárias para que possamos melhorar nossa condição espiritual.

Mas para que a evolução se faça não adianta trazer o amor de Deus para nossa vida apenas nas palavras; é preciso que Ele esteja nos nossos atos de amor e fraternidade. Viver esse amor com sinceridade e altruísmo, colocar a bandeira de Cristo tão alta que nenhum mal possa alcançá-la. O amor é um sentimento mágico; quanto mais se espalha e se doa, mais ele cresce e se fortifica.

Da mesma maneira que se faz a higiene do nosso corpo, é importante fazer a higiene da nossa alma. Limpar os miasmas da imperfeição, retirando as sementes do orgulho e do egoísmo e plantando as sementes do amor incondicional, o amor que perdoa porque entende que também precisamos do perdão de Deus, que é concedido na permissão da reencarnação, sem dúvida a única maneira para se reconciliar com as leis de Deus.

Perdoar?!

Por que devemos perdoar e esquecer?

Por que desculpar as ofensas recebidas dos nossos familiares ou amigos, e permitir que o ofensor fique impune?!

Se pensarmos que atrás da compreensão dos erros alheios está a impunidade, não deveríamos solicitar de Deus o perdão dos nossos próprios erros que, a bem da verdade, são inúmeros.

Todos cometemos falhas e imprudências e necessitamos da misericórdia de Deus para consertarmos nossos erros e nos ajustarmos na vida. Se nosso Pai Maior nos concede esse direito, dando-nos oportunidades de recomeçar e melhorar nosso ser, por que nos achamos no direito de julgar e crucificar aquele semelhante que nos magoou?

É necessário limpar nossa alma do ranço e dos miasmas da imperfeição e aprender a desculpar e perdoar. É um ótimo começo... por que não pensar nisso?

O importante é aceitarmos nosso próximo com as fragilida-

Somos todos aprendizes

des que possui, ajudá-lo a se reerguer, a compreender e a praticar o bem. Agindo assim, estaremos cumprindo nossa obrigação junto a nosso semelhante que, como nós, é criatura do mesmo Criador —, e é isto que Ele espera de nós, união e amor, para que a humanidade se equilibre e a felicidade se faça.

Mais um livro chega ao final e mais uma vez pretendi mostrar-lhes a única maneira de se chegar ao nosso Pai que está no céu: o amor. Não se chega até nosso Pai se não for pelo amor. Compreender isso é libertar a alma e permitir que ela alcance o infinito em direção a Deus. Até mais ver!

Ivo.

Palavras da Médium

Sempre que fechamos um livro, ao terminá-lo, dando por encerrada aquela história, é importante que alguma coisa tenha ficado em nosso íntimo que nos faça refletir.

Se isso não acontece, se simplesmente achamos a história maravilhosa e nada mais, o objetivo do autor, tanto do espiritual quanto do encarnado, não foi alcançado.

O que se quer é que sejamos atingidos de uma forma ou de outra pelos ensinamentos ali contidos e pelas emoções deixadas no papel; que as orientações sejam pelo menos pensadas para que possam se tornar um agente propulsor na realização do bem.

Na realidade, todos os dias estamos à procura de Deus, porém poucos O encontram no lugar mais seguro, o nosso coração. Andamos tão distraídos pela vida que nos esquecemos de perceber essa divina presença nas pequenas e nas grandes coisas que nos rodeiam.

Tudo que o homem quer precisa ser grandioso, tão gigantesco que o impede de enxergar o simples; e é exatamente no simples que Deus se encontra, isso porque Sua grandeza é tão infinita que nós, homens comuns, não conseguimos enxergá-la ou percebê-la contida em cada ato generoso que se faz.

Acostumamo-nos a lamentar e a julgar atitudes alheias incessantemente e, com a maior imprudência, esquecendo-nos de que as lamentações não são mais úteis que a coragem de lutar, mantendo viva a esperança.

Neste livro, irmãos, encontramos várias possibilidades coerentes de agir com a simplicidade dos atos sinceros. A generosidade nos faz melhores, e encontrar Deus é conseguir sentir em cada fibra do nosso ser que Ele está presente em nós e que nos ama como só Ele pode amar.

Ninguém, na realidade, pode se considerar feliz se não possuir sensibilidade para acreditar e aceitar a vida, apesar dos embaraços, sem nunca perder a esperança porque confia em Deus.

Devemos considerar que toda hora é o momento certo para agir, para amar e começar de novo. Devemos sempre tentar, quantas vezes for preciso, mas tentar. O objetivo do Espírito Ivo que assina este livro é exatamente auxiliar os encarnados a encontrar a única forma que promove o encontro do homem com Deus: o amor! Aprendido, vivido e exercitado. Querer evoluir sem exercitar o amor é como pretender evitar a morte, absolutamente impossível.

Jesus caminha por entre os homens inspirando a paz, poucos O reconhecem e vivenciam seu Evangelho, mas nosso Divino Amigo é paciente e sabe que um dia a humanidade irá aceitá-Lo de verdade. Nesse dia, cada um poderá dizer: Deus está presente no meu coração, e a partir daí muitos ou todos perceberão que existem dores muito penosas e uma delas é o abandono e o descaso. Nesse dia os andarilhos terão teto, os famintos terão comida, e os doentes, um leito de hospital para serem tratados com mais dignidade.

A nossa vida é cheia de desafios e não devemos fugir deles, porque grandes obras nascem da superação.

Amparar os desvalidos, ser doadores de suor, trabalhando em prol de uma comunidade necessitada, dos irmãos que padecem de fome e frio, sem ter o mínimo necessário, sem ter uma vida mais digna, é um desafio que precisa ser vencido se quisermos realizar o sonho de um mundo melhor.

Deus deixou por Jesus todos os esclarecimentos e ensinamentos que nos levam ao encontro da luz e da verdade.

E por que fugimos deles? Por que não conseguimos ainda vencer a nós mesmos, extirpando da nossa alma os sentimentos mesquinhos que nos transformam em seres pequenos, seres que se colocam no centro do Universo, esperando que o mundo gire em torno de nós?

Ao terminarem este livro, meus irmãos, pensem que é hora de reflexão. É hora de repensar e redescobrir a vida e as belezas com as quais ela nos presenteia, quando aprendemos a amar, transformando nosso coração na grande casa de Deus. Neste momento mágico em que o amor brilhará em todo o seu esplendor, deixaremos de passar nossa existência indo à procura de Deus, porque o encontro já estará efetuado. Deus estará no nosso coração por meio de todo o bem que pudermos fazer.

Sônia Tozzi

Leia os romances de Schellida!
Emoção e ensinamento em cada página!
Psicografia de Eliana Machado Coelho

CORAÇÕES SEM DESTINO – Amor ou ilusão? Rubens, Humberto e Lívia tiveram que descobrir a resposta por intermédio de resgates sofridos, mas felizes ao final.

O BRILHO DA VERDADE – Samara viveu meio século no Umbral passando por experiências terríveis. Esgotada, e depois de muito estudo, Samara acredita-se preparada para reencarnar.

UM DIÁRIO NO TEMPO – A ditadura militar não manchou apenas a História do Brasil. Ela interferiu no destino de corações apaixonados.

DESPERTARP ARAA VIDA – Um acidente acontece e Márcia passa a ser envolvida pelo espírito Jonas, um desafeto que inicia um processo de obsessão contra ela.

O DIREITO DE SER FELIZ – Fernando e Regina apaixonam-se. Ele, de família rica. Ela, de classe média, jovem sensível e espírita. Mas o destino começa a pregar suas peças...

SEM REGRAS PARA AMAR – Gilda é uma mulher rica, casada com o empresário Adalberto. Arrogante, prepotente e orgulhosa, sempre consegue o que quer graças ao poder de sua posição social. Mas a vida dá muitas voltas.

UM MOTIVO PARA VIVER – O drama de Raquel começa aos nove anos, quando então passou a sofrer os assédios de Ladislau, um homem sem escrúpulos, mas dissimulado e gozando de boa reputação na cidade.

O RETORNO – Uma história de amor começa em 1888, na Inglaterra. Mas é no Brasil atual que esse sentimento puro irá se concretizar para a harmonização de todos aqueles que necessitam resgatar suas dívidas.

FORÇA PARA RECOMEÇAR – Sérgio e Débora se conhecem e nasce um grande amor entre eles. Mas encarnados e obsessores desaprovam essa união.

LIÇÕES QUE A VIDA OFERECE – Rafael é um jovem engenheiro e possui dois irmãos: Caio e Jorge. Filhos do milionário Paulo, dono de uma grande construtora, e de dona Augusta, os três sofrem de um mesmo mal: a indiferença e o descaso dos pais, apesar da riqueza e da vida abastada.

PONTE DAS LEMBRANÇAS – Ricos, felizes e desfrutando de alta posição social, duas grandes amigas, Belinda e Maria Cândida, reencontram-se e revigoram a amizade que parecia perdida no tempo.

MAIS FORTE DO QUE NUNCA – A vida ensina uma família a ser mais tolerante com a diversidade.

MOVIDA PELA AMBIÇÃO – Vitória deixou para trás um grande amor e foi em busca da fortuna. O que realmente importa na vida? O que é a verdadeira felicidade?

Leituras envolventes de **Tanya Oliveira**

Longe dos Corações Feridos
Em 1948, dois militares americanos da Força Aérea vão viver emoções conflitantes entre o amor e a guerra ao lado da jornalista Laurie Stevenson.

O Despertar das Ilusões
A Revolução Francesa batia às portas do Palácio de Versalhes. Mas dois corações apaixonados queriam viver um grande amor.

A Sombra de uma Paixão
Um casamento pode ser feliz e durar muitos anos Mas um amor de outra encarnação veio atrapalhar a felicidade de Theo e Vivian.

Das Legiões ao Calvário
O espírito Tarquinius nos relata fatos ocorridos em uma época de grande conturbação no Império Romano. Vinicius Priscus, orgulhoso legionário romano, retorna a Roma com a intenção de desencadear violenta perseguição aos cristãos. Para tanto, procura realizar algumas alianças, como com Ischmé uma bela, ambiciosa e influente cortesã em Roma e Caius Pompilius, seu melhor amigo.

Duda – A reencarnação de uma cachorrinha
Uma ligação tão forte que nem a morte foi capaz de separar. Uma história de afeto e dedicação a uma amiga inseparável: Duda, que assim como nós, também reencarnou para viver novas experiências na Terra.

Obras da médium Maria Nazareth Dóri
Mais luz em sua vida!

A Saga de Uma Sinhá (espírito Luiz Fernando - Pai Miguel de Angola)
Sinhá Margareth tem um filho proibido com o negro Antônio. A criança escapa da morte ao nascer. Começa a saga de uma mãe em busca de seu menino.

Lições da Senzala (espírito Luiz Fernando - Pai Miguel de Angola)
O negro Miguel viveu a dura experiência do trabalho escravo. O sangue derramado em terras brasileiras virou luz.

Amor e Ambição (espírito Helena)
Loretta era uma jovem nascida e criada na corte de um grande reino europeu entre os séculos XVII e XVIII. Determinada e romântica, desde a adolescência guardava um forte sentimento em seu coração: a paixão por seu primo Raul. Um detalhe apenas os separava: Raul era padre, convicto em sua vocação.

Sob o Olhar de Deus (espírito Helena)
Gilberto é um maestro de renome internacional, compositor famoso e respeitado no mundo todo. Casado com Maria Luiza, é pai de Angélica e Hortência, irmãs gêmeas com personalidades totalmente distintas. Fama, dinheiro e harmonia compõem o cenário daquela bem-sucedida família. Contudo, um segredo guardado na consciência de Gilberto vem modificar a vida de todos.

Um Novo Despertar (espírito Helena)
Simone é uma moça simples de uma pequena cidade interiorana. Lutadora incansável, ela trabalha em uma casa de família para sustentar a mãe e os irmãos, e sempre manteve acesa a esperança de conseguir um futuro melhor. Porém, a história de cada um caminhos que desconhecemos.

Jóia Rara (espírito Helena)
Leitura edificante, uma página por dia. Um roteiro diário para nossas reflexões e para a conquista de um padrão vibratório elevado, com bom ânimo e vontade de progredir. Essa é a proposta deste livro que irá encantar o leitor de todas as idades.

Minha Vida em tuas Mãos (espírito Luiz Fernando - Pai Miguel de Angola)
O negro velho Tibúrcio guardou um segredo por toda a vida. Agora, antes de sua morte, tudo seria esclarecido, para a comoção de uma família inteira.

A espiritualidade e os bebês (espírito Irmã Maria)
Livro que acaricia o coração de todos os bebês, papais e mamães, sejam eles de primeira viagem ou não, e ilumina os caminhos de cada um rumo à evolução espiritual para o progresso de todos.

Vozes do cativeiro (espírito Luiz Fernando - Pai Miguel de Angola)
Apesar do sofrimento dos escravos, a misericórdia Divina sempre esteve presente e lhes proporcionou a chance de sonhar, ouvir os pássaros e conviver com a natureza. As vozes do cativeiro agora são o som dos tambores e dos cantos de alegria em louvor aos mentores espirituais.

Herdeiro do Cálice Sagrado (espírito Helena)
Hideo, um jovem oriental, chega ao Brasil para construir uma nova vida. Maeva, Marcos, Simone e Carlos formam sua linda família. Neste romance, grandes emoções e muito suspense nos mostram que as sementes familiares que guardamos dentro de nós podem brotar em qualquer lugar. Mas serão sempre sementes de nossa família. Resta serem regadas com amor, carinho e ternura.

Obras de Irmão Ivo: leituras imperdíveis para seu crescimento espiritual
Psicografia da médium Sônia Tozzi

O PREÇO DA AMBIÇÃO
Três casais ricos desfrutam de um cruzeiro pela costa brasileira. Tudo é requinte e luxo. Até que um deles, chamado pela própria consciência, resolve questionar os verdadeiros valores da vida e a importância do dinheiro.

A VIDA DEPOIS DE AMANHÃ
Cássia viveu o trauma da separação de Léo, seu marido. Mas tudo passa e um novo caminho de amor sempre surge ao lado de outro companheiro.

A ESSÊNCIA DA ALMA
Ensinamentos e mensagens de Irmão Ivo que orientam a Reforma Íntima e auxiliam no processo de autoconhecimento.

QUANDO CHEGAM AS RESPOSTAS
Jacira e Josué viveram um casamento tumultuado. Agora, na espiritualidade, Jacira quer respostas para entender o porquê de seu sofrimento.

SOMOS TODOS APRENDIZES
Bernadete, uma estudante de Direito, está quase terminando seu curso. Arrogante, lógica e racional, vive em conflito com familiares e amigos de faculdade por causa de seu comportamento rígido.

O AMOR ENXUGA AS LÁGRIMAS
Paulo e Marília, um típico casal classe média brasileiro, levam uma vida tranquila e feliz com os três filhos. Quando tudo parece caminhar em segurança, começam as provações daquela família após a doença do filho Fábio.

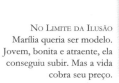

O PASSADO AINDA VIVE
Constância pede para reencarnar e viver as mesmas experiências de outra vida. Mas será que ela conseguirá vencer os próprios erros?

NO LIMITE DA ILUSÃO
Marília queria ser modelo. Jovem, bonita e atraente, ela conseguiu subir. Mas a vida cobra seu preço.

ALMAS EM CONFLITO
Cecília é casada com Joaquim e ambos têm três filhos: Teresa, Lucas e Marilda. Mas uma fatalidade leva Teresa para o plano espiritual. Joaquim abandona Cecília e os filhos, e passa a viver sua vida como gosta: de maneira egoísta. Apesar das adversidades, Cecília conhece Francisco e por ele se apaixona. Sua vida passa por transformações penosas, mas não injustas: o débito é sempre proporcional à dívida que se contrai em uma existência anterior e imprudente.

RENASCENDO DA DOR
Raul e Solange são namorados. Ele, médico, sensível e humano. Ela, frívola, egoísta e preconceituosa. Assim, eles acabam por se separar. Solange inicia um romance com Murilo e, tempos depois, descobre ser portadora do vírus HIV. Começa, assim, uma nova fase em sua vida e ela, amparada por amigos espirituais, desperta para os ensinamentos superiores e aprende que só o verdadeiro amor é o caminho para a felicidade.